이윽고, 마주한
은퇴 후의 삶

천아할배의 행복 여정 에세이 & 詩

이윽고, 마주한
은퇴 후의 삶

초판 1쇄 인쇄	2024년 11월 20일
초판 1쇄 발행	2024년 12월 10일
신고번호	제313-2010-376호
등록번호	105-91-58839
지은이	이석도
발행처	보민출판사
발행인	김국환
기획	김선희
편집	조예슬
디자인	다인디자인
ISBN	979-11-6957-235-4 03810
주소	경기도 파주시 해올로 11, 우미린더퍼스트@ 상가 2동 109호
전화	070-8615-7449
사이트	www.bominbook.com

• 가격은 뒤표지에 있으며, 파본은 구입하신 서점에서 교환해드립니다.
• 이 책은 저작권법에 의하여 보호를 받는 저작물이므로 무단 전재와 복사를 금합니다.

이윽고, 마주한
은퇴 후의 삶

천아할배의 행복 여정 에세이 & 詩

• 이석도 지음 •

학교에서, 직장에서, 가정에서 정신없이 달리다가
어느 순간 묻는다.
"과연 행복은 어디에 있는 걸까?"

추천사

    이 책은 은퇴 후의 새로운 삶을 맞이하며 소소한 행복을 찾아가는 여정을 담담하고 따뜻한 시선으로 그린 작품이다. 작가는 일상에서 쉽게 지나칠 수 있는 작은 순간들을 통해 행복의 진정한 의미를 되짚어 보며, 나이가 들수록 점점 더 깊어지는 삶의 본질을 담아내고자 한다. 이 책을 통해 독자들은 삶의 소박한 순간들이 주는 의미를 새삼 깨닫게 되며, 우리 주변에서 흔히 접하는 일상 속 행복이 얼마나 중요한지를 알게 된다.

    작가는 행복이 특별하거나 거창한 것이 아닌, 매일의 일상 속에서 발견할 수 있는 작고 사소한 순간이라고 강조한다. 어머니와의 추억, 가족과 함께 나누는 대화, 손주들과의 교감, 그리고 벗들과 떠나는 여행에서 느끼는 기쁨 등 이 책에 등장하는 이야기들은 하나같이 평범해 보이지만 그 속에서 발견되는 행복은 결코 작지 않다. 오히려 나이가 들면서 더욱 커지는 소중한 순간들이다. 작가는 일상 속에서 무심히 지나쳤던 시간들이야말로 가장 깊은 행복의 근원이 된다는 것을 독자들에게 전달하고자 한다.

    책 속의 다양한 이야기들 중 '46년 묵은 추억을 꺼내다'는 그가 오랜 세월 동안 가슴속에 간직해 왔던 가장 싱그러웠던 소중한 기억을 꺼내며, 그 속에서 발견한 행복을 전하는 대목이다. 비록 세월은 흘렀지만, 그때의 추억은 여전히 그에게 위로와 기쁨을 안겨준다. 또 다른 이야기인 '천 원의 행복'에서는 오뎅에서 추억하는 고향의 맛을 떠올리며 작디작은 것에서조차도 행복을 이야기한다. 작가는 물질적인 것에 얽매이지 않고도 인생의 진정한 기쁨을 느낄 수 있음을 보여준다. 이 두 이야기는 우리의 일상 속에 행복이 숨어 있다는 작가의 메시지를 강하게 전달한다.

뿐만 아니라 작가는 손주들과의 관계를 통해 새로운 행복을 발견하는데, 이야기 '손자한테서 배우다'에서는 할아버지로서 손주들과 함께하며 느끼는 기쁨을 솔직하게 풀어내고 있다. 손주들의 순수함과 그들만의 독특한 시선 속에서 작가는 삶의 소중함을 다시금 깨닫는다. 이는 나이가 들어가면서 자연스레 얻게 되는 새로운 행복의 형태이며, 손주들과의 교감은 인생 후반부에 찾아오는 또 다른 기쁨을 의미한다.

작가는 이 책에서 가족과 친구, 그리고 자연과의 교감을 통해 얻는 행복을 묘사한다. 벗들과 떠나는 여행길은 그저 단순한 이동이 아닌, 삶을 다시금 성찰하고 자신의 길을 돌아보는 시간이 된다. 인생의 후반부에 이르러 작가는 인생의 친구들과 함께한 여정에서 얻는 행복을 중요하게 여긴다. 그 과정에서 자연의 아름다움과 시간의 흐름을 받아들이며, 함께 걷는 벗들 속에서 인생의 소중한 가치를 발견한다. 이런 여정을 통해 우리는 작가가 자연과 사람 속에서 삶의 의미를 찾는 방법을 엿볼 수 있다.

책의 마지막 부분에서는 시를 통해 자연과 인생의 순환을 노래한다. 작가의 시는 단순히 아름다운 자연을 묘사하는 것이 아니라, 그 안에 담긴 인생의 흐름을 반영하고 있다. '가을 하늘', '꽃샘추위', '물망초'와 같은 시에서는 자연 속에서 인생의 다양한 계절을 바라보며, 그 흐름 속에서 우리도 자연스럽게 나이를 먹고 삶을 받아들이게 되는 과정을 담아낸다. 작가는 이 시들을 통해 독자들에게 시간이 흘러가는 것을 받아들이고, 그 속에서 행복을 찾는 방법을 보여준다.

이 책을 추천하는 이유는 바로 여기에 있다. 일상 속에서 쉽게 지나칠 수 있는 순간들이야말로 가장 소중한 행복의 원천임을 작가는 이야기한다. 우리가 지금 느끼고 있는 일상의 소소한 기쁨들을 더 깊이 들여다보고, 그것을 소중히 여기도록 이끌어 주는 이 작품은, 인생 후반부를 맞이하는 이들에게뿐만 아니라 모든 이들에게도 새로운 행복의 의미를 줄 것이다.

2024년 11월
편집위원 **김선희**

Prologue

2012년 봄이었다.

블로그를 쓰고 싶다는 욕심에 블로그를 만들던 중 만들어 놓기만 했을 뿐 글을 올리기는커녕 언제 만들었는지 기억조차 나지 않는 게 하나 발견되어 나는 그것을 그냥 쓰기로 했다.

나의 할아버지는 내가 태어나기 두 달 전에 돌아가셨다. 그래서 나는 할아버지의 사랑은 고사하고, 뵌 적조차 없을 뿐 아니라 할아버지께서 어떤 삶을 사셨는지, 무슨 일을 하셨는지, 어떤 생각을 하셨는지, 가족들과는 어떻게 지내셨는지 알지 못한다. 아버지나 고모들께 여쭈면 대충은 알려주셨지만 궁금증을 풀기엔 턱없이 부족했다. 반면 할머니께서는 내 딸 보라와 세라가 태어난 후 두 달쯤 지나 돌아가셨다. 할머니의 사랑을 많이 받으며 자란 나는 할머니에 대해서는 꽤 많은 것을 알고 있다고 여겼다. 그렇지만 많이 안다는 것도 지금 생각해보면 내가 자라면서 본 일상의 일부가 전부였다. 할머니로부터 많은 사랑을 받았는데도 적잖은 추억들이 기억에서 사라졌다. 아버지는 내가 58살일 때 돌아가셨으니 내 일생의 2/3 이상을 같이한 셈이다. 아버지와의 사랑과 추억이 지금은 내 가슴속 고이고이 남아있지만 오래지 않아 나와 함께 사라지고 말 것이다. 그래서 나는 내 딸들과 내 사위들, 그리고 내 손주들에게까지 내가 어떤 삶을 살았는지, 어떤 생각으로 생활했는지, 어떤 방식으로 가족들을 사랑했는지 그리고 얼마나 가족들을 사랑했는지를 글로 남기고 싶었다. 이것이 내가 블로그를 시작했던 첫 번째 이유다.

나는 블로그를 시작하면서 '서초(瑞草)에서 가장 행복한 가정을 꿈꾸는…'이란 문구를 테마로 앞세웠다. 블로그를 들여다볼 때마다 행복한 가정을 꾸미기 위해 내가 어떤 노력을 하고 있는지 돌아보면서 가족들의 행복을 위해 더 노력하리라 마음을 다지고, 직장 생활 내내 소홀했던 가족 사랑을 실천할 요량으로 40년 이상을 살고 있어 제2의 고향이 된 서초에서 가장 행복한 가정을 이루겠다는 거창한(?) 과제를 택했던 것이다. 그리고 딸들은 '아빠의 사랑'을, 사위들은 '장인(丈人)의 노력'을 지켜보면서 그들 자신들도 '행복한 가정'에 더 많은 관심을 갖게 하고 싶고, 손주들 모두가 사랑 많은 사람, 사회에 이바지하는 사람으로 성장하는 데 필요한 밑거름이 되고 싶다. 이것이 내가 블로그를 쓰는 두 번째 이유다.

블로그에 글을 올리기 시작한 지 1년쯤이 지나자 나는 제법 변해 있었다. 날마다, 블로그에 쓸 거리가 없는지 살피게 되었다. 쓸 거리가 없는 날이면 일부러라도 즐겁고 행복한 쓸 거리를 만들려고 애썼다. 이전에는 예사로 보아 넘기던 것들도 자세히 살피며

관찰하게 되고, 사진을 찍고, 기록하고, 모르는 것은 자세히 찾아보게 되는 등 긍정적인 면이 적지 않았다. 글을 자주 쓰다 보니 가족들과의 이야깃거리가 많아지고 글솜씨도 조금조금 아주 조금씩이지만 자라고 있었다.

'서당 개 삼 년이면 풍월 읊는다'는 우스개 같은 속담과 '구슬이 서 말이라도 꿰어야 보배'란 명언을 떠올리며 열 살을 훌쩍 넘긴 블로그에서 글들을 솎아내어 한 권의 책으로 엮는다.

2024년 11월
지은이 **이석도**

목차

추천사 4
prologue 7

제1부 행복은 다름 아닌 일상에 있다

방송 출연 16
양재천 무논 20
원이 엄마의 편지 23
어머니의 흔적 28
어머니의 첫 기일 31
사돈의 벌주 34
호(號)를 짓다 38
한 지붕 아래 모이다 42
46년 묵은 추억을 꺼내다 46
부라보콘 천사 50
천 원의 행복 55
어머니의 유산(遺産) 61
열대야의 행복 63
새똥 맞은 날 66
작지만 큰 행복 70
나는 빛 좋은 개살구였다 73
몸짱 대회 나가다 81
마지막 헌혈 87

제2부 내 삶의 햇빛, 손주야

천아할배의 유래 94
내 손자의 첫 거짓말 96
피로회복제 98
할아버지와 손자 101
보송이 집에 오다 103
백일 날의 액땜 105
꼬마 시인 송은규 108
행복 배달꾼 정원준 113
할아버지의 사랑 회초리 116
세은이의 웃음 122
성공한 삶 125
축구광 정원준 130
정세은의 배려심 135
나는야 행복한 할배 139
손자한테서 배우다 144
정세은의 발레 콩쿨 참가 147
손주들의 봄 150
은규의 여름방학 155
세은이의 선물 159
손자와 詩 놀이 162
행복 추가 164

제3부 손주들의 글방(동시)

외할아버지(정원준) 170
외할아버지(송은규) 171

꽃눈(송은규) 174
눈(정세은) 176

제4부 벗과 함께 떠나는 여행길

걸어서 고향까지 180
  첫째 날 180
  둘째 날 185
  셋째 날 188
  넷째 날 193
  다섯째 날 198
  여섯째 날 204
  이레째 날 208
  여드레째 날 213
  아흐레째 날 217
  열흘째, 마지막 날 222

동해안을 걷다 229
  (1) 시작이 반이다 229
  (2) 정동진 233
  (3) 인생을 생각하다 236
  (4) 경찰차를 타다 240
  (5) 추석, 가족 상봉 245
  (6) 공짜 Day 254
  (7) 새 출발 257
  (8) 타임머신의 길 260
  (9) 향기 268
  (10) 한글날 271
  (11) 아! 울산 277

(12) 이브(eve) 283
　　(13) 마지막 날의 동행(同行) 286

둘이서 걷는 해파랑길 293
　　(1) 동행 293
　　(2) 사랑 297
　　(3) 행복 300

이륙산악회의 몽골 트레킹 306
　　1일 차 306
　　2일 차 310
　　3일 차 312
　　4일 차 320
　　5일 차 322
　　6일 차 324

절친 사돈들의 남도여행 327

제5부 시의 향기가 바람 따라

　　잡초 338
　　자주달개비꽃 339
　　꽃샘추위 340
　　2월 341
　　이게 행복이죠 342
　　새해 첫날의 일기 343
　　설움을 비운다 344
　　마지막 소원 346
　　메꽃은 더 이상 울지 않는다 348

가을 하늘 350
짧아야 봄이다 351
귀천 353
도래솔 354
물망초 355
금낭화 356
아버지의 눈물 357
봄까치꽃 358
옥잠화 360
달맞이꽃 361
만추의 코믹 362
능소화 364
만우절 365
호박 이파리 366
4월 367
흔적 368
천생연분 370
누름돌 371
의림지 372
서울 둘레길의 봄 374
가을 타는 남자 375
칠순 할배의 독백 377
가을은 이렇게 온다 378
가을, 이렇게 간다 379
곡비 380
윷놀이 382

〔서평〕박동규(서울대 명예교수 문학평론가) 383

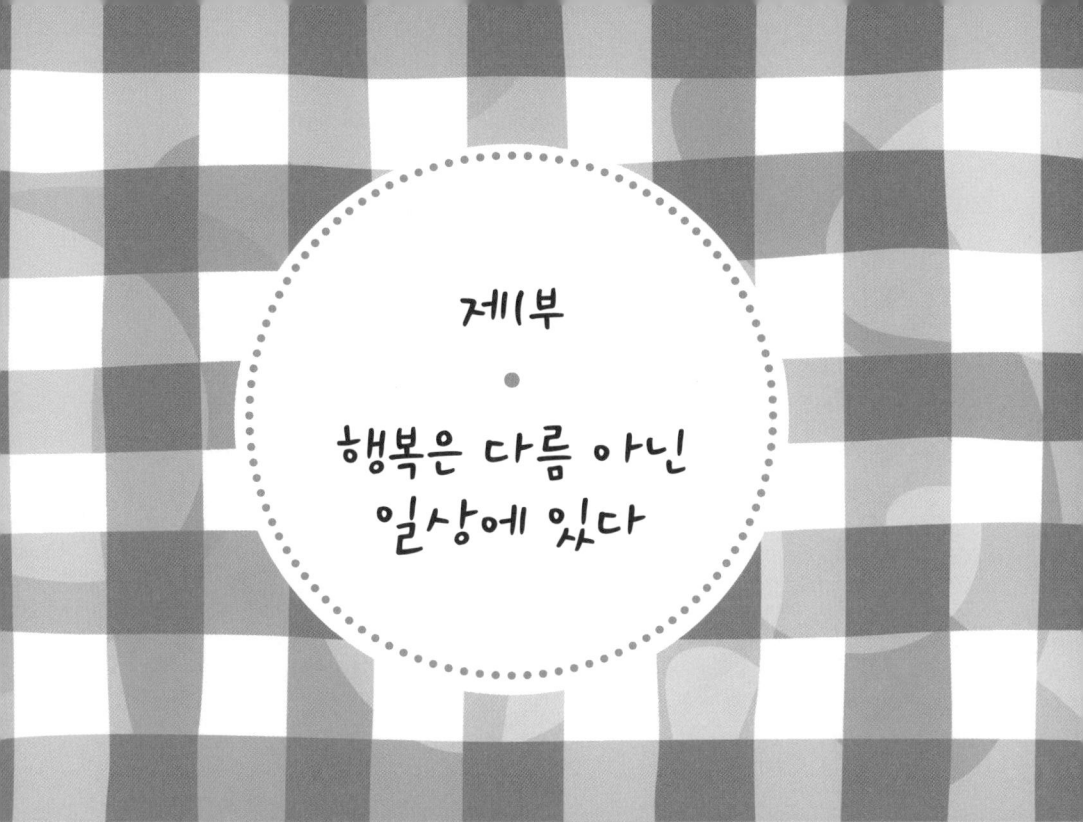

제1부

행복은 다름 아닌
일상에 있다

어머니가 그리울 때는 내 마음속에 켜켜이 쌓여 있는
어머니의 사랑을 꺼내보면서 보고픔을 달래야겠다.

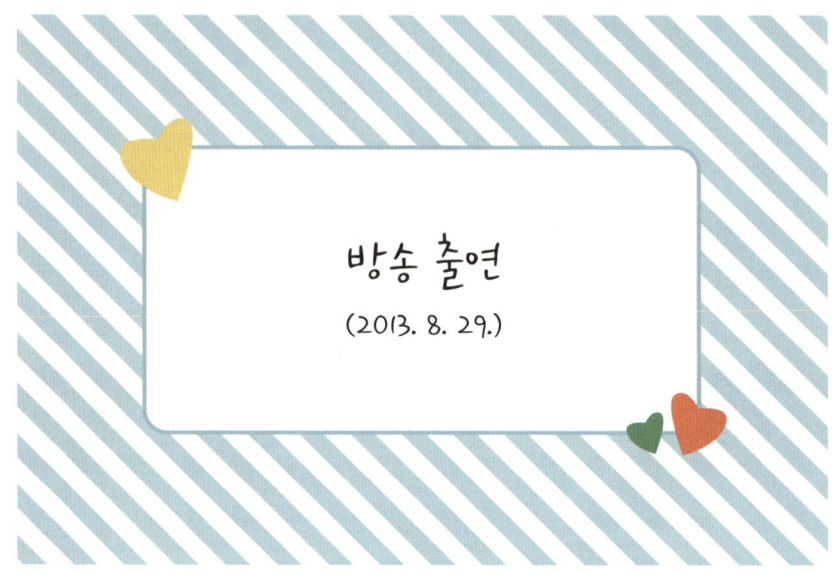

방송 출연
(2013. 8. 29.)

　블로그 덕분에 방송에 출연했다. 작년 9월부터 블로그에 〈우리 사돈들〉이란 카테고리를 만들어 사돈, 즉 내 쌍둥이 딸의 시부모님들과 등산뿐 아니라 사돈의 농장에서 함께 일하는 즐거움 등의 글을 올리고 있었더니 지난주 8월 21일 한 글에 아래와 같은 댓글이 달렸다.

　"안녕하세요? 'EBS TV 생활의 비법' 김○○ 작가입니다. 사돈 간에 잘 지내고 계시는 어머님, 아버님을 찾고 있습니다. 글을 보니깐, 사돈분과 잘 지내시는 것 같은데 혹시 제 휴대폰으로 문자 한 번 주시면, 간단한 취재 부탁드리고 싶습니다. 이상한 사람 아니고, 방송작가이니 꼭 부탁드릴게요."

내가 작가에게 연락했더니, 그 후 며칠 동안 작가는 우리 부부는 물론, 내 두 딸의 시부모님, 그리고 내 두 딸까지 전화로 인터뷰를 다 하고는 내게 방송 출연을 요청해왔다. 우리 모두 특별하고 멋진 추억을 만들기 위해 출연하기로 뜻을 모았지만, 사실 자식을 나눠 가진 부모라면 당연히 남들보다 사이좋게 지내야 할 관계인데 남들보다 조금 잘 지낸다고 자랑거리가 되어 방송에 출연한다는 현실이 조금은 서글프다는 생각이 들기도 했다.

"사돈집과 뒷간은 멀수록 좋다."
"사돈이 땅을 사면 배가 아프다."
"사돈 남 말 하네."
"거북하기가 사돈네 안방이다."

이처럼 사돈과 관련된 좋지 않은 속담이 적지 않다. 그런 말을 많이 들어서였을까? 나도 예전에는 '사돈은 不可近 不可遠, 즉 너무 멀리해서는 안 되지만, 그렇다고 너무 가까이할 필요도 없는 관계'로 생각했었다. 그렇지만 내 부모님과 내 장인, 장모님께서 우리 부부의 결혼식 때 인사 한 번 나누시곤 영영 만나지 못한 것을 생각하면 가슴이 아린다. 이제 아버지와 장인, 장모님까지 다 하늘나라로 가셨으니 후회한들 무슨 소용이 있을까만 생전에 한 자리에 모시지 못한 恨은 남아 있다. 이런 恨을 내 자식에게는 남기고 싶지 않았다. 격의 없이 친하게 지내는 모습이 자식들의 행복에 도움이 되면 되었지, 나쁘지는 않으리란 생각, 그리고 사돈이나 우리 부부나 '자식들의 행복'이란 똑같은 바람을 가졌기에 친해지는 데에 시간도 그다지 많이 필요치 않았다.

8월 27일, 오늘 EBS TV 스튜디오에서 녹화했다. 모두들 처음 경험하는 방송녹화, 취재 내용을 바탕으로 벌써 대본이 만들어져 있었고, 김현욱 아나운서가 진행했다. 패널은 제법 이름이 알려진 개그우먼 박수림과 가족 상담 전문가 진명자 씨였다. 나와 두 바깥사돈은 초대석에 앉고, 집사람과 두 안사돈은 방청석에서 앉아 진행했다. 진행자와 패널이 대본이 필요 없을 정도로 편하게 진행하는 덕분에 떨리거나 긴장되지는 않았지만, 표정은 자꾸만 굳어지는 것 같았다.

패널들은 사돈과 관련된 몇 가지의 속담을 들려주었다. 대부분 사람은 사돈들과 잘 지내기가 어렵다던데 내가 두 사돈과 잘 지내는 건 내 딸이 그 댁의 며느리가 되었으니 어느 정도 이해가 되지만 사돈의 사돈이라 할 수 있는, 큰딸의 시부모님과 작은딸의 시부모님들까지 모두가 가족처럼 친구처럼 지내고 있다는 사실에 더욱 놀라워했다.

한 시간 동안 갖가지 이야기가 이어지고, 방청석의 집사람과 안사돈들도 한두 번씩 마이크를 잡았다. 진행자가 작은딸 세라와 통화까지 마치면서 녹화는 끝났다. 멀리 있던 뒷간이 안방 옆으로 옮겨온 요즘의 세상엔 자식을 나눠 가진 사돈 관계는 그냥 친척이 아니다. 한 가족이 되어야 마땅하겠다는 생각이 들었다.

우리가 오늘 녹화한 프로그램은 EBS교육방송의 『생활의 비법』 10회 방송 중 여섯 번째인 〈사돈 삼총사〉로, 9월 13일(금요일) 9

시 20분부터 10시까지 40분간 방송된단다. 오늘은 참, 특별한 날이었다. 우리 세 집이 아주 소중한 추억을 만든 날이다.

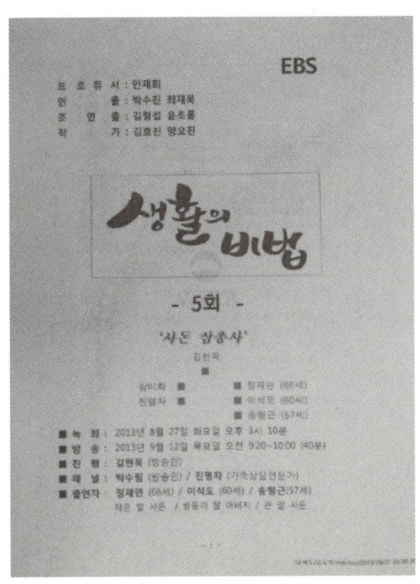

제1부 행복은 다름 아닌 일상에 있다

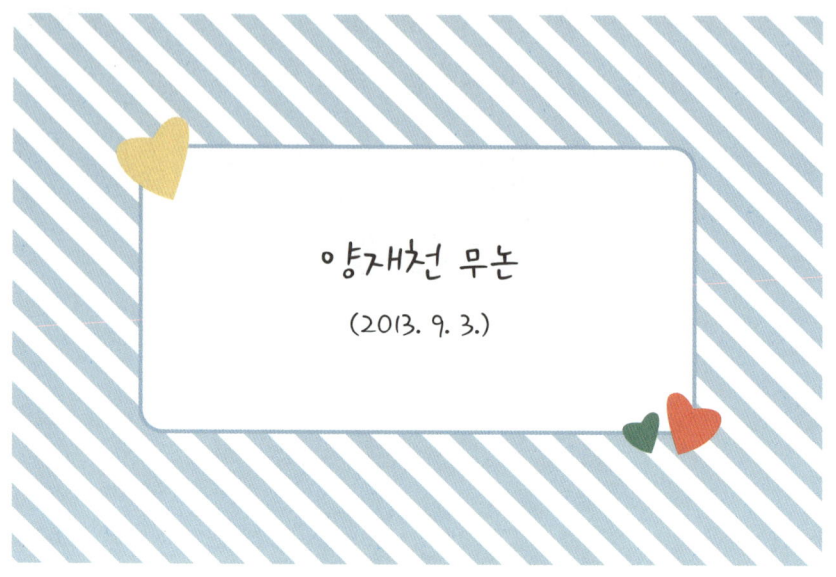

양재천 무논
(2013. 9. 3.)

    양재천 영동4교 부근의 둔치에는 제법 널찍한 무논이 있다. 한겨울에는 물을 꽁꽁 얼려 어린이 썰매장이 되었다가, 얼음이 녹으면 올챙이 놀이터가 되지만 한쪽 귀퉁이엔 비닐을 씌운 조그만 못자리가 들어서는 무논이다. 알에서 깨어난 올챙이가 손톱만 한 개구리가 되어 무논을 떠날 무렵 못자리의 아기 모는 개구리가 떠난 무논으로 옮겨 심어졌다. 흙냄새를 실컷 맡아서일까? 어느새 여린 연두색을 벗고 제법 검푸르고, 씩씩하게 자라 남실바람에 살랑살랑 춤추는 어린 모의 모습이 나를 아득한 추억으로 이끈다.

    비료가 무척 귀했던 시절, 햇살에 따스함이 묻으면 아버지는 논을 갈고 물을 담은 뒤 볍씨를 뿌려 못자리를 만들었다. 못자리의 아기 모가 다 자랐을 무렵에는 보리타작이 끝난 논에 깊은 산에서 베어 온 연한 나무와 풀을 썰어 흩뿌리고 소를 몰아 쟁기질, 써레질하여 무논을 다루었다. 모내기하는 날이면, 못자리서 쪄내 온 어린 모의 묶음을 무논 여기저기에 던져 놓고 품앗이 나온 이웃들과 나란히 서서 못줄의 표시에 따라 모를 몇 포기씩 꽂았다. 엄마가 머리에 이고 오는 새참, 산봉우리처럼 가득 담은 국수와 줄줄 흘리며 마시는 막걸리는 최고의 피로회복제처럼 보였다.

아버지는 여름 내내 새벽마다 자루가 기다란 삽괭이를 어깨에 메고 나가 밤새 물이 제대로 들었는지 논을 둘러보시곤 했다. 옮겨 심어진 어린 모가 땅 냄새를 맡고 튼실해지면 맨손으로 논을 맸다. 논에 다녀오시는 아버지의 속옷에서는 언제나 땀이 뚝뚝 떨어졌다. 황금빛으로 출렁이는 들에 허수아비가 세워질 때는 아이들마저 바빠졌다. 메뚜기를 잡고 물골에서 미꾸라지도 잡아야 하는데 참새까지 쫓아야 했다. 타작하는 날은 아이들에게 더 즐거운 날이었다. 탈곡기 뒤로 던져지는 짚단으로 집을 만들고 성을 쌓았다. 전쟁놀이하기에 더없이 좋은 날이었다.

'곡식은 주인의 발소리를 들으며 자란다'라는 옛말이 있듯 어린 모는 농부의 발소리를 듣고 땅 냄새를 맡으며 자라서 열매 나락을 맺는다. 추수한 나락은 도정을 거쳐 하얀 쌀이 된다. 쌀을 한자로는 '미(米)'라고 하는데, 이는 쌀이 되기까지는 八十八 번의 손길이 가기 때문이라는 이야기를 들어서일까? 언제부턴가 나는 쌀밥 한 알 한 알을 씹을 때마다 농부들이 얼마나 많은 땀을 흘리는지, 농민의 땀이 얼마나 숭고한지를 느끼곤 했다. 그런데 이젠 내 고향에서도 그 시절의 풍경을 볼 수 없다.

아기 모가 자라는 못자리는 오래전에 없어졌다. 공장에서 생산되는 공산품처럼 모 공장에서 모판을 사다 이앙기로 모내기하고, 비료와 농약도 기계로 친다. 추수도 트랙터가 논바닥을 한 번 휩쓸고 지나가면 벼는 벼대로 가마니에 담기고, 볏짚은 비닐로 포장되면서 추수가 끝나니 탈곡기 소리마저 사라졌다. 예전에는 온 동네 사람들 모두가 땀 흘려 지었던 농사를 단 몇 사람과 기계가 다 짓고, 논 주인은 단계별로 돈만 내면 된다. 농부의 발소리를 듣고 땀을 먹어야만 잘 자라는 줄 알았던 벼들이 요즘은 무얼 먹고 자랄까 궁금해진다. 내 고향 산천에서 사라진 벼농사 풍속은 이젠 추억 속에 묻어두고 민속놀이에서 흉내 내는 모습이나 봐야 되는 줄 알았다.

그런데 다행이다. 일부이나마 그때의 풍경을 서울 강남의 한복판 양재천에서 볼 수 있게 되었다. 볍씨를 뿌리고 아기 모가 자라는 못자리, 삐뚤삐뚤한 세로줄의 무논 모습이 못줄을 따라 일렬횡대로 서서 모내기한 옛날의 내 고향 볏논처럼 보여 더 정겹게 느껴졌다. '팔십팔 번'이란 의미가 담긴 쌀 '미(米)' 자를 바꿔야 할지 모를 세상이 되었다. 하지만 벼들이 누렇게 익어 고개를 숙일 올가을이면 양재천에서 밀짚모자를 꾹 눌러쓴 허수아비를 볼 수 있고, 윙윙윙 돌아가는 탈곡기 소리까지 들을 수 있을 것 같아 양재천 다녀오는 내 걸음이 한결 가벼웠다. 무논은 내 어린 시절의 추억이었다.

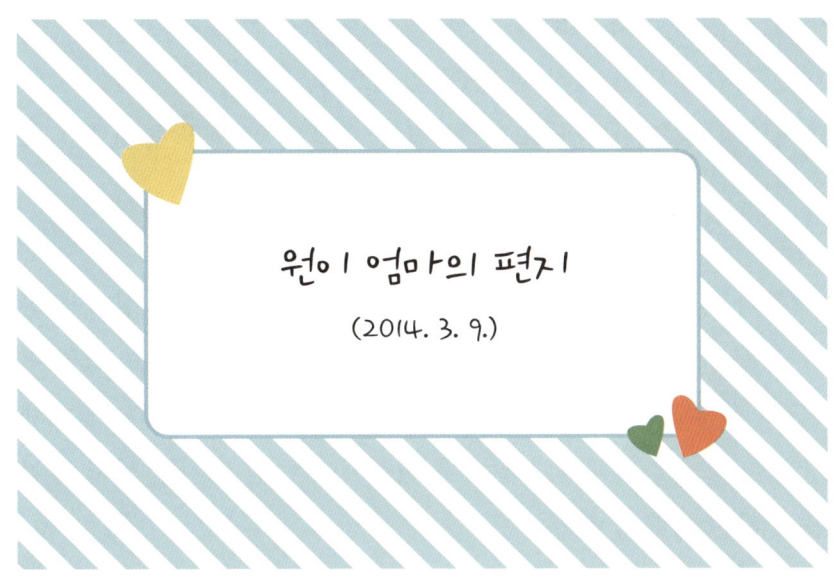

오랜만에 들른 종중(宗中) 회관의 한쪽 벽면에는 커다랗게 확대된 편지의 사진 하나가 붙어 있었다. 삐뚤삐뚤하게 쓰인 글자는 지금의 한글 모양과 크게 다르지 않은 것 같은데도 읽기가 힘들고, 이해하기는 더 어려웠다. 하지만 사진 액자 아래에 편지의 내력과 함께 편지의 옛말 원본을 해석한 해설판이 있어 쉽게 이해할 수 있었다.

1998년 경북 안동시의 택지를 개발하면서 옛 무덤을 이장하던 중 미라 한 구가 발견되었다. 그 무덤 속의 망자(亡者)는 1586년 31세의 젊은 나이로 세상을 떠난 우리 고성이씨(固城李氏) 할아버지였다. 무덤 속에서 옷가지와 여러 소품이 발견되었다. 그중에는 아내가 남편의 회복을 기원하면서 자신의 머리카락과 삼을 엮어 만든 미투리도 있었다. 그리고 또 아내가 요절한 남편에게 보내는 사연이 담긴 편지 한 통도 있었으니, 육신은 비록 떨어져 있을지언정 영혼은 지난 420년이 넘는 세월 동안 줄곧 함께했던 모양이다.

불가사의한 일이다. 다른 사람들이 쓴 글은 모두 다 심하게 상했는데도 아내가 쓴 편지는 거의 원래 상태를 유지하고 있었다. 순간 '손뼉도 마주쳐야 소리가 난다'라는 말이 떠올랐다. 도대체 망자가 생전에 아내에게 얼마나 잘했기에 이런 편지를 써서 넣었을까 하는 생각이 들었다.
'둘이 머리 하얘지도록 살다가 함께 죽자고 하셨지요?'
'여보, 다른 사람들도 우리처럼 서로 어여삐 여기고 사랑할까요?'
'남들도 정말 우리 같을까요?'
'이 편지 자세히 보시고 내 꿈에 와서 당신 모습 자세히 보여주세요.'
이와 같은 구절을 읽으면서 아내의 남편 사랑 못지않게 망자도 아내를 사랑하였음을 알 수 있었다.
'그토록 서로를 사랑했다니…'
하루아침에 남편을 잃은 여인이 남편의 시신을 앞에 둔 상중(喪中)임에도 살아생전에 이야기하듯 감정을 구구절절 토해낸 편지다. 당시 여인의 남편 사랑과 사랑을 표현한 문장력이 놀랍다. 더구나 유교 사상이 엄했던 봉건사회라 여인들은 고개조차 제대로 들지 못하고 산 줄 알았던 그 시대에도 이렇듯 애절한 속내를 거리낌이 없이 표현할 수 있었다니 사뭇 경이롭기까지 했다. 이 사실은 23개의 언어로 27개국에서 발행되는『내셔널 지오그래픽』에 실렸단다. '조선판 사랑과 영혼'으로 소개되어 전 세계인의 심금을 울렸단다. 이 부부의 사랑은 뮤지컬로 만들어져 공연되기도 했단다.

나는 편지를 몇 번이나 반복해 읽었다. 가슴 먹먹해지는 편지 덕분일까? 망자는 나에게 11대 할아버지뻘 되는 어른이 아닌가. 그렇다면 아내를 무척 사랑했던 망자의 DNA가 내 몸속 어딘가에도 흐르고 있겠다는 생각이 들었다. 나도 조금만 더 노력한다면 할아버지처럼 아내를 사랑하는 남편이 되는 것은 물론 아내로부터 사랑받는 남편이 될 수 있겠다는 자신감이 생겼다.

종중 회관을 나와 법원 부근에 이르자 건물마다 달고 있는 간판들이 눈에 띄었다.
이혼 전문 변호사 김○○.
이혼 상담 전문 박□□ 법무사.
온통 이혼을 권하는 듯이 보이는 간판들이다. 사랑을 권하기보다 사랑을 버리도록 부추기는 전문가가 많은 세상처럼 보였다. 우리나라의 이혼율은 50년 동안 13.6배나 증가했단다. 이혼의 이유로는 첫 번째가 배우자의 배반, 두 번째는 경제적인 이유 그리고 다음은 성격 차이라고 한다. 이런 것들이라면 420년 전에도 없지는 않았을 문제일 텐데… 산산조각 난 도자기를 감쪽같이 예전의 모습으로 복원하는 전문가들이 있고, 절단된 팔다리까지도 봉합

해 제 기능을 다하도록 하는 명의들도 적지 않다. 그런데 왜 금이 간 가정을 제대로 때워주는 전문가들은 없을까? 어떤 보물보다 소중한 것이 가족이요, 가정인데…

이번 주말에는 딸과 사위들을 집으로 불러야겠다. 저녁식사 후 복사한 '원이 엄마의 편지'를 한 장씩 나눠주면서 420년 전 우리 할아버지와 할머니의 사랑 이야기도 들려주어야겠다.

원이 엄마 편지 원본 해석

원이 아버지께

당신 언제나 나에게 "둘이 머리 하얘지도록 살다가 함께 죽자"라고 하셨지요. 그런데 어찌 나를 두고 당신 먼저 가십니까? 나와 어린아이는 누구의 말을 듣고 어떻게 살라고 다 버리고 당신 먼저 가십니까? 당신 나에게 어떻게 마음을 가져왔고, 나는 당신에게 어떻게 마음을 가져왔었나요? 함께 누우면 언제나 나는 당신에게 말하곤 했지요.

"여보, 다른 사람들도 우리처럼 서로 어여삐 여기고 사랑할까요? 남들도 정말 우리 같을까요?"

어찌 그런 일들 생각하지도 않고 나를 버리고 먼저 가시는가요. 당신을 여의고는 아무리 해도 나는 살 수 없어요. 빨리 당신에게 가고 싶어요. 나를 데려가 주세요. 당신을 향한 마음을 이승에서 잊을 수 없고, 서러운 뜻 한이 없습니다. 내 마음 어디에 두고 자식 데리고 당신을 그리워하며 살 수 있을까 생각합니다. 이

내 편지 보시고 내 꿈에 와서 자세히 말해주세요. 당신 말을 자세히 듣고 싶어서 이렇게 글을 써서 넣어드립니다. 자세히 보시고 나에게 말해주세요. 당신 내 배 속의 자식 낳으면 보고 말할 것 있다 하고 그렇게 가시니, 배 속의 자식 낳으면 누구를 아버지라 하라시는 거지요? 아무리 한들 내 마음 같겠습니까? 이런 슬픈 일이 또 있겠습니까? 당신은 한갓 그곳에 가 계실 뿐이지만 아무리 한들 내 마음같이 서럽겠습니까? 한도 없고 끝도 없어 다 못 쓰고 대강만 적습니다. 이 편지 자세히 보시고 내 꿈에 와서 당신 모습 자세히 보여주시고 또 말해주세요. 나는 꿈에는 당신을 볼 수 있다고 믿고 있습니다. 몰래 와서 보여주세요. 하고 싶은 말끝이 없어 이만 적습니다.

- 병술(1586)년 유월 초하룻날 집에서

제1부 행복은 다름 아닌 일상에 있다   27

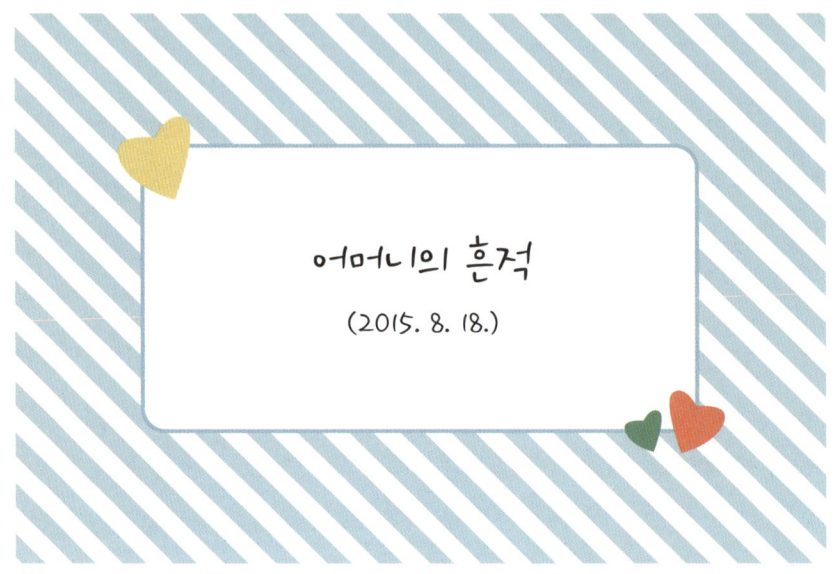

어머니의 흔적
(2015. 8. 18.)

"어머님이 짜 보내주신 참기름도 이게 마지막이네…"
 손자에게 줄 생선에 바르기 위해 참기름병을 거꾸로 세워 흔들며 아내가 말했다. 언제부턴가 집사람은 죽순, 고사리, 들기름, 감식초 등등 식재료를 꺼낼 때마다 어머님 타령을 하고 있다. 목소리가 떨리는 걸 보면 벌써 눈시울이 붉어진 모양이다. 하지만 나는 못 들은 척 아무런 대꾸도 하지 않은 채 또 천정을 바라본다.

"해마다 여름휴가를 시댁에서만 보내는 바보가 나 말고 또 있을까?"라는 자찬 같은 불평을 들어온 지 근 40년. 부모님이 서울에 오실 때마다 큰집으로, 친척 집으로, 또는 병원으로 모시고 다니느라 힘들어했던 집사람이 아닌가? '시월드'란 신조어에 이어 시댁이 싫어서 '시' 자만 들어가도 싫다며 시금치도 먹지 않는다는 우스개가 생기고, 웬만한 고부간의 갈등은 뉴스거리도 되지 않는 세상이다. 그런데도 요즘은 아내가 경치 좋은 곳에 가거나 맛난 음식이 있을 때, 심지어 손주들의 재롱이 재미날 때도 "어머님이 계시면 무척 좋아하실 텐데"를 연발한다. 수시로 "친정엄마가 돌아가시고도 안 이랬는데…" 하면서 어머님이 보고 싶다며 눈시울을 붉힐 때도 있다.

내가 결혼하기 전, 어머니께서 서울에 올라오셨을 때 지금의 집사람을 데리고 가서 "며느리 될 처녀"라고 소개하자 집사람의 가냘픈 손목을 잡아보시곤 "이래 약해서 물 한 동이나 들겠나?"라며 좀 못마땅해하셨던 어머니였다. 그런데 언제부턴가 아들보다 며느리를 더 편히 여기는 듯 보였다. 그리고 집사람도 어머니와 함께 있을 때면 무슨 이야깃거리가 그리 많은지 잠시도 가만히 있지 않았다. 우리가 시골에 내려갈 때마다 어머니는 승용차의 트렁크는 물론 뒷좌석까지 온갖 먹을거리를 가득 실어 보냈다. 또 봄이면 만물의 정구지부터 겨울이면 분이 뽀얀 곶감까지 사시사철 온갖 것을 다 택배로 보내시곤 했다. 이런 어머니의 정성과 사랑은 냉장고뿐 아니라 아내의 마음까지 채우고, 또 흔적이 된 모양이다. 이렇게 보낸 40여 년이란 긴 세월은 어머니와 집사람의 가슴에 미운 정은 걷어내고 고운 정의 씨앗을 뿌린 모양이다.

어머니가 돌아가신 지 아직 반년도 되지 않아서일까? 집사람은 어머니의 흔적이 하나씩 하나씩 사라질 때마다 가슴 아파하고, 지난날을 그리워한다. 집사람이 어머님이란 단어를 입에 올릴 때마다 내 가슴도 함께 먹먹해진다. 어머니가 한없이 보고파진다. 그렇지만 나는 태연한 척한다. 어머니는 언제나 내 마음 안에 살아계신다고 여기려 애를 쓴다.

　이곳저곳에서 어머니의 빈자리가 보여도, 여기저기서 어머니의 흔적이 사라지더라도 아쉬워할 뿐 눈물을 흘리지는 않으리라. 영원히, 아니 내가 살아 숨 쉬는 동안은 사라지지 않을 어머니의 흔적은 바로 나 자신이 아닌가. 또 어찌 눈에 보이는 흔적만 있으랴. 어머니가 그리울 때는 내 마음속에 켜켜이 쌓여 있는 어머니의 사랑을 꺼내보면서 보고픔을 달래야겠다.

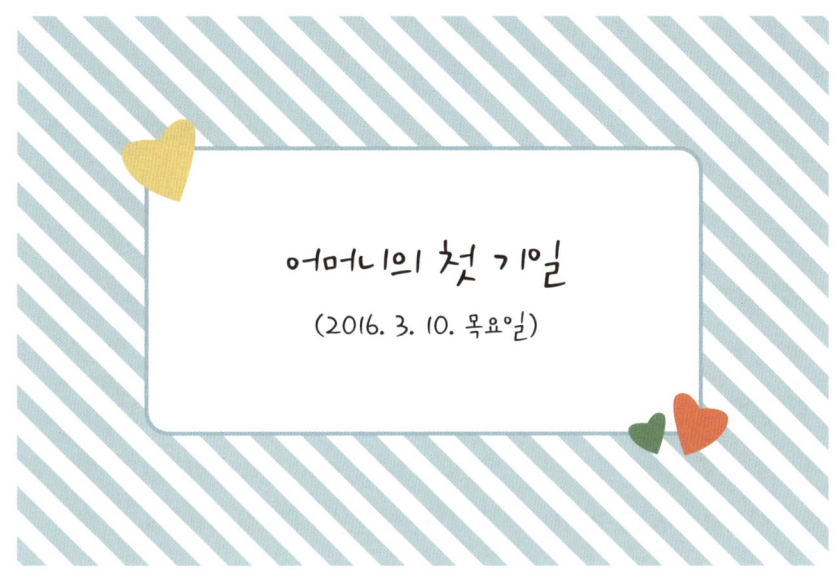

어머니의 첫 기일
(2016. 3. 10. 목요일)

　새벽 5시에 서울을 출발해 10시쯤 도착한 고향 집. 하루 먼저 내려와 계셨던 형님과 형수께서 우리를 반갑게 맞아주셨다. 하지만 작년 이날까지 대문을 들어서면서 외쳤던 "엄마!"란 말을 목구멍에 삼킬 때는 눈물이 핑 돌았다. 한 시간쯤이 지나자, 대구에 사는 누나와 여동생들도 도착했다. 우리 다섯 남매가 다 모였다. 오늘은 어머니의 첫 기일. 작년, 갑작스러운 뇌경색으로 3개월 가까이 병원에 계시던 어머니는 퇴원을 고집하셔서 대구 막내딸 집으로 모셨다. 보름 정도 지났을까? 이젠 고향 집으로 데려달라며 식음을 마다하시니… 3월 9일 고향 집으로 모셨다.

　고향 집에서 딱 하룻밤을 주무시고는 2015년 3월 10일 하늘나라로 가신 우리 어머니의 첫 기일이 오늘이다. 장손 부부가 서울서 내려오고, 외손녀들에 증손들까지… 어머니가 마지막 가신 길을 따라 산소에 올랐다. 동네 돌담 너머에도, 산 아래 밭 길가에도 작년 그때 보았던 매화꽃이 다시 피기 시작했건만 이젠 영영 어머니의 얼굴을 볼 수 없으니, 인생이 이렇게 무상할 수가 있나 싶었다.

평생을 바쳐 일구고 가꾸셨던 산 아래 밭의 한편, 고향 집이 내려다보이고, 하루 종일 따사로운 햇볕이 드는 양지바른 곳, 나란히 자리 잡은 두 개의 산소. 바로 아버지의 산소와 어머니의 산소다. 금실 좋았던 생전의 모습이 그러했듯이 산소도 더없이 평온해 보였다. 술잔을 올리고 두 분의 산소를 쓰다듬던 누나가 말했다.
"우리는 참 행복한 오 남매다. 우리를 한없이 사랑하고, 잘 키워주신 부모님을 만났으니…"
그러자 한 여동생이 답했다.
"아부지와 엄마도 행복했을 거예요. 두 분 금실 좋았고, 효성 깊고 별 탈 없이 잘 사는 우리 오 남매를 두셨으니."
첫 제사는 딸들이 차려야 된다면서 누이들이 모든 걸 준비해왔다. 형수와 집사람, 누이들이 나물을 볶고, 전을 부친다고 부산하게 움직이더니 어느새 제사상이 차려지고…

제주(祭主)인 형님의 주도 아래 시작된 어머니의 첫 제사. 영신(迎神), 강신(降神)에 이어 참신(參神)과 초헌(初獻), 다음엔 내가 독축(讀祝)했지만… 어머니를 그리는 마음은 딸들이 더 큰가 보다. 제사를 지내는 동안 내내 눈물을 훔치는 듯했다. 우리 오 남매부터 증손들까지… 적잖은 제관들이었다. 제사상 앞에 엎드려 부복한 합문(闔門). 엄마가 너무 보고 싶었다.

　집사람이 시댁을 이야기할 때면 변함없는 레퍼토리가 된 신혼 시절의 놀라움. 내 집사람이 시집와서 가장 놀랐던 것은 우리 아버지가 보이신 아내 사랑이었단다. 하긴 서울에 오시면 당신 혼자서 골목시장에서, 어떤 때는 소래포구까지 가셔서 어머니가 좋아하시는 걸 사 오셨으니⋯ 그런 남편을 먼저 보내고, 3년을 혼자 고향 집에서 지내셨으니 얼마나 외로우셨을까? 아기들을 제외하고는 모두가 제주(祭酒)를 한 잔씩 올렸는데, 술을 많이 못 드시는 우리 어머니가⋯

　제사가 끝나고 음복을 겸한 저녁식사. 자식들, 손주들이 모이는 걸 무척 좋아하시던 우리 어머니. 큰 방을 가득 채운 우리 오남매와 손주들 사이에 어머니가 계셨다면 얼마나 좋았을까? 오늘이 어머니의 제삿날이 아니라, 케이크에 촛불 가득 꽂은 어머니의 생신날이라면 더할 나위 없이 좋을 텐데⋯ 딸과 며느리들이 차린 음식을 맛나게 드시고 가셨을 우리 엄마. 북극성, 북두칠성, 삼태성 등 작년 3월보다 한결 많은 별이 반짝이는 고향의 새카만 밤하늘. 고향 하늘에 빛나는 별들이 더 많아진 걸 보니, 아마 어머니도 별이 되어 우리를 지켜보시는 모양이다. 오늘 밤 꿈속에서 어머니를 만나면 물어봐야겠다. 어느 게 엄마의 별이냐고. 엄마별의 이름이 뭐냐고⋯

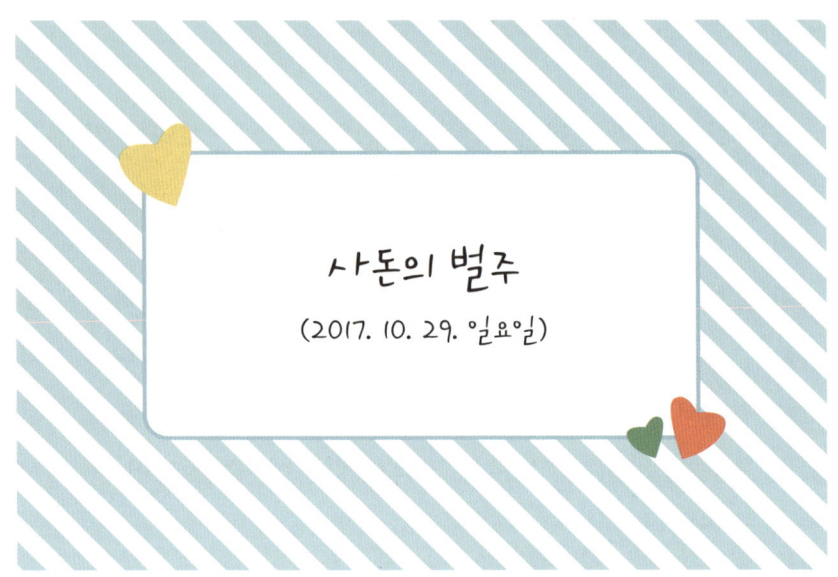

사돈의 벌주
(2017. 10. 29. 일요일)

보름 전쯤이었다. 광주 바깥사돈께서 내게 전화를 했다. 추석 황금연휴를 이용해 내가 동해안 도보여행을 하는 동안 한 구간만이라도 함께 걸었으면 했는데 그러지 못해 죄송하단다. 기장군청에서 부산역까지 걷는 마지막 구간은 중곡동 사돈이 부산까지 내려가 함께 걸었는데 자신은 하필 그날이 장인의 기일이라 그것마저 하지 못했으니 대신 벌주罰酒를 사겠다며 우리 부부와 중곡동 사돈 내외분을 점심에 초대하겠다는 전화였다. 어제도 전화하셔서는 기왕이면 당신의 친손자 원준이와 중곡동 사돈의 친손자 은규도 함께 데리고 오라고 하셨다. 나도 진즉부터 그럴 작정이었지만 정원준과 송은규는 아빠들과 함께 프로축구 경기를 보러 가기로 했다니 할 수 없이 우리 부부만 집을 나섰다.

경기도 광주시의 통보장어마을. 광주 사돈 내외, 중곡동 사돈 내외 그리고 우리 부부. 사돈지간 또는 사돈의 사돈지간인 우리 6명은 만난 지 두 달도 안 되어 또 한자리에 앉았다. 내 팔뚝보다 굵어 보이는 민물장어가 석쇠에 올라 꼬리를 팔딱이고, 광주 사돈께서 직접 농사지어 담근 오디주가 담긴 술병은 우리 사이를 나풀나풀 날아다니면서 자신의 속을 비우기 시작했다. 노릇노릇 익어가는 민물장어의 고소함보다 더 고소한 할머니들의 손주 이야기는 끝날 줄 몰랐다. 내 외손자가 그들의 손자이고, 그들의 손자가 내 외손자이니 눈치 볼 필요 없는 손주 자랑이요, 싫증 나지 않는 손주 이야기다.

손자 자랑, 사위 자랑, 며느리 자랑을 주고받으며 먹는 장어는 또 어찌 그렇게 맛있는지 모두들 젓가락질을 쉬이 멈추지 못하고 있을 때, 제일 연장자이신 광주 사돈께서 건배를 외치면서 내게 이번 동해안 도보여행의 의미와 보람을 물었다. 나는 몇 주 전에 걸었던 동해안의 절경과 에피소드를 먼저 이야기했다. 그러고는 나의 13일간 도보여행 완주가 내 사위와 딸, 손주들에게 도전에 대한 두려움 대신 철저히 준비하고 열정을 다한다면 무엇이던 능히 할 수 있다는 자신감을 심어줄 수 있는 등 적잖은 긍정적인 면과 준비하면서부터 체력을 증진시킴으로써 훨씬 좋아지는 건강, 도전에 나선 나를 염려하고 응원하면서 훨씬 몸집을 키운 가족 사랑, 하루 종일 걸으면서 자신을 돌아보고 성찰할 수 있었던 소중한 시간, 완주에 대한 성취감과 자존감, 특별한 경험과 도전을 후일 멋진 추억이 될 수 있도록 생생한 사진과 글로 남기는 기쁨 등을 이야기하고는 이번 도보여행에서 남겨둔 '속초 ↔ 고성' 50여 km의 구간은 내년 10월에 집사람과 함께 걸을 작정이라고 말하자, 두 사돈의 내외분들은 이구동성으로 그때는 세 부부팀이 함께 걷잔다.

점심 먹는 두 시간으로는 헤어지기 아쉽다며 행궁을 걸으며 가을을 만끽하기로 뜻을 모으고 남한산성으로… 그런데 이게 웬일인가? 남한산성 면사무소를 거쳐 오전리 농산물 직거래 장터를 조금 지나서는 차가 꼼짝을 하지 않는다. 100m를 가는 데 10분은 걸리는 것 같았다. 이렇게 가다가는 행궁까지 가기도 전에 해가 떨어질 것 같았다. 단풍놀이 온 사람들 때문일까? 교통사고가 난 걸까? 무슨 일일까? 오후 5시에 남한산성에서 열리는 모 정당의 지역행사에 참석하는 차들 때문에 막힌다는 이야기도 있었지만…

더는 갈 수 없다는 판단으로 불당리 좀 못 미친 곳의 공영주차장에 차 3대 모두를 세워두고는 불당리 계곡을 걸었다. 울긋불긋 곱게 물든 나무들이 빼곡한 계곡과 곳곳에 핀 여러 가을 꽃들은 가을의 아름다움을 그대로 간직하고 있었다. 볕 좋고 쉬기 좋은 곳이 있으면 자리 잡고 앉아 마시자며 광주 사부인께서 보약차(?)랑 과일까지 준비해 오셨지만, 좋은 자리마다 카페가 아니면 펜션이 자리를 차지하고 있었으니 아무리 올라도 마땅한 곳을 찾을 수가 없었다. 게다가 바람은 조금씩 조금씩 차가워지고…

다시 주차장으로 내려와 차 안을 카페로 삼아 마시는 차는 정말 보약이었다. 보약차를 마시고 맛난 과일을 먹으면서 우리 절친 사돈 삼총사는 두 가지를 결정했다. 첫째, 2018년 10월 중 '속초 ↔ 고성' 구간의 도보여행을 함께 걷는다. 둘째, 올 11월 12일(일요일) 1박 2일 일정으로 남해와 사량도로 여행을 함께 간다. 그러고 보니 오늘 광주 사돈의 벌주는 행복의 씨앗이었다.

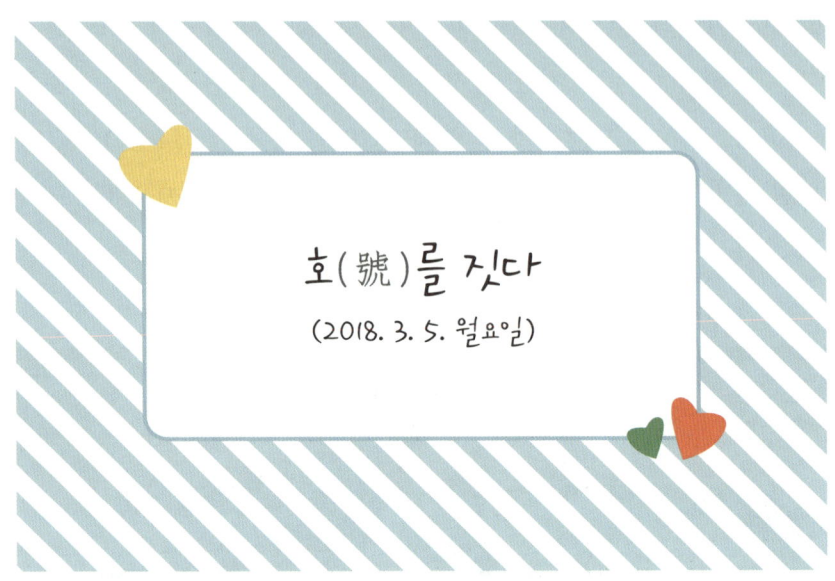

몇 해 전부터 가끔 한 번씩 호號가 하나 있으면 괜찮겠다는 생각이 들곤 했다. 주변의 문우들이 카페 등에 글을 올리면서 이름 앞에 쓴 호가 괜찮아 보일 때는 더욱 그랬다. 어떤 때는 내게 잘 어울릴 호를 한참 동안 생각해보기도 했다.

지난 2월 초, 그동안 내가 생각해두었던 호號를 정리한 다음 가족 카톡방에 올리면서 내게 어떤 것이 잘 어울릴지 물었는데 그때 올린 호號의 후보는,
첫째, 청휘
둘째, 우보
셋째, 추청이었다.

'맑은 날에 비치는 햇빛'이란 뜻의 '청휘'(晴輝)는 나의 바람을 담은 것이고, '소의 걸음'이란 뜻을 가진 '우보'(牛步)는 직장생활, 마라톤, 색소폰, 도보여행 등 무엇이든 한번 시작하면 진도는 늦을지언정 포기하지 않고 될 때까지 하는, 또는 끝까지 노력하는 내 성격이 무거운 짐을 등에 싣고도 뚜벅뚜벅 쉼 없이 걸어가는 소의 걸음을 닮았을 것 같다고 생각해 염두에 두었지만, 옛 문인들이 호로 많이 삼았을 것 같다는 생각도 들었다. 그리고 세 번째 후보로 추청(秋晴)을 염두에 둔 이유는 그 의미가 '맑게 갠 가을 날씨'라 어쩌면 지금의 내 나이와 처한 상황이 매우 비슷하지 않을까 싶어서였다.

다음날 딸들이 답장을 보내왔다. 딸들 역시 '우보'가 내 삶과 성격을 가장 많이 닮은 것 같단다. 하지만 商號로도 많이 쓰일 것 같고, 지역명으로도 더러 쓰여 경북 군위군에 우보면이 있고, 안동시에도 우보라는 지역이 있다면서 '맑은 날에 비치는 햇살의 청휘'가 더 좋겠단다. 그러면서 큰딸은 다른 의견을 냈는데 "할머니께서 아빠를 '동우'라고 부르셨잖아요?"라며 아예 '동우'를 호로 쓰면 어떠냐고 했다. 오동나무 동(桐)에, 클 우(旴)를 쓴 동우(桐旴)는 건창격(健暢格)으로 천품이 강직한 기품으로 만난을 극복하고 처음의 의지를 관철하여 대지대업(大志大業)으로 성취하여 입신양명하고, 중인의 존경을 받게 되며, 적수(赤手: 맨손)로 자수성가하여 평안을 누리게 된다는 해설까지 보내왔다.

그렇다. 언뜻… 내 호적상의 이름은 '석도(錫道)'이다. 하지만

제1부 행복은 다름 아닌 일상에 있다

어릴 때부터 집에서 부르는 이름이 따로 있는데 이런 이유 때문이다. 이름 중 '석'은 집안의 돌림자지만 '도'는 갓 태어난 내가 엄마 옆에 누워 있을 때면 두 살 위의 누나가 늘 나를 빤히 쳐다보며 "도도도 도도도…"라고 하는 바람에 '도' 자를 넣었단다. 그런데 초등학교에 들어가자, 문제가 생겼다. 친구들이 나를 놀렸다.

"도도도 도도도…"

나만 보면 도야지 부르는 흉내를 내면서 얼마나 놀리던지 나는 내 이름 '석도'가 싫어 부모님을 졸라 우리 마을에 오신 탁발승을 통해 '동후'란 아명을 얻었으니… 이를 아예 號로 쓰는 것도 그리 나쁘진 않을 것 같기도 했다. 하지만 '동후'가 아닌 '동우'라 망설이고 있었는데, 어느 날 내가 다니던 색소폰 동호회에서였다. 한자에 능통하시면서 명리학을 공부해 四柱는 물론 作名에도 밝으신 색소폰 동호회의 吳 회장님께 호를 가졌으면 하는 심정을 말하고 몇 가지를 여쭈었더니, 회장님은 자신이 나를 잘 알고 있으니 손수 호를 지어주겠다며 며칠만 기다리란다. 吳 회장님이시라면…

말죽거리 토박이로 팔십 대의 아담한 체구의 어르신이지만 젊은 날엔 사업가로, 말죽거리의 주먹으로 이름을 날렸을 뿐 아니라 지금도 매일 새벽마다 운동을 즐기시고, 색소폰까지 잘 다루시는 분이다. 같은 동호회를 다니는 덕에 4년 동안이나 거의 매일 가까이서 나를 지켜보신 데다, 지난 2014년 가을에는 내가 서울에서 출발해 고향 청도까지 걸었던 열흘간의 도보여행 내내 나의 무탈한 완주를 빌면서 수염을 깎지 않으셨다가 내가 무사히 돌아오자,

포옹으로 반기시곤 이발소로 가셨던 분이니 나를 잘 아시는 분이라 할 수 있을 것 같다.

며칠 후, 동호회로 나오라는 전화가 왔다. 차를 마시던 회장님이 나를 반기시더니 환한 미소와 함께 봉투 하나를 내밀면서 말했다. 4년 동안 지켜본 나에게는 흙의 향기가 있더란다. 순박하면서도 푸근한 듯 한결같은 내 모습이 돌을 닮기도 했단다. 그래서 나의 號를 '토담'으로 지었단다. 토담! 정겹고 포근한 낱말이다. 사전을 찾아보니 '흙으로 쌓아 만든 담'으로 '土담, 즉 흙담'이다. 그러니까 '담'은 한자어가 아닌 순우리말이다. 그런데 회장님께서 지으신 號 '토담'은 흙 토(土)에 돌담 담(磹)을 썼으니 이 두 개의 토담은 무엇이 다를까? 흙담? 흙 + 돌의 담? 내 고향에는 흙으로 쌓으면서 중간중간에 돌을 넣어 만든 흙담도 제법 많았지만, 순수 돌만으로 쌓은 돌담이 훨씬 더 많았는데… 고민이 깊어졌다. '우보'가 商號와 地名으로 많이 사용되어 싫었는데… '토담'도 '토담집 한정식' 등 만만찮은데… 어느 것이 내게 더 잘 어울릴까? 우보 or 토담! 이것이 문제로다.

그런데 회장님께서 추천하신 토담의 '담'(磹), '돌담 담'이 눈에 쏙 들어왔다. 문득 울타리로는 제격인지 모르지만, 한 방울의 물조차 싫어하는 데다 바람 한 점 품어줄 아량이 없는 흙담, 즉 '토담'보다는 울타리 역할을 제대로 하면서 바람도 들락거리고 추억도 들락거리는 '돌담'이 더 좋아 보였고, 더 정겨워 보였다. 그래서 나의 호는 '돌담'으로…

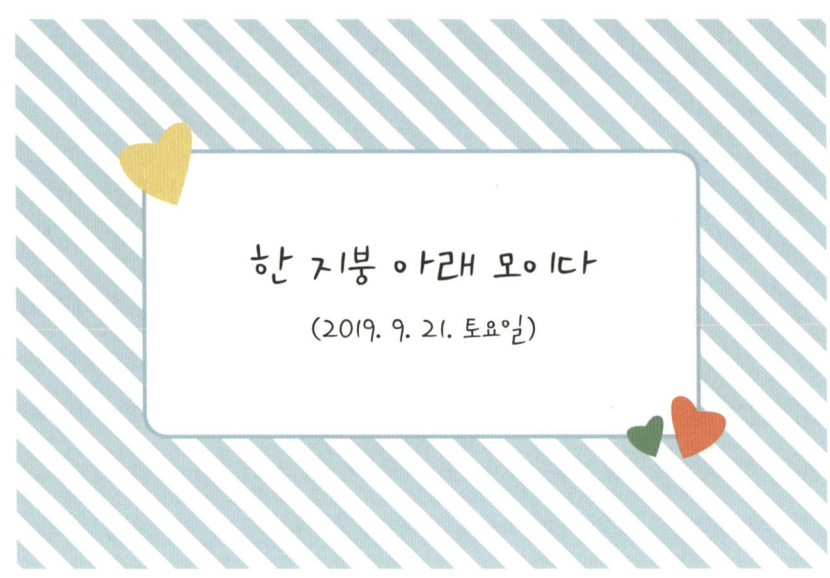

한 지붕 아래 모이다
(2019. 9. 21. 토요일)

드디어 원준네가 우리 집 바로 아래층으로 이사를 왔다. 1979년 11월에 결혼한 내 신혼생활은 종암동에서 시작되었다. 하지만 서초동 직원아파트의 신축 분양에 당첨되는 행운 덕분에 1981년 초 서초동으로 이사를 했다. 이후로는 공릉동에서의 2년과 대구, 포항의 지방 근무 시절 등 6~7년 정도를 제외하고는 2012년 초까지 줄곧 서초동에서만 살았으니 서초동에서 살았던 세월이 30년에 가까운 것 같다.

그런데 2010년부터 변화가 생기기 시작했다. 2007년에 결혼해 양재동에 살던 쌍둥이 작은딸네에 원준이가 태어나면서 생긴 변화였다. 하루가 멀다고 외손주를 보러 다니는 동안, 거주지역으론 서초동이 최고라 여겼던 우리 부부가 눈을 뜨기 시작한 것이다. 게다가 원준이의 백일 무렵인 2010년 4월에 결혼하면서 서초동에 보금자리를 틀었던 쌍둥이 큰딸도 양재동으로의 이사를 마음에 두더니 2년 만에 결국 옮겼다. 외손주를 한 번이라도 더, 조금이라도 더 많이 보고 싶어 하는 우리 마음을 잘 아는 두 딸의 성화에 못 이기는 척 우리 부부도 2012년 2월경 서초동 아파트를 세놓고는 양재동 주민이 되었다. 우리 집을 중심으로 우측 100m쯤 떨어진 곳엔 큰딸네, 좌측 130m쯤 거리에는 작은딸네.

같은 서초구에서 서초동과 맞붙은 동네 양재동. 기껏해야 4~5km를 옮겼을 뿐인데도 주거환경은 매우 달랐다. 양재동은 생각보다 살기 좋았다. 사통팔달로 뚫려 대중교통이 엄청 좋다. 3호선, 신분당선 지하철에 서울 시내는 물론 경기도도 웬만한 곳으로는 다니는 버스가 다 있는 것 같다. 시민의 숲과 양재천 등 가볍게 휴식을 취하거나 조깅을 할 수 있는 곳이 많고, 농협하나로, 코스트코, 이마트 등 대형마트들이 가까이 있는 데다 서울삼성병원, 강남세브란스 등 대형 병원은 물론 SRT를 타는 수서역도 가까이 있어 무척 좋다. 다만 대단지 아파트뿐 아니라 중소형 단지의 아파트마저 전혀 없이 기껏 몇 곳에 세워진 나홀로 아파트를 제외하고는 대부분이 빌라 또는 다세대 주택들이라 주거환경이 기대에 조금은 못 미치지만, 대신 곳곳에 조성된 공원이 많아 다행이다.

다행히 우리 부부가 입주해 살고 있는 아파트는 주위에서 가장 선호하는 곳이다. 비록 총 세대수라야 19세대밖에 안 되는 나홀로 아파트지만 바로 앞에 인조 잔디 축구장 그리고 소나무 숲과 놀이시설이 좋은 놀이터를 갖춘 양재근린공원이 있어 조망이 좋은 데다, 또 이 공원구역 안에 초등학교, 중학교, 고등학교가 있는데 우리 아파트에서는 기껏해야 150m밖에 되지 않으니 아이들 키우기에 이보다 좋은 곳이 또 있을까 싶다. 게다가 수영장과 헬스장은 물론 많은 프로그램을 갖추고 주민들을 기다리는 區立의 언남문화스포츠센터도 150m쯤의 거리밖에 되지 않으니…

하지만, 참 이상하다. 십 리가 가깝다고 여길 때가 있는 반면 때로는 100m도 멀게 느껴진다. 외손자와 외할아버지의 거리, 100m가 몇 십 리보다 더 멀게 느껴지곤 할 때, 우리 집에서 우측으로 100m쯤 떨어져 살던 큰딸네가 먼저 우리 아파트로 이사를 했다. 작년 11월, 마침내 우리랑 같은 5층에서 엘리베이터를 사이에 두고 마주 보는 이웃이 되었다. 그런데 오늘은 130여 m 떨어져 살던 작은딸네가 우리 부부와 큰딸네가 사는 아파트로 이사를 온 것이다. 우리 집은 503호, 작은딸네는 403호. 우리 집 바로 아래층에 입주했다. 옆집은 은규네, 아랫집은 원준과 세은이네… 거의 매일 보는 외손주들이지만 이젠 더 무시로 들락거릴 수 있어 좋다.

지금까지 세 놈이 우리 집에 모이면 재미나게 놀았지만 이젠 더 신나게 놀아도 되어서 좋다. 세 외손주가 우리 집에 모여 놀면서 좀 폴짝거리기라도 하면 혹시라도 아랫집에 소음 공해가 될까 봐, 몇 달 전처럼 아래층의 할머니가 올라와 시끄럽다고 항의할까 봐 늘 노심초사했었지만, 이제는 아래층이 내 외손주 집이 되었으니 걱정 끝이다. 하루가 다르게 성장하는 외손주들의 모습을 바로 옆에서 매일 지켜볼 수 있어 행복하다. 사랑할 수 있을 때 마음껏 사랑할 수 있어 너무 행복하다. 지금쯤 한참 꿈나라에 들었을 원준, 은규, 세은. 외손주들의 잠꼬대 소리가 들리는 듯하다.

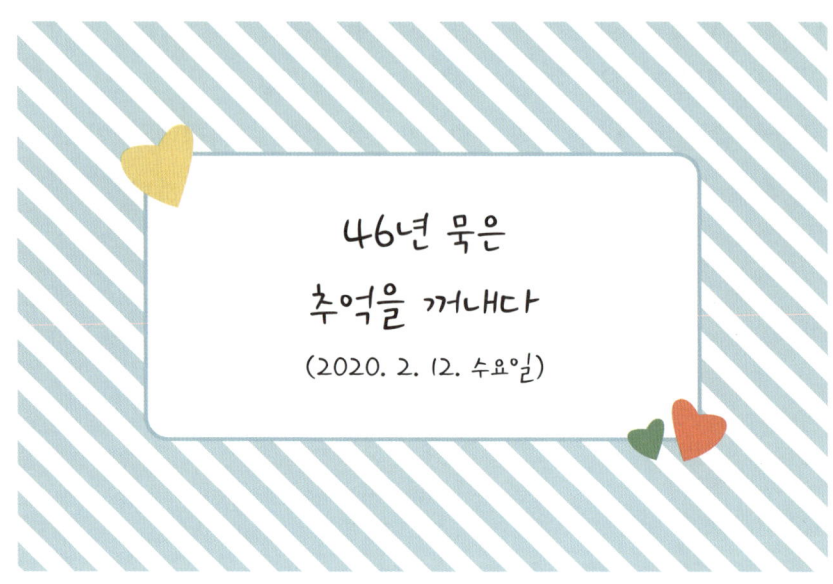

46년 묵은
추억을 꺼내다
(2020. 2. 12. 수요일)

　내년 말쯤 베트남 푸꾸옥으로 갈 예정인 가족여행에 내 용돈을 아껴서 보탤 요량으로 적금통장을 만들기 위해 우리 집에서 가장 가까운 우리은행 포이동 지점으로 갔다. 아내가 곳간 관리를 하는 데다, 대부분의 금융거래를 인터넷뱅킹으로 할 뿐 아니라 가끔씩 인출하는 용돈도 자동화기기를 이용하기에 은행에 들어갈 일이 거의 없었으니 무척 오랜만의 은행 출입이었다.

　사십 수년을 하루같이 드나들었던 내 일터였던 은행인데도 왠지 좀 어리둥절했다. 떠난 지 5년밖에 되지 않는 우리은행 지점의 모습임에도 많은 게 낯설었다. 평소라면 대기 고객들로 한창 북적일 시간임에도 직원들만 보일 뿐 영업장은 텅 비어 있었다. 작년 말 중국 후베이의 우한에서 발생해 강력한 전파력으로 온 세계인을 불안의 도가니로 몰아넣고 있는 '우한 폐렴'이란 신종 코로나 바이러스가 우리 국민의 해외여행은 말할 것도 없고, 은행을 찾는 발길마저 묶은 것 같았다.

은행에 들어서서 번호표를 뽑자마자 소리가 들렸다.
"딩동!"
소리와 함께 내 번호표의 숫자가 한 창구의 알림판에서 깜박거리고 있었다. 내 번호가 깜빡이는 창구로 다가가자, 창구의 여직원이 착용한 마스크를 살짝 내리며 맞이 인사를 하고는 다시 썼다. 하기사 신종 코로나 바이러스가 설 연휴를 전후해서 온 세계로 전파되었을 뿐 아니라 지금은 중국에서만 확진자가 6만 명을 넘어서고 사망자도 1,300명을 넘었다 하지 않던가. 게다가 우리나라에서도 감염자가 29명이나 발생한 데다 몇 해 전에 있었던 사스와 메르스보다 전파력이 훨씬 강하다는 뉴스에 온 국민이 바깥 활동과 사람과의 대면을 최대한 자제하고 있는 실정인데, 하루 종일 고객들과 얼굴을 마주 보며 상담하면서 일하는 게 주된 업무인 창구직원들이야말로 얼마나 불안할까? 그들이야말로 마스크 착용이 마땅하다 싶었다.

마스크를 착용했지만 내가 알아듣기 쉽게 또박또박 말하는 여직원의 태도는 여간 친절하지 않았다. 내 주민증을 받아 든 여직원이 컴퓨터의 자판을 두들기더니 나를 쳐다보며 말을 걸었다.
"아! 선배님이시네요. 언제 퇴직하셨어요?"
"2014년 9월에 했으니, 벌써 5년이나 됐네요."

그런데 창구 여직원이 업무처리를 하나하나 할 때마다 뒤에 서 있는 한 젊은 남자 직원이 고개를 내밀어 쳐다보면서 노트에 뭔가를 적곤 했다. 그런 모습을 보이는 게 민망했을까? 여직원은 다시 나를 바라보며 말했다.

"연수 중인 신입 행원인데 OJT(On the Jop Training) 나왔어요."

그러고는 필기하고 있는 젊은 남자 직원에게 다가가서는 속삭였다. 말하면서 나를 바라보는 모습이 나를 퇴직한 선배라 소개하는 듯했다. 그러자 젊은이는 나를 향해 고개를 살짝 숙였지만… '연수 중인 신입 행원'이란 말에 내 몸은 어느새 타임머신을 타고 있었다.

46년 전 이맘때였던 1974년 2월, 까까머리가 서너 달을 자라 약간은 더벅머리가 된 나는 경북 청도 촌놈의 때를 벗기고 있었다. 아직은 교복이 더 잘 어울리는 나이에 말쑥한 양복을 걸치고 넥타이를 맨 채 소공동에 위치한 한일은행 본점에서 수십 명의 입행 동기들과 함께 한 달이 넘는 기간 동안 신입 행원 연수를 받은 후 첫 근무지를 발령받았던 1974년 2월. 그런데 반세기에 가까운 세월이 흘러서일까? 연수 기간 내내 은행원답게 빛의 속도로 돈을 세기 위해 약지손가락으로 한 장씩 넘기는 지폐 세는 연습이랑 지폐를 부채처럼 펼쳐 한 번에 5장씩 세는 연습을 했던 기억만 뚜렷할 뿐 나머지 추억은 내 기억력의 한계를 벗어나 버린 모양이다. 예금, 대출, 내국환, 외국환 등 은행 업무 모두를 배우긴 했으리라. 또 지금이야 모든 것이 자동으로 계산되고 산출되지만, 당시에는 대출이자는 물론 예금이자 등 모든 계산을 주산(珠算)으로 하던 때였으니 수시로 잔액이 변동되어 계산하기가 여간 어렵지 않은 당좌대출, 정기적금, 수시 입출 예금 등의 이자 계산에 필요한 적수(積數)를 뽑는 방법도 열심히 배웠으리라.

연수를 마친 후 본점 영업부로 발령을 받아 어음 교환업무를 담당하던 중 본부 교환반으로부터 받아온 어음과 수표 중 5만 원권 자기앞수표 한 장이 사라진 바람에 두 분의 선임자와 함께 본점 건물의 엄청나게 큰 쓰레기장에 들어가서는 늦은 밤까지 불을 밝히곤 산더미처럼 쌓인 쓰레기를 한 장씩 한 장씩 뒤져야 했지만, 수표를 찾아낸 덕분에 변상을 면했을 뿐 아니라 선임자로부터 코가 삐뚤어지도록 술을 얻어 마셨던 추억. 틈만 나면 출납계 정사대에서 지폐를 세어 묶곤 했던 추억. 그 시절의 달콤함이 어디 이뿐이랴. 지금 생각해보면, 파란 꿈과 희망이 늘 나를 감쌌던 그때가 가장 싱그러웠던 시절이었다. 이젠 몸이야 그 시절로 돌아갈 수 없지만 마음만이라도 그때처럼 싱그러울 수 있으면 얼마나 좋을까.

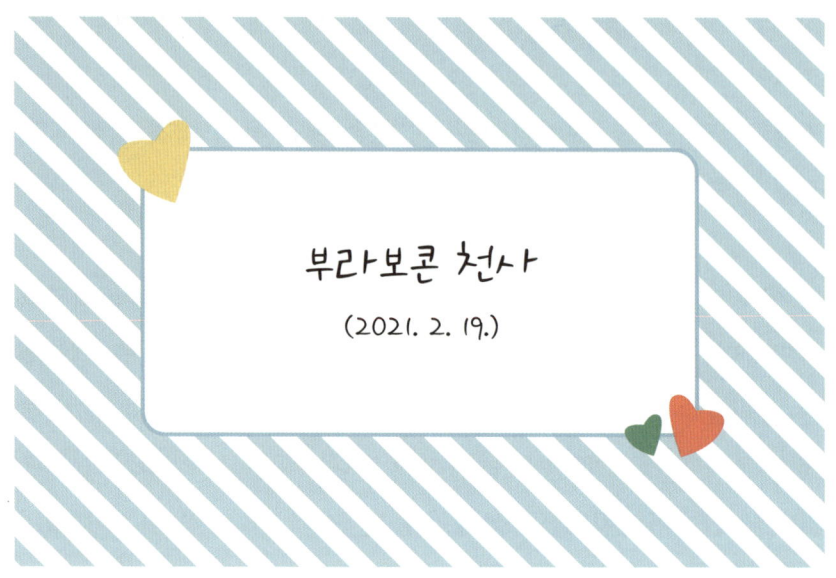

부라보콘 천사
(2021. 2. 19.)

 손주 셋 모두를 데리고 동네 분식집에서 첫손주 원준이의 수학 문제집 책거리를 마친 후 분식집을 나섰다. 배가 터질 것 같다면서도 손주들은 이런 날엔 디저트가 빠지면 안 된다며 에워싸듯 나를 이끌고 마트로 들어섰다. 아이스크림이란 아이스크림은 종류별로 다 들어 있는 듯한 냉장고를 몇 바퀴나 돌면서 아이스크림을 들었다 놓았다가 하던 막냇손주 세은이가 입을 열었다.
 "할아버지, 할아버지도 드시고 싶은 거 고르세요."
 "그래… 그럼 할아버지는 부라보콘 먹을게."
 "할아버지, 부라보콘보다 월드콘이 훨씬 맛있어요."
 "그래도 나는 부라보콘 먹을 거야."
 "왜요?"
 "부라보콘을 먹으면 천사가 될 것 같아서…"

그러자 원준이와 은규가 합창하듯 물었다.
"할아버지, 그게 무슨 말씀이에요?"
"비밀… 다음에 말해줄게."
아이스크림 냉장고에서 부라보콘을 꺼내면서 나는 한 천사를 떠올리고 있었다.

1977년 크리스마스를 하루 앞두고 군 복무를 마친 나는 고향에서 연말연시를 보낸 다음 1월 초에 복직을 신청했더니 일주일도 되지 않아 서소문 지점으로 발령이 났다. 한일은행 본점 영업부로 입사해서는 1년 동안 어음 교환업무만을 담당하다가 군대를 다녀왔으니 신입 행원이나 다름없었다. 그날그날 입출을 맞추는 대차대조표에서 1원이라도 맞지 않으면 밤을 새워 찾아야 했던 계산 업무를 6개월 정도 담당하다가 출납 계장으로 승진했다. 출납 계장은 지점 전체의 현금을 총괄 관리하는 직책이다. 적은 금액의 입출금은 창구직원들이 직접 처리하지만, 일정 금액 이상의 고액이거나 복잡한 입출금의 경우엔 출납 계장이 직접 처리했다. 그때는 CCTV가 설치되지 않았던 시절이라 예금 창구직원들이 고객들에게 실제 찾는 금액보다 더 많이 지급하거나 출금 시 번호표를 회수하지 않은 일로 일과 후 출금전표에 남긴 권종별 지급 메모 등을 살펴 의심이 가는 고객의 집을 찾아다닌 경우가 간혹 있었다. 하지만 다행히 나는 그런 사고 한번 없이 잘 지내고 있었다.

그해 추석 대목이었다. 은행은 시골 오일장의 명절 대목 못잖게 붐볐다. 지금이야 급여, 상여금 등 대부분이 급여 계좌로 입금

되지만, 그때는 모두가 현금으로만 지급되었으니 오죽했으랴. 명절 대목이면 각 지점에서는 평소보다 몇 배나 많은 현금을 준비해 두곤 했다. 더구나 내가 근무하던 서소문 지점은 당시 한일은행에서 몇 손가락 안에 들 만큼 큰 지점이라 명절 대목이면 거액의 현금을 찾아가는 거래처가 많아 엄청난 현금을 준비해 놓곤 했었다. 그날도 아침부터 추석 상여금 자금으로 거액을 찾아가는 업체가 많았다. 출금전표가 넘어올 때마다 신경을 곤두세워 처리했다. 적게는 수천만 원, 많게는 수억 원의 현금을 내주었다. 한두 건만 더 처리한 다음 점심을 먹을 작정이었다. 그때 조금 전에 몇 억 원의 현금을 찾아간 제과 회사 여직원이 창구의 유리 칸막이 너머로 나를 쳐다보며 말했다.

"계장님, 돈이 잘못 온 것 같아요."

나는 적게 지급했다고 따지는 줄 알고 단호하게 말했다.

"그럴 리가 없어요. 한 번 더 확인해보세요."

"분명히 더 온 것 같은데…"

중얼거리는 듯한 그녀의 말에 가슴이 덜컹했다.

그녀를 창구 안으로 들어오도록 했다. 남자 직원과 함께 들고 온 마대에서 돈을 다 꺼내놓은 다음 함께 확인했다. 가슴이 콩닥거렸다. 정말 돈이 더 지불되어 있었다. 있어야 할 500원권 지폐 한 다발(100장 묶음 10개로 50만 원)이 없는 대신 10,000원권 지폐는 한 다발(100장 묶음 10개로 1,000만 원)이 더 있었다. 500원권 한 다발을 준다는 게 푸른색이 조금은 비슷한 탓에 10,000권 다발로 준 모양이었다. 무려 950만 원의 과불이었다. 다리가 후들후들 떨리면서 눈앞이 캄캄했다.

그녀에게 감사 인사를 몇 번이나 하면서 점심을 사겠다고 했다. 하지만 그녀는 회사로 빨리 돌아가 상여금을 지급해야 한다며 정 답례를 하고 싶으면 부라보콘 3개만 사달라고 했다. 돌아가는 길에 같이 온 남자 직원, 운전기사와 함께 먹겠다면서 미소를 지었는데 얼마나 예쁘게 보이던지 내 눈에는 천사 같았다.

구내식당에서 혼자 점심을 먹는데 밥을 씹는지, 돌을 씹는지 모를 정도였다. 자꾸만 950만 원이 머릿속을 맴돌았다. 눈물이 핑 돌기도 했다. 만약 그녀가 모른 채 가버렸다면 나는 어떻게 되었을까? 워낙 바쁜 날이고 많은 현금을 다룬 날이라 어디에 과불했는지 찾지 못해 내가 물어내야 했을 것이다. 하지만 이듬해 내가 결혼할 때 부조금은 보통 1,000원, 많아야 3,000원이었고, 당시 잠실의 13평형 주공아파트 가격이 삼백수십만 원이었으니 서울에서 소형 아파트 3채나 살 수 있는 950만 원은 내가 감당할 수 있는 금액이 아니었다. 아마도 950만 원 대부분은 내가 은행에 들어갈 때 인우 보증을 서 주신 친척 어른들께 떠넘겨졌을 텐데…

지금 생각해도 아찔하다. 그녀의 은혜가 없었다면 지금의 나는 없을 것이다. 40여 년의 은행 생활을 무사히 마친 후 세 손주와 누리는 지금의 행복 모두가 그녀 덕분이다 싶은데 그 큰 은혜에 고작 부라보콘 3개였다니… 그날부터 내가 제일 좋아하는 아이스크림은 부라보콘이었다. 언제부턴가 부라보콘을 베어 물 때마다 아득한 천사가 떠오르고, 부라보콘의 달달함은 내게 그 천사의 미소가 된다.

　마트를 나서서는 손주들과 함께 아이스크림을 먹으면서 걸었다. 이젠 얼굴은커녕 姓조차 기억나지 않는 그녀의 미소가 다시 떠올랐다. 40여 년 다닌 은행을 무탈하게 정년퇴직한 후 오늘처럼 손주들과 아이스크림을 먹으며 걷는 행복 모두가 그녀의 선물이라 여기며 천사의 건강과 행복을 빌면서 핥아먹는 부라보콘은 유난히 달콤했다.

천 원의 행복
(2021. 6. 22. 화요일)

여느 날처럼 간단히 아침식사를 마치곤 집을 나섰다. 꽤 오래되어 습관처럼 되었지만, 작년 2월 어느 날부터 달라진 것도 적지 않은 일상이다. 은규를 태운 유치원 승합차가 아파트 귀퉁이를 돌아갈 때까지 손을 흔들다 들어와서 아침을 먹었던 것은 은규가 매헌초등학교 교문 안으로 들어가기 전에 꼭 껴안으면서 "이따 2시 30분에 만나자." 하곤 손을 흔들다 집에 돌아와 식사하는 것으로 바뀌었다. 그리고 일 년 반쯤 전에는 아침식사 후 집사람이랑 커피 한 잔 후 두툼한 스포츠 가방을 둘러메고 집을 나섰는데 지금은 큼직한 스포츠 가방 대신 핸드폰과 생수 한 병을 꽂은 허리쌕만이 내 허리에 둘러져 있을 뿐이다. 아! 아니다. 그러고 보니 새로 생긴 버릇이 하나 더 있다. 쌕을 허리에 차기 전에 지갑에서 천 원짜리 지폐 한 장을 꺼내 꼬깃꼬깃 접어 쌕에 넣는다. 천 원짜리

한 장이 담긴 쌕의 속을 두 눈으로 확인해야만 내 걸음이 가벼워지는 것 같다.

아파트 밖은 마스크를 쓰지 않으면 중죄인이 된 듯한 세상이다. 십 년이 넘도록 언남스포츠센터를 향하던 내 발길은 양재천으로 바뀐다. 언남스포츠센터의 러닝머신은 양재천 산책로와 양재 시민의 숲길로 변해 있다. 러닝머신을 타듯 양재천변 산책로와 시민의 숲길을 달리거나 앞으로 걷고 뒤로 걷는다. '개콘', '강적들', '나는 자연인이다'처럼 재미나면서 흥미진진한 장면으로 내 혼을 빼앗곤 하던 러닝머신의 TV는 없지만 이보다 더 좋은 벚꽃, 개나리, 유채꽃 등 갖가지의 꽃들이 피고 지더니 지금은 빨간 양귀비와 하얀 메밀꽃이 한창일 뿐 아니라 양재천변 사방팔방으로 널린 하얀 토끼풀꽃과 팔뚝보다 더 큰 잉어들이 떼를 지어 다니면서 자연인이 된 나를 반긴다.

어느새 1시간 30분, 7~8km를 달리거나 걸은 다음 찾아가는 시민의 숲 맨발공원. 온갖 운동기구들은 물론 덤벨과 바벨이 중량별로 비치된 헬스장에 비할 바는 아니지만 우리 아파트 앞 근린공원에 비해서는 역기 중량이 훨씬 다양한 데다 봄이면 주변의 꽃이 좋고, 가을이면 단풍이 좋은데 지금 같은 여름은 더 좋다. 나무 그늘이 좋아 에어컨 바람보다 더 시원한 자연풍 산들바람이 자주 불어 햇볕 따가운 한낮에도 중량 운동하기에 더할 나위 없는 곳이다. 게다가 일부러 이곳까지 찾아와 운동하는 사람들이 별로 없어 기껏해야 동네 사람 두세 명 또는 점심시간을 활용해 운동하는 직장인 서너 명밖에 안 되니 내가 운동하기에도 안성맞춤이다.

비가 오는 날이나 특별한 약속이 있어 빠지는 날을 제외하고는 평일엔 날마다 이곳에서 1시간 30분 정도 헬스장에서 했던 것처럼 중량별 역기로 하루는 어깨, 다음날은 이두근과 삼두근 그리고 그 다음날은 가슴과 등, 이렇게 근력운동을 하고 있으니 내 개인 헬스장이나 진배없을 뿐 아니라 마스크를 쓰지 않아도 괜찮으니 더 좋다.

십 년 가까이 다니던 서초 구립 언남체육센터가 코로나 팬데믹으로 인해 작년 2월부터 문을 닫는 바람에 고육지책으로 시작한 양재천과 시민의 숲에서의 운동이 얼마나 좋은지, 그리고 얼마나 정이 들었는지 모른다. 지난 4월부터는 언남체육센터가 수영과 GX 등을 제외하곤 다시 문을 열었다며 헬스장에서 운동하러 오라는 연락이 왔었지만, 얼마간은 더 양재천과 시민의 숲에서 운동하고 싶어 언남체육센터의 등록을 미루고 있을 정도다.

그러나 오후 1시가 가까워지면 슬슬 배꼽시계가 신호를 보내온다. 세 시간 동안 물만 마시면서 뛰고 걷고 무거운 역기까지 들고 있으니 배가 고프단다. 배꼽시계의 신호도 신호지만 2시 또는 2시 30분까지 은규를 데리러 가야 하는 데다 그 전에 꼭 해야 하는 게 하나 더 남았기에 운동을 서둘러 마무리한 다음 풀어놓았던 쌕을 허리에 다시 두른 채 마스크를 쓰고 시민의 숲을 떠난다. 시민의 숲을 나와 횡단보도를 건너 AT센터 쪽으로 향하는 내 발걸음은 점점 가벼워지면서 빨라진다.

멀리서 보이는 AT센터 앞 노점상 부스. 멀리서도 잘 보이는 노점상 부스의 현수막을 차지한 '오뎅'이란 글자에 벌써 입 안에는 침이 고이고… 평일이면 거의 날마다 이 시간에 만나는 노점상 아저씨는 나를 보자마자 종이컵에 오뎅 한 개를 담은 후 국물을 붓고… 나는 꼬치에 꽂힌 오뎅에 분무기로 간장을 칙~ 뿌린 후 입에 넣은 다음 꼬깃꼬깃 구겨진 천 원짜리를 펴서 돈통에 넣는다. 역시 오뎅은 오늘도 입 안에서 살살 녹았다. 조금은 뜨거워서 후후 불면서 마시는 오뎅 국물도 역시 꿀맛이다. 그런데 참 이상하다. '오뎅'이란 글자는 보기만 봐도 입맛이 다셔지는데 '어묵'이란 글씨에는 아무렇지도 않은 것은 왜일까? 30년도 넘었을 만큼 오래전에 먹었던 게 어묵이 아니고 오뎅이고, 아직도 그 맛을 잊지 못해서일지 모르겠다.

내가 한일은행 포항지점 책임자로 근무하던 때였으니 아마 1986년과 1987년도의 겨울이겠다. 서울에서 살던 우리 가족은 내가 포항지점으로 승진 발령을 받음에 따라 나를 따라 포항으로 이사해 살면서 한 달에 한두 번씩 고향에 계시는 부모님을 찾아뵙곤 했었다. 포항에서 내 고향 경북 청도까지의 거리는 이백 리로 약 80km밖에 안 되지만 내게 차가 없었던 당시로서는 시외버스를 세 번이나 갈아타야 했으니 꽤 번거로운 걸음이었지만 자주 간 편이다. 특히 추위가 매서웠던 겨울의 걸음은 더 힘들었다. 집사람과 함께 예닐곱 살짜리 쌍둥이 두 딸을 데리고 포항 시외버스터미널에서 경주 가는 버스를 탄 다음 경주 시외버스터미널에서 대구 가는 시외버스로 타서는 청도 동곡의 정류소에서 내려 한참을 기다리다가 대구 남부정류장에서 출발해 유천으로 가는 시골버스가 동곡정류장에 들리면 타야 했다. 하지만 동곡은 내 고향마을에서 8km, 이십 리밖에 안 되는 곳이라 이곳 정류장에 도착하면 고향에 다 왔다는 안도감 때문인지 늘 시장기가 느껴지곤 했다. 그래서였을까? 나는 30년이 훌쩍 넘은 지금까지도 겨울 주말 집사람과 함께 두 딸을 데리고 고향에 가다 먹었던 동곡 버스정류장의 오뎅 맛을 잊지 못한다. 하얀 입김을 내뱉으며 두 딸과 집사람이 얼마나 맛나게 먹던지… 가느다란 대나무 꼬챙이에 꽂힌 소시지처럼 생긴 오뎅이 얼마나 맛나던지… 찬 바람이 쌩쌩 부는 날 후후 불면서 마시는 따끈따끈한 오뎅 국물은 또 얼마나 시원하던지… 고향 집 대문을 열면서 "엄마" 하고 부르면 맨발로 달려 나와 반겨주시던 엄마의 품이 얼마나 따뜻하던지…

지금도 나는 오뎅을 먹을 때는 그때 오뎅 먹었던 기분으로 오뎅을 먹지만 일부러 딱 한 개만 먹는다. 혹시 한 개라도 더 먹으면 '한계효용 체감의 법칙'에 따라 맛이 덜해질까 봐 더 먹고 싶은 욕심을 누르는 것이다. 그때의 맛과 그때의 행복을 잊지 못해 매일같이 1,000원짜리 지폐 한 장을 꼬깃꼬깃 접고 있으니 천 원의 행복인 셈이다. '천 원의 행복', 행복이 돈의 크기에 비례하지 않아서 다행이다. 물질만능주의가 판을 치고 1,000원짜리 한 장으로는 할 수 있는 게 거의 없는 세상인데 그 천 원짜리 지폐 한 장으로 잠시나마 행복을 느낄 수 있다니 얼마나 다행인가 싶다. 그러면서 날마다 '천 원의 행복'을 만끽하는 소박한 내 삶이 참 다행이고 고맙다.

날마다 천 원짜리 한 장을 허리쌕에 넣어 집 나서는 내 진짜 속셈은 어쩜 운동이 아니라 운동 후의 오뎅일지 모른다. 노점이 문을 열지 않는 주말에만 청계산에 오르는 내게 산행은 핑계이고 속내는 이수봉에서 파는 오뎅일지 모른다. 오뎅이 주는 천 원의 행복, 오래오래 누릴 수 있으면 좋겠다. 임도 보고 뽕도 따는 행복, 꿩 먹고 알 먹는 행복. 소소한 행복이 많은 삶이 되도록 애써야겠다.

운동을 마치고 돌아왔더니 대문 앞에 큼직한 스티로폼 박스 하나가 놓여 있었다. 그저께는 대구의 막내 여동생으로부터 복숭아, 토마토, 호박, 고추, 오이, 생닭 등 여남 가지는 될 듯한 먹거리가 담긴 큼직한 택배 상자가 왔었는데 오늘 택배는 대구에 사는 누나가 여러 가지 버섯과 오이, 마늘, 고추, 머윗대 등 족히 대여섯 가지는 넘을 듯 많은 야채로 만든 장아찌였다.

6~7년 전까지는 봄이면 첫물의 상추와 부추, 미나리 등 봄기운을 듬뿍 머금은 갖가지의 야채를 신문지 한 장 한 장에 따로따로 싼 후 차곡차곡 담은 택배 상자로 시작해 일 년 내내 앵두, 살구, 보리수, 매실, 애호박, 풋고추, 호박잎, 고구마, 참깨, 들깨, 참기름, 홍시 등 새로운 먹거리가 나올 때마다 엄마가 보내신 택배

상자가 우리 집 대문 앞에 놓여 있곤 했었는데…

　사업하는 남편을 내조하면서 대구 시내에 살지만 팔공산 기슭의 넓은 농장에서 온갖 먹거리를 자급자족하는 막내 여동생은 어머니께서 살아생전 하셨던 것처럼 수시로 생오리, 훈제오리, 생닭 그리고 사과와 복숭아, 토마토 등 온갖 과일과 야채는 물론 심지어 된장과 간장까지 보내오고, 대구의 제 집은 아들에게 맡긴 채 외손녀를 돌보기 위해 서울로 올라와 서초동 딸네에서 지내는 둘째 여동생은 청계산 자락에 마련한 주말농장에서 나오는 채소뿐 아니라 수시로 내 외손주들 입히라며 옷가지들을 보따리째 보내오고, 누나는 오늘처럼 장아찌 등 먹기만 하면 되는 맛난 반찬을 보내오고 있으니, 어머니가 아니 계신 지금은 누나와 여동생들의 택배 상자가 그 자리를 차지한 셈이다. 친자매처럼 사이좋게 지내는 누이들과 집사람의 모습이 고맙고 아름답다. 시누이들과 잘 지내셨던 엄마도 하늘에서 미소 짓겠다.

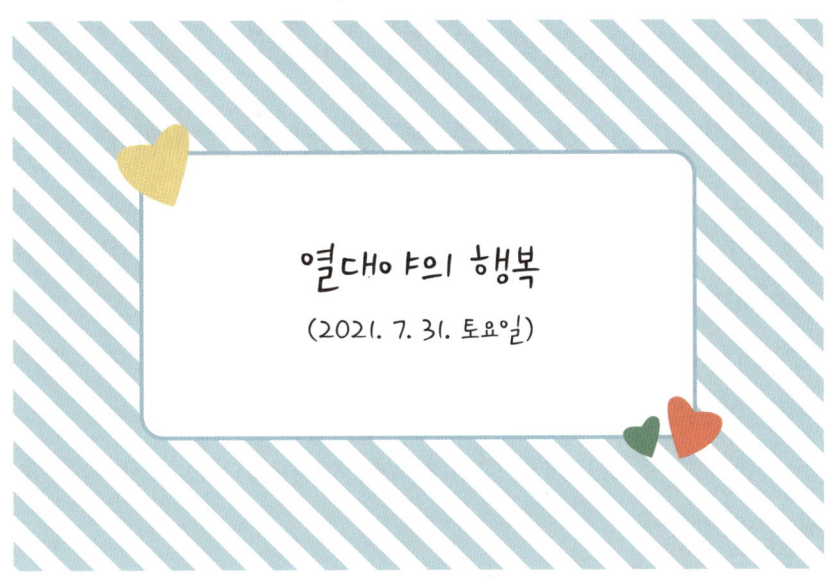

열대야의 행복
(2021. 7. 31. 토요일)

그저께 목요일의 일이다. 손목에서 스마트워치가 기상을 알리는 5시 30분의 진동이 느껴져 일어났지만, 집사람은 여전히 단잠에 빠져 있었다. 밤새 틀어놓은 방의 에어컨 덕분에 시원하게 잘 잤다고 생각하면서 여느 날처럼 스트레칭을 할 요량으로 거실로 나왔다.

"아이쿠! 깜짝이야."

넓은 우리 집 거실이 사람들로 가득했다. 바로 아래층에 사는 원준이네 네 식구였다. 거실 에어컨을 틀어놓은 채 이부자리 위에서 시원하게 자고 있었다.

'11시 반쯤 내가 잠들 때까지는 아무도 오지 않았었는데…'

'거실의 에어컨이 고장 났다며 선풍기를 있는 대로 다 내놓고 지내더니…'

제1부 행복은 다름 아닌 일상에 있다 63

'새로 주문한 거실 에어컨은 오늘 오후에 설치하기로 했다더니 얼마나 더웠으면…'

인기척을 느꼈는지 눈을 뜬 원준 어미가 부스스 일어나면서 말했다.

"너무 더워서 12시쯤 올라왔어요. 여기서 이부자리 꺼내면 엄마 아빠가 깨실까 봐 집에서 가져왔어요."

"그래 잘했다. 좀 더 일찍 올라오지 그랬어. 그럼 좀 더 자라. 나는 들어갈게."

덕분에 나는 스트레칭 대신 한 시간이나 더 자는 호사(?)를 누릴 수 있었다.

아침부터 집이 들썩들썩했다. 원준이와 세은이가 일어난 데다 바로 이웃해 사는 은규까지 왔으니, 놀이터가 따로 없었다. 언제 만나든, 어디서 만나든 새롭고 즐겁기만 한 정원준, 송은규, 정세은. 아침부터 왁자지껄한 우리 집은 싱싱하고 힘찬 기운이 가득했다. 즐거워하는 세 놈의 모습은 보기만 해도 행복이었다. 그렇지만 집사람은 바빠지기 시작했다. 외할머니가 사랑을 듬뿍 넣어 끓인 닭곰탕을 맛나게 먹고 파인애플, 토마토 등 과일을 먹은 후 양치까지 다 끝낸 세 놈. 원준이는 공부한다며 제 집으로 내려가고, 나는 은규와 세은이를 데리고 나왔다. 셋이 손잡고 걸어 은규를 초등학교 돌봄교실로 데려다준 다음 세은이를 데리고 어린이집으로…

아침부터 등줄기에서 땀이 줄줄 흘러내렸다. 아니다. 등줄기를 따라 흘러내린 것은 땀이 아니라 행복이었다. 육십 대 후반, 취미 활동은 즐거움이지만 손주들을 위한 활동은 행복이다. 열흘이 넘도록 푹푹 찌는 폭염이 계속되고 있지만 흘린 땀보다 행복이 훨씬 큰 날이었다. 三代가 함께 살았던 때가 그리웠다. 사랑 넘치는 대가족제가 유행하면 더 행복한 사회가 될 텐데…

할아버지, 할머니부터 손자, 손녀까지 三代가 한집에 살면서 사랑을 주고받는 생활이라면 우리 사회가 요즘 날마다 겪고 있는 청소년 문제, 세대 갈등, 극단적 선택, 고독사 등 고질병 대부분에 특효약이 되겠다는 생각이 물씬 드는 아침이었다.

새똥 맞은 날
(2021. 8. 11. 수요일)

오후 2시가 조금 넘은 시각이었다. 돌봄교실에서 손자를 데리고 나와 교문을 나설 때였다. 내 팔뚝에 물방울 하나가 뚝 떨어졌다. 웬 물방울인가 싶어 고개를 치켜들고 하늘을 바라봤다. 맑은 하늘에 시꺼먼 먹구름 몇 조각이 떠다니면서 물방울을 떨어뜨리고 있었다. 여우비였다. 머리에 또 한 방울이 떨어졌다.

"은규야, 호랑이가 장가가나 보다."

손자는 무슨 말인가 싶어 나를 빤히 쳐다보았다.

"호랑이 장가간다는 말은 하늘은 맑고 햇볕이 나는데 비가 내리는 이상한 날씨에 옛사람들이 썼던 농담이야."

손자는 그제야 고개를 끄떡이더니 말했다.

"할아버지, 나는 한 방울도 안 맞았는데…"

"그래? 나는 머리에도 맞고 팔뚝에도 맞았는데 이상하다. 우리

은규는 착해서 빗방울이 피해 가는가 보다."

 잠시 후 은규는 피식 웃으며 말했다.

 "어! 할아버지, 저도 한 방울 맞았어요."

 손자와 손을 꼭 잡고 걸었다. 뜨거운 햇볕을 피해 걸을 요량으로 나무 그늘이 좋은 근린공원에 들어섰다. 어쩌다 한 방울씩 떨어졌지만, 매미 소리와 새소리가 여전한 걸 보면 많은 비는 오지 않겠다 싶었다.

 "팔에 또 한 방울 맞았네."

 "저는 머리에 맞았어요."

 손자와 나는 몸에 맞는 빗방울을 세면서 걷고 있을 때였다. 갑자기 내 오른 귀 위쪽 머리에 뭔가 뚝 떨어지는 느낌이 들었다. 처음에는 빗방울인 줄 알았다. 하지만 빗방울치고는 좀 크다 싶어 손으로 귀 위쪽을 더듬었다. 머리카락에 묻어 있던 것이 셔츠 가슴 부분으로 툭 떨어지고, 손가락에도 뭔가 잔뜩 묻은 듯해 손가락을 쳐다보았다. 묽은 오물 같은 것이 묻어 있었다. 머리 위쪽의 느티나무 가지를 올려다보았다. 까치 몇 마리가 "까악! 까악!" 울고 있었다. 이런! 새똥이었다. 내 손가락에 묻은 새똥을 본 손자는 "우웩! 우웩!" 구역질하는 시늉을 하면서 달아났다. 집에 들어서면서 웃으며 말했다.

 "오늘 벼락 맞았다."

 그 말에 아래층에 살면서 잠시 올라와 엄마와 이야기를 나누고 있던 작은딸과 집사람이 눈이 동그래졌다. 그러자 은규가 말했다.

 "할아버지, 새똥 맞았어요."

작은딸이 깔깔거리며 말했다.

"아빠, 복권 사세요. 새똥 벼락이 돈벼락 될지 알아요?"

"복권은 무슨 복권… 대통령 만나는 꿈을 꾸고 산 복권도 꽝이던데 새똥이 뭐라고…"

새똥 묻은 셔츠를 빨고 샤워를 한 다음 쉬고 있었다. 문득 어릴 적 일들이 떠올랐다. 요즘처럼 더위가 심했던 여름밤이면 고향 집 마당 한쪽에서는 쑥향 가득한 하얀 연기가 모락모락 피어올랐다. 마당 한복판에 놓인 평상에 누이들과 함께 누워 밤하늘의 별을 세는 날이면 가끔 별똥별이 떨어졌다. 별똥별이 사라지기 전에 소원을 말하면 그 원이 이루어진다는 이야기를 떠올리며 두 눈을 부릅뜬 채 별똥별을 기다리곤 했다. 하지만 막상 별똥별이 떨어질 때마다 "어!…" 한마디밖에 하지 못해 속상해 죽는 줄 알았었는데, '마른하늘에 벼락이라더니 마른하늘에 새똥이라니…' 소원이라도 말해볼걸…

갑자기 궁금증이 동했다. 길을 걷는 도중에 새똥 맞을 확률은 얼마나 될까? 인터넷에서 검색했다. 재미난 글들이 꽤 있었다. 지구상 새의 수와 지구의 표면적, 사람의 몸 면적 등까지 추정해 계산했다며 새똥 맞을 확률은 1/4,230,000이란다. 1/4,230,000이라면 사백이십삼만 명 중 한 명이라는 말이 아닌가. 아무 데서나 흔히 볼 수 있는 게 더러운 새똥이라 처음엔 거짓 통계이겠다 싶었다. 하지만 낼모레면 칠순을 맞는 내가 평생 처음 새똥 맞은 걸 생각하니 어쩌면 맞을 수도 있겠다 싶었다. 검색하다 보니 새똥을 맞았다는 사람들의 글도 더러 있었다. 그런데 더 재미난 것은 그들 대부분은 새똥 맞은 걸 기분 나빠하기는커녕 행운의 징조라며 복권을 샀다고 한다. 새똥 맞는 확률은 로또복권 1등 당첨 확률 1/6,096,454과 2등 당첨 확률 6/6,096,454의 중간쯤 된다면서…

한 시간은 지났을까? 만 원짜리 지폐 한 장을 꼬깃꼬깃 접어 손바닥에 숨긴 채 집을 나서는 내 얼굴에서는 겸연쩍은 미소가 번지고 있었다.

작지만 큰 행복
(2021. 10. 18. 월요일)

　마음과 달리 몸이 게으름을 피우는 아침이었다. 은규를 등교시키고 돌아오자, 마음은 '운동 나가야지…' 하는데, 몸은 안마의자에 앉고 싶어 했다. 그저께 토요일엔 집사람이랑 중곡동 사돈 부부와 함께 서울 둘레길을 걷고, 일요일이었던 어제는 친구들과 검단산에 다녀온 데다 과음까지 했던 탓인지 오늘 하루쯤은 푹 쉬는 게 더 좋겠다는 생각이 마음을 간지럽히기 시작했다. 하지만 술을 마시다 보면 한 잔이 두 잔 되고, 두 잔은 석 잔이 되는 것처럼 운동도 하루를 쉬면 이틀 쉬고 싶고, 이틀을 쉬면 사흘 쉬고 싶어지는 게 인지상정이다 싶어 벌떡 일어나 생수 한 통 꽂은 쌕(sack)을 차고는 집을 나섰는데 시곗바늘은 벌써 열 시를 훨씬 지나 있었다. 양재천으로 가기 위해 아침마다 걷는 골목으로 들어서서 5미터쯤은 걸었을까? 갑자기 뭔가에 끌린 듯 돌러 가는 길인데도 반대편에 있는 근린공원을 거쳐 양재천으로 가야겠다는 생각이 들었다. 발길을 돌려 근린공원으로 향했다. 공원에 들어서자, 공원 안에 있는 인조 잔디 축구장에서 아이들의 목소리가 들려왔다. 평일엔 아침 9시부터 오후 4시까지는 매헌초등학교의 운동장으로 쓰이고, 주말과 공휴일 그리고 평일 8시 이전과 오후 4시 이후엔 주민뿐 아니라 직장인 등 일반인들에게 개방되어 늘 함성이 가득한 운동장이지만 코로나19가 기승을 부리기 시작한 작년 봄부터는 사회적 거리두기가 잠시 느슨했던 때를 제외하곤 늘 꼭 닫혀 적막강산이었는데 아이들의 목소리라니 싶어 쳐다보았더니 체육수업인 듯 스무 명 정도의 남녀 아이들이 줄을 서서 차례대로 축구공을 차고, 곁에선 선생님인 듯 두 분이 지도하고 있었다. 아이들을 보고 있는데 문득 '어쩌면 저 아이들 속에 우리 은규도 있을지 모른다.'는 생각이 들었다.

한 시간 전쯤 등교시키면서 보았던 은규의 차림새를 떠올리며 남자아이들을 자세히 살피기 시작했다. 검은색 점퍼를 입혔지만, 안에는 녹색 셔츠, 검은색 바지, 검은색 마스크, 검은색 운동화. 제법 떨어진 거리라 분명치는 않았지만, 한 아이가 눈에 쏙 들어왔다. 녹색 셔츠 OK, 검은색 바지 OK, 검은색 마스크 OK, 검은색 운동화 OK. '저놈이 은규다.' 싶었다. 무엇보다 축구공을 쫓아 달리는 폼이 틀림없는 은규였다.
"은규야! 송은규!"
제법 큰소리로 불렀지만 멀어서 못 들었는지 은규의 반응은 전혀 없었다. 아이들은 한 명씩 차례대로 골대 앞까지 축구공을 드리블해 가서 숯했지만, 외부인은 운동장에 들어가면 안 되기에 밖에서나마 조금은 더 가까이서 볼까 싶어 축구 골대 뒤쪽으로 자리를 옮겨 은규의 차례를 기다렸다. 은규의 차례가 되었다. 골대 가까이 달려오는 은규를 불렀다.

"송은규!"

은규가 고개를 돌리며 "할아버지…" 하면서 한 손을 번쩍 들었다. 1~2초의 만남이었지만 가슴이 뭉클할 만큼 행복했다. 작년에 초등학생이 된 은규가 운동장에서 체육수업 받는 것을 근 2년 만에 처음 본 것이다. 코로나만 아니었다면 스포츠센터를 오가면서 수시로 보았을 텐데… 코로나만 없었다면 축구장 위의 높고 파란 가을 하늘에 만국기가 휘날리면서 운동회도 열리고, 우리 가족은 모두가 참석해 목이 터져라 원준과 은규를 응원했을 텐데…

한창 뛰놀 아이들이 저 좋은 운동장을 두고 학교 강당에서 체육수업을 해야 했으니 얼마나 답답했을까? 늦었지만 백신 접종률이 높아지면서 '사회적 거리두기'가 조금씩 완화되고 있을 뿐 아니라 정부 시책 또한 다음달인 11월부터는 '위드 코로나(with corona)', 즉 코로나와 공존하면서 '단계적 일상 회복'으로 기조를 바꾼다니 다행이다 싶다. 우리 모두의 미래인 아이들이 오늘의 은규처럼 운동장에서 걱정 없이 맘껏 뛰노는 날이 빨리 왔으면 좋겠다. 은규의 "할아버지!"란 외침 한마디와 단 1~2초의 만남이 하루의 즐거움과 행복을 선물한 날이다. 이처럼 작고 소소한 일상 하나하나에도 행복이 풍선처럼 커지는 가을이 참 좋다.

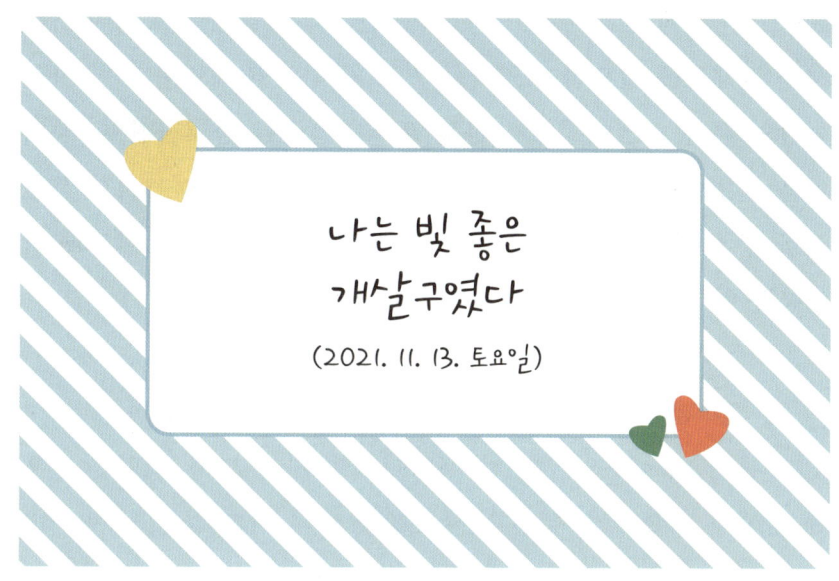

나는 빛 좋은 개살구였다
(2021. 11. 13. 토요일)

참 아이러니하다 싶었다. 우리 나이로 68살이 되는 세월을 살아오는 동안 단 한 번도 병원에 입원한 적이 없을 뿐 아니라 50대에는 마라톤을 시작해 오십 리 거리의 하프 마라톤을 이십여 차례 뛰고, 백 리 길도 넘는 풀코스 마라톤도 다섯 차례나 완주한 건강한 체력인데… 2014년 9월 30일 우리은행을 정년 퇴임하곤 다음날 10월 1일 '정년퇴임과 회갑'을 自祝하는 이벤트로 나 혼자서 서울에서 출발해 고향 청도까지 근 400km를 열흘 동안 걷고, 2017년 10월 또 나 혼자서 속초에서 출발해 부산까지의 해파랑길 520km를 열사흘 동안 걸었던 강철 못잖은 체력인데…

10년이 넘도록 헬스장에서 가꾼 근육을 '2018년도 보건복지부 장관배 전국실버몸짱대회'에 출전해 자랑한 근육맨이었는데…

요즘도 주말에는 청계산, 구룡산 등 인근의 산을 맨발로 누비거나 서울 둘레길을 걸으며 면역력을 키우고, 평일엔 새벽마다 한 시간 이상의 온몸 스트레칭으로 몸을 푼 뒤, 은규를 등교시킨 후 양재천을 걷고, 시민의 숲에서 역기로 근력운동을 하느라 3시간씩 운동할 뿐 아니라 저녁에 또 9시 무렵부터 1시간 30분여 철봉과 평행봉을 할 만큼 건강한데…

이처럼 건강과 체력에 자신만만해하던 내가 대수롭지 않게 여겼던 놈이 내 예순일곱 번째 생일이었던 지난 10월 24일을 전후해 찾아와 괴롭히자, 무릎을 꿇고 말았으니 내가 참 못난 놈이다 싶었다. 게다가 열흘이 넘도록 병원에 입원한 탓에 11월 11일에 맞는 42번째 결혼기념일까지 고놈한테 고스란히 빼앗기고 말았으니 대체 이게 무슨 일인가 싶다가도 하기사…

한창 팔팔한 이팔청춘들도 걸리고, 세계 제일의 축구선수 중 한 명이라는 호날두도 걸리고, 세계 최강국인 미국의 역사상 최초 흑인 대장 출신으로 미국 국무장관까지 역임한 '콜린 파월'이란 사람은 요놈에 져 사망하지 않았던가 생각하니 이놈은 세상천지 못 뚫는 게 없는 듯하다. 또 이놈은 공기조차 쉬이 못 드나드는 틈이라도 보이기만 하면 뚫는 것 같았다. 건강으로 아무리 높게 담을 쌓을지라도 느슨함, 방심, 자만 등 어떤 틈이라도 있으면 마음까지 뚫고 들어가는 지독한 놈이라 생각되었다. 이게 바로 업보일까? 빛 좋은 개살구일 뿐인 내가 혼자 잘난 양 자만에 빠져 '설마 내가…' 하는 방심으로 가족들의 건강까지 위험에 처하게 만들고 말았으니… '내가 죄인이다'라는 후회와 함께 느슨하게 지냈던 지난날들을 반성해본다.

지난 11월 3일이었다. 아침식사와 등교 준비를 마친 은규를 학교에 데려다준 다음 돌아와 소파에 앉아 문자 하나를 기다리고 있었다. 10시가 가까워지는 시각이었다. 문자는 오지 않고 내 핸드폰에서 전화 수신음이 들려왔다. 폰을 집어 들자, 액정에 뜬 '서초구 보건소'란 단어에 순간 가슴이 철렁했다.
'지난번엔 문자였는데…'
마음을 진정시키며 폰에 대고 말했다.
"네, 이석도입니다."
"양성반응… 동선조사… 치료센터…"
몇 마디만 들려올 뿐 머릿속은 하얘지면서 잠시 눈앞이 캄캄했다. 어제 내가 서초구 보건소에서 받았던 코로나 PCR 검사의 결과가 '양성'이란다. 아무것도 모른 채 주방에서 설거지하는 집사람에게 다가가 방금 받은 코로나 검사 결과를 들려주자, 평소에도 늘 자신의 건강보다 옆집과 아래층에 살고 있는 외손주들의 건강을 더 챙기는 집사람의 눈은 순간 초점을 잃은 듯 멍해지고…

나는 곧바로 우리 가족의 단톡방에 글을 올렸다. 내 코로나 검사 결과를 알리면서 곧장 조퇴해 어린이집에 간 세은, 등교한 은규와 원준이를 하교시켜 코로나 검사를 받으라고 했다. 먼저 검사를 받겠다며 집사람이 집을 나섰다. 서둘러 집을 나서는 집사람 뒷모습을 보는데 눈시울이 뜨거워졌다. 뭐가 잘못되었을까? 어디서 감염되었을까? 10월 중순까지로 기억을 꼼꼼히 되돌려본다.

10월 16일 토요일, 집사람과 함께 원준이를 데리고 서울 둘레길 북한산 코스를 걸은 후 솔샘역 부근에서의 점심식사. 10월 17일 일요일엔 나를 포함한 6명의 친구가 하남 검단산을 산행한 후 점심을 같이 먹었지만 이후 10월 18일(월)부터 10월 23일(토)까지는 날마다 그러하듯 달리 간 곳 하나 없이 은규를 등교시킨 후엔 양재천을 걷고, 양재 시민의 숲에서 운동하다 와서는 학교에서 돌아온 은규와 원준이의 공부를 봐주다 화요일과 목요일 은규의 영어학원 픽업한 게 전부인데… 다만 운동 후 돌아오는 길에 오뎅을 파는 노점에서 오뎅을 두 번 사 먹었지만, 그때 그 노점에 손님이라곤 나밖에 없었는데… 그럼 10월 24일일까?

10월 24일은 내 생일날이었다. 아침을 먹는 둥 마는 둥 했을 아래층의 원준네 식구와 옆집의 은규네 식구가 12시쯤 우리 집에 모여 외식하기로 한 양재역 엘타워에 위치한 '산들해'란 음식점으로 걸어서 갔다. 붐비기 일쑤인 주말이라 그런지 대기 인원이 가득했지만, 예약했던 덕분에 우리 가족 9명은 한가운데쯤 자리를 잡아 식사를 마친 후 다시 걸어서 말죽거리공원 등을 거쳐 집에 돌아와서는 손주들이랑 생일 케이크를 나눠 먹으면서 달콤한 오후를 즐겼다.

다음날인 25일, 월요일 새벽이었다. 일찍 일어나 여느 날처럼 스트레칭을 시작했더니 등 근육이 좀 뻐근하길래 지난밤 철봉과 평행봉을 무리하게 했었나 보다 여기면서 대수롭지 않게 생각했다. 그런데 등 근육의 뻑지근함은 종일 지속되었다.

다음날 화요일, 26일 아침엔 등 근육뿐 아니라 허리 근육까지 뻐근했다. 몸살이 시작되려나 보다 싶어 은규를 등교시킨 후 이비인후과에 가려다가 마음을 바꿔 차를 몰고 서초구 보건소에서 서초구 종합체육관에 마련한 '드라이버 스루 코로나 선별진료소'로 가서는 코로나 PCR 검사를 받았다.

다음날, 10월 27일 화요일 9시 20분쯤 보건소로부터 검사 결과를 알리는 문자가 들어왔다. 검사 결과는 '음성'이었다. '그러면 그렇지…' 싶었다. '내가 코로나에 걸릴 리가 있나…' 싶었다. 그렇지만 기분 나쁜 근육통의 뻐근함은 사라질 줄 몰라 나는 동네에 있는 이비인후과를 찾아갔다. 원장님께 조금 전에 받은 코로나 검사 결과가 '음성'이었음을 알린 후 내가 느끼는 근육통 등의 증세를 이야기했더니 원장님은 내 콧속과 목구멍을 살펴본 후 몸살기를 동반한 목감기라며 주사 한 대와 약을 처방해주었다. 이튿날에도 별 차도가 없어 한 번 더 이비인후과에 들러 또 주사 한 대와 약 처방. 토요일엔 한결 나은 듯했다. 그런데 일요일…

10월의 마지막 날, 31일 일요일 아침이었다. 좀 나은 듯하던 근육통은 사라질 줄 모르고 모든 게 귀찮은 아침이었다. 하루 푹 쉬고 싶었다. 하지만 오늘은 아주 귀하신 분들과의 점심 모임이 있는 날. 일 년에 몇 차례씩은 만나 여행을 하거나 산행하는 내 딸들의 시부모님들이지만 코로나가 기승을 부리는 탓에 2019년 송년 모임을 함께한 이후론 한 사돈씩 따로 만나기만 했을 뿐 세 부부가 다 함께 모이지는 못했으니 근 2년 만의 중곡동 사돈 부부, 경기도 광주 사돈 부부 그리고 우리 부부의 점심 모임이다. 게다가 이번 모임은 내가 주선해 내겐 외손주이지만 그들에겐 친손주인 원준, 은규, 세은이를 내가 데리고 가기로 했으니…

팔당호 인근에 위치한 '석림옛집'에서 식사를 마친 후 경안천 습지생태공원에서 찬 바람을 많이 쐬어서인지 집에 돌아왔더니 만사가 귀찮을 정도로 피곤했다. 그럭저럭 일요일 밤은 지나고… 월요일 아침의 컨디션은 별로 달라지지 않았다. 오전에 가까이 있는 내과를 찾아가 코로나 검사 결과와 이비인후과 처방 등을 이야기했더니 나의 콧속과 귓속, 목구멍 등을 살핀 후 청진기로 진찰을 마친 원장님 역시 몸살 기운 때문이라며 약을 처방하곤 링거 수액주사 한 대를 권했다.

링거 수액의 효과는 제트기 같았다. 근육통이 사라져 살만했다. 다 나은 줄 알았다. 그런데 근육통은 하루를 쉬지 못하고 다음 날 11월 2일 다시 왔으니 '혹시…' 하는 두려움과 걱정이 커지기 시작했다. 아침부터 나는 은규 곁에 가지 않으려 애썼다. 평소와 달리 은규의 등교를 집사람에게 맡긴 후 나는 KF94 마스크를 착용한 채 가능한 작은방에 머물러 있다가 보건소로 가 PCR 검사를 받고 와서는 은규의 화요일 영어 수업을 하루 쉬도록 조치했다. 그리고 11월 3일 확진 통보.

11시쯤 보건소에서 전화로 10월 22일부터의 내 동선을 조사하는데 사소한 기억은 물론 전화통화 내역과 카드사용 내역까지 총동원해서 날짜별, 시간대별, 분 단위로 조사를 했는데 위에 상술한 내 기억과 다름이 없었다. 추정되는 감염경로는 오직 하나였다. 최초 증상 발현일 이전인 24일에 있었던 양재역 음식점에서의 우리 가족 외식.

  그러자 또 다른 의문이 생겼다. 그곳에서 식사한 우리 가족 9명 중 손주 셋을 포함한 8명은 멀쩡하지 않은가. 그렇다면 늘 건강하면서 운동을 가장 많이 하는 나만 감염된 이유는? 잠시 후 보건소에서 전화를 해 '어떻게 치료할 것인지?' 물으면서 치료 방법엔 '자가치료', '생활치료센터 격리치료', 그리고 '병원이송 치료'가 있단다. 아무리 생각해봐도 한 아파트에서 두 딸네가 바로 옆집, 아래층에 거주하면서 한집살이하듯 사는 생활이라 자가치료 시엔 손주들을 포함한 우리 가족 모두가 위험해질 것 같아 생활치료센터 입소를 신청했다.

  사나흘 전, 10월 31일 점심식사와 경안천 습지생태공원 산책을 함께한 사돈들께 카톡을 보냈다. 죄스러운 마음을 담아 나의 코로나 확진 사실을 알리면서 사부인들과 함께 즉시 검사받으실 것을 권했다. 다음은 11월부터 '사회적 거리두기'의 완화와 함께 시행되는 '위드 코로나'로 일 년 이상 굳게 닫혔던 모임을 재개한다고 하길래 꼭 참석하기로 약속했었던 네댓 개의 친구 모임 단톡방에도 다음의 글을 올렸다.

빛 좋은 개살구였네요. 제가 어제 코로나 PCR 검사를 받았던 바 양성반응이 나와 생활치료센터로 들어왔습니다. 하루도 빠짐없이 혼자서 열심히 운동하면서 건강관리를 잘했음은 물론 백신도 두 번 다 맞았는데 '내가 왜?' 싶었습니다만 한편으로는 우리 가족 중 다른 사람, 특히 집사람이나 손주들이 아닌, 체력이 가장 좋은 내가 걸린 게 다행이다 싶기도 하네요. 눈에 넣어도 아프지 않은 외손주들이 너무너무 보고 싶지만, 이것은 코로나 방역에 방심했던 나의 업보라 여기며 열흘 동안 마음공부나 하렵니다. 친구들은 모두 모두 건강관리 잘해 나처럼 못난 할비 되지 마세요.

수시로 영상통화를 걸어 "할아버지! 할아버지!"를 외쳐대고, 춤추는 동영상까지 찍어 응원하는 외손주들 덕분에 내 기분은 제자리를 찾았으나 통화 속에 보이는 저 한창 뛰어놀 놈들이 나 때문에 열흘 동안이나 학교는 말할 것도 없고, 대문 밖조차 한 발자국 못 나가서 얼마나 답답하고 갑갑할까, 생각하니 통화 중에 저절로 눈물이 맺혀 고개를 돌렸더니 할아버지의 심정을 아는지 손주들의 눈시울도 가끔 축축이 젖어 있는 게 보였다.

몸짱 대회 나가다
(2018. 9. 11. 화요일)

　제7회 보건복지부 장관배 실버몸짱대회가 열리는 날, 오전 11시가 되자 대회장인 서울 중구 구민회관 3층 대강당의 한쪽에 마련된 선수 대기실은 주요 부위만 겨우 가리는 팬티만을 입은 채 덤벨 또는 고무밴드로 펌핑하기에 여념이 없는 구릿빛 남녀들로 북적거리기 시작했는데, 그들 중에 내가 있다는 게 무척 신기하면서도 한편으론 쑥스럽기도 했다.

　헬스를 시작한 지 8~9년 만에 처음 경험하는 몸짱대회 출전. 몇 해 전 헬스장에서 러닝머신을 타면서 KBS TV의 '아침마당'이란 프로그램을 시청했었는데 그때 출연한, 중학교 교장직을 정년퇴임하면서 시작해 마침내 최고의 몸짱이 되신 80세 서영갑 선생님의 모습을 보면서 막연히 나도 저런 몸으로 만들고 싶다는 욕심으로 헬스에 조금씩 조금씩 재미를 더해 가던 중 몸이 많이 좋아졌다는 주변의 칭찬(?)과 몸짱대회에 한번 도전해보라는 헬스장 PT의 부추김에 용기를 내어 2018년 시작과 함께 정했던 무술년 목표였으니…

수년간 나름으로 열심히 했던 근력운동을 트레이너의 조언에 따라 올 연초부터는 사흘에 한 번씩 돌아가면서 하는 3분할(하체 + 어깨, 가슴 + 삼두, 등 + 이두) 운동으로 바꾼 다음 일주일에 5~6일, 매일 2시간의 근력운동과 30분의 복근운동, 1시간 정도의 유산소 운동에 스트레칭까지 하고 나면 하루 운동시간은 짧아야 3시간이지만 보통은 4시간을 넘기 일쑤였다. 그렇게 6개월을 운동했더니 근육은 제법 늘어난 것 같은데도 연초 72kg이었던 체중이 6월 말엔 70kg으로 기껏 2kg밖에 빠지지 않아 트레이너에게 상의했더니 7월부터는 식단을 조절해야 한단다.

이후 점심은 센터 구내식당에서 평소와 같은 한정식의 정상 식사였지만 아침에는 3스푼의 귀리를 탄 우유와 바나나, 삶은 계란으로 해결하고, 저녁식사는 삶은 계란과 토마토, 브로콜리, 양파, 가지 등 여러 가지 야채에 닭가슴살을 넣어서 볶은 요리였다.

8월이 되었다. 대회 일은 하루하루 다가오지만 포즈 등 어떻게 준비해야 할지 자세히 모르겠기에 대회 일을 한 달 앞두고 최근 보디빌더 전문 트레이너가 오픈했다는 인근의 헬스장을 찾아가 상담했더니 그곳의 PT는 자신이 머슬마니아 대회에 15회 출전해 수차례의 1위는 물론 지금은 한국 통합 챔피언이라며 자신을 소개했다. 그러고는 대회 일까지의 모든 운동과 일정을 책임지겠다며 내 목표가 몇 등인지 물었지만 등위는 전혀 상관없고 출전에 부끄럽지 않은 몸으로 만들면 충분하다고 답했다.

정확히 4주를 앞두고 시작된 전문 트레이너와의 지옥 훈련. 물은 최대한 많이 마시되 당장 하루 4끼의 식사를 하고, 일체의 곡기를 끊으란다. 곡기 대신 끼니때마다 아이 주먹 크기의 삶은 고구마 한 개와 닭가슴살 200g씩을 먹으란다. 그러고는 단 하루도 쉬는 날이 없는 맹훈련이 시작되었다.

종전의 3분할을 4분할(하체, 가슴, 등, 어깨 + 삼두 + 이두)로 바꾸고, 매일 1시간씩의 근력운동(4분할을 돌아가면서 한 가지씩)에 30분의 복근운동, 1시간의 유산소 운동이었지만 여간 힘들지 않았다. 평소 늘 하던 운동이고, 중량 또한 평소와 같거나 오히려 가볍게 하는데도 PT가 지켜보면서 제대로 된 자세를 통한 최대한의 자극을 느끼도록 하는 근력운동을 할 때는 온몸에 땀이 줄줄 흐르고, 다리가 후들거렸다.

몸무게가 쭉쭉 빠졌다. 마지막 9일을 남겨두었을 때 PT는 내일부터 일요일까지 일주일은 무탄수화물, 무염분, 무지방, 무당분 식단을 해야 된다면서 당시 유일한 탄수화물 공급원이었던 고구마를 내일부터 먹지 마란다. 또 지금까지 먹던, 훈제 등으로 가미된 닭가슴살도 일체 먹지 말고 생닭가슴살을 맹물에 삶아서 먹으란다. 즉 대회 일 전전날까지는 맹물과 맹물에 삶은 닭가슴살만 먹어야 되는 것이었는데…

닭가슴살이 그렇게 맛없는 고기인 줄 처음 알았다. 맹물에 삶아 소금기 하나 없는 닭고기는 아무리 씹어도 목구멍에 넘어가지 않았다. 며칠간은 꾹꾹 씹어 맹물과 함께 삼켰는데 이것도 고역이라 나중에는 삶은 닭가슴살을 믹스기에 갈아 미숫가루처럼 맹물에 타서 마시곤 했다. 하지만 이 역시 가끔은 구역질이 날 만큼 마시기 쉽지 않았다. 수시로 배가 고팠지만, 닭가슴살은 쳐다보기도 싫었다. 닭가슴살을 씹을 때마다 소금 한 알이라도 있었으면 싶었다. 얼큰한 라면이 제일 먹고 싶었다.

이런 와중에도 온몸을 구릿빛으로 만들기 위해 주중에는 태닝샵에서 기계로 피부를 태우고 주말이면 양재천의 한적한 곳을 찾아 한두 시간씩 햇볕에 온몸을 그을리곤 했으니… 며칠이 지나자, 시도 때도 없이 머리가 핑 돌고 멍했다. 탄수화물이 부족하면 나타나는 현상이란다. 운동할 때면 더 멍했지만, 며칠 견디면 된다는 희망도 있었지만 이러다 죽는 게 아닐까, 하는 두려움도 있었다.

9월 6일, 목요일부터 일요일까지 나흘간은 전신운동을 가볍게 하란다. 대신 운동 후에는 한 시간 동안 사우나를 하면서 땀을 최대한 빼란다. 맹물과 맹닭가슴살만 먹으면서 운동하고 사우나하고… 일요일 사우나를 마친 뒤에 올라선 체중계의 내 몸무게는 정확히 59.0kg. 연초 대비 13kg이 빠지고 본격적으로 준비한 7월 초에 비해 11kg이 빠진 셈이다. 그런데 인바디로 측정했더니 빠진 체중의 11kg 중 60%는 바라던 대로 체지방이라 고마웠지만, 40%는 근육이라 얼마나 속이 상하던지…

일요일 오후, 트레이너가 내게 문자를 보내왔다. 대회 하루 전인 월요일엔 운동하지 말고 빵, 고구마, 밥 등 탄수화물과 염분을 적당히 취하되 당분은 먹지 말란다. 대신 오후 3시부터 대회가 끝날 때까지 물을 전혀 마시지 말고 사우나 등으로 수분을 최대한 배출하란다. 이게 마지막 고비였다. 물을 마시지 않겠다고 생각하면 할수록 목은 더 마르고…

월요일 저녁, 집사람이 끓인 된장찌개가 얼마나 맛나던지… 세상에 이렇게 맛난 음식이 또 있을까 싶었다. 70여 명이 참가한 제7회 보건복지부 장관배 실버몸짱대회 최고령 참가자는 83세. 모두들 대단한 몸짱이었다. 얼마나 관리를 잘했기에 저런 모습일까 싶었다. 입상이 아닌 참가에 목표를 두고 참가했으면서도 '혹시나…' 하는 기대가 없지 않았지만, 결과는 '역시나…'였다. 하지만 참가상으로 내 목표는 이미 달성된 셈. 게다가 72kg의 체중이 59kg이 되도록 13kg이나 줄이며 최선을 다함은 물론이고, 극한의 운동까지 이겨낸 멋진 모습을 몸짱대회란 무대에 당당히 서서 가족들에게 보여줄 수 있었으니 내 자신이 무척 대견스럽게 느껴졌다. 게다가 이번 대회의 참가를 통해 아래와 같이 많은 것을 배우고 깨달았으니 이 얼마나 고맙고 행복한 일인가 싶었다.

'집사람의 내조'

'집에서 먹는 음식의 맛'

'음식에서의 소금'

'내가 보강해야 할 근력'

'운동에서 제대로 된 자세의 중요성' 등등…

정말 힘든 과정이었다. 작년 13일 동안 나 혼자서 속초에서 부산역까지의 520km 길을 걸었던 도보여행에서도 2kg밖에 빠지지 않았던 체중이 13kg이나 빠질 만큼 힘들어하는 모습을 옆에서 지켜보던 집사람은 다시는 몸짱대회에 나가지 말라고 신신당부하는데다 나 스스로도 두 번 다시는 할 수 없을 것 같고, 두 번 다시 하고 싶지 않은 도전이라 집사람에게 자신 있게 말했다.

"앞으로 10년 동안은 절대 몸짱대회 안 나갈게."

하지만 운동에는 중독이 따르는데다 십수 년 전 한창 마라톤을 뛸 때도 그랬었던 기억이 떠올랐다. 풀코스를 뛰고 나면 다시는 풀코스를 뛰지 않겠다고. 하지만 그러고도 몇 번은 더 풀코스를 완주했으니… 제발 10년 동안에는 마음이 바뀌지 않길 바라면서 대회장을 빠져나와 곧장 향한 분식집. 한두 달 만에 먹는 칼칼한 라면은 또 어쩜 그렇게 맛나던지 완전 꿀맛이었다.

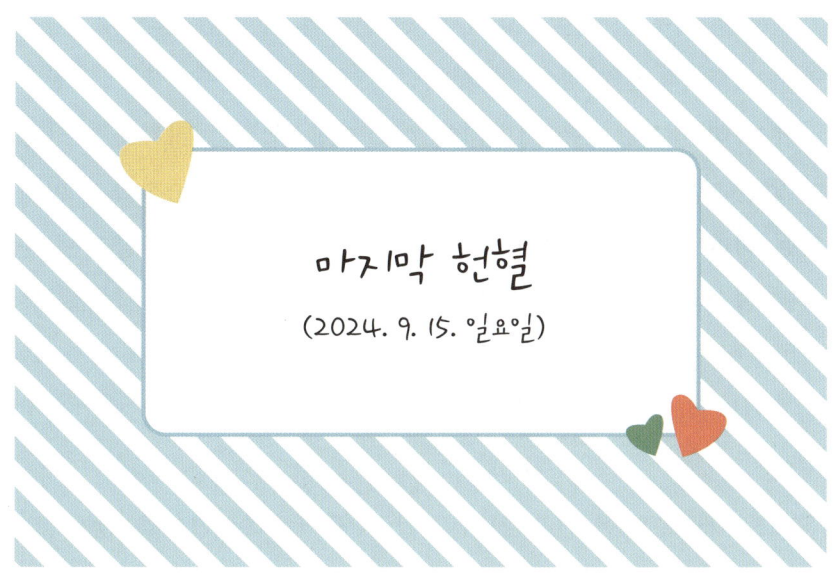

마지막 헌혈
(2024. 9. 15. 일요일)

　어제부터 시작된 연휴, 토요일과 일요일의 주말에 사흘 동안의 추석연휴까지 더해졌으니 무려 5일간의 황금연휴다. 그런데 이게 웬일인가? 볼일이 있어 모처럼 찾아간 강남역 인근은 한산하다 못해 낯설기조차 했다. 황금연휴 이틀째로 일요일까지 겹쳤는데도 평소라면 어깨를 부딪히지 않고는 걸을 수 없을 정도로 젊은이들이 들끓기 일쑤인 강남역 사거리가 휑한 모습이다. 고향에 다니러 가는 부모님을 따라 고향에 갔을까? 연휴 첫날부터 인천국제공항이 미어터지도록 붐빈다는 뉴스가 있더구먼 모두 해외여행에 나선 걸까? 아니면 오후에 나와서 긴 연휴를 여유롭게 즐길 마음으로 늦잠을 자고 있는 것일까?

　텅 빈 강남역 사거리의 오전을 두리번거리며 도착한 한 건물의

7층, 연휴 일부를 반납하고 문을 연 헌혈의 집 강남센터. 몇 년 동안 두어 달에 한 번씩은 꼭 찾았던 곳으로 올 때마다 대기인원이 많아 족히 몇 십 분은 기다려야 했었는데, 오늘은 대기하는 사람이 없는 데다 집에서 미리 온라인으로 예약과 전자문진까지 미리 했던 터라 곧장 간호사와 상담했다. 내 신분증을 받아 들고는 뭔가를 열심히 PC에 입력하던 간호사가 놀란 듯이 고개 들어 나를 쳐다보며 말했다.

"어머, 어르신! 오늘이 마지막 헌혈이시네요. 그동안 수고하셨어요."

"그러게요. 이번 연휴 지나면 만 70세가 되어 헌혈을 할 수 없기에 오늘 왔어요. 헌혈자가 매년 줄어든다니 헌혈을 쭉 해오던 늙은이만이라도 80세까지 할 수 있으면 좋겠구먼… 재작년쯤 제가 대한적십자사에 75세까지 연장해 달라고 민원도 넣었었는데 감감무소식이네요."

채혈의자에 올라 누웠다. 간호사가 선물을 고르라며 갖다주는 헌혈선물 목록에서 나는 늘 그랬듯이 영화관람권을 선택한 후 왼팔을 내밀었다. 피가 쉬이 뽑히도록 주삿바늘이 꽂힌 왼팔의 주먹을 젖먹이 아기처럼 가볍게 쥐었다, 폈다 하는 동안 지금까지 했던 헌혈들이 주마등처럼 내 머릿속을 스치고 지나갔다. 두어 달에 한 번씩 어렵잖게 뽑는 내 피가 누군가에겐 새 생명이 될 수 있다는 것에 큰 기쁨을 느꼈고, 일흔의 나이까지 헌혈을 할 수 있는 내 건강에 행복을 느끼곤 했었는데, 더 이상 헌혈을 못한다니 서운함도 없지는 않았다. 그러면서 예비군 훈련을 갔다가 처음으로 헌혈을 시작해 40년이 넘었음에도 지금까지 100회를 채우지 못한 아쉬움이 해일처럼 밀려왔다. 아니 조금은 죄스러운 마음마저 들었다. 일 년에 최대 5번밖에 할 수 없는 전혈 헌혈만을 고집한 데다, 젊은 시절엔 바쁘다는 핑계로, 피곤하다는 핑계로, 전날 술 마셨다는 핑계로 헌혈에 소홀했으니⋯ 살아오면서 타인을 위한 일에 열정을 바친 기억이 별로 없는 나로선 헌혈이 큰 위안거리임을 깨닫곤 60대에 접어들어서야 해마다 최대치인 다섯 번씩, 한 번도 빠뜨리지 않고 헌혈을 했지만 너무 늦었던 셈이다. 이렇게 후회될 줄이야⋯ '젊은 날의 게으름은 늙어서 반드시 후회로 돌아온다'는 말이 있더구먼 내가 꼭 그 꼴이 되었구나 싶었다.

오래전부터 만 70세가 되면 헌혈을 못한다는 것을 알고 있었는데도 막상 간호사로부터 '마지막 헌혈'이란 말을 들으니 상실감은 생각 이상이었다. 채혈 주삿바늘을 거쳐 투명관을 타고 오르는 붉은 피를 바라보고 있자니 상담 간호사가 말했던 "마지막 헌혈이네요"란 말이 귀에 맴돌았다. 그러면서 '이것도 오늘이 마지막이구나.' 하는 생각에 착잡함은 뭉게구름처럼 뭉게뭉게 피어오르고, 알 수 없는 서글픔은 내 가슴을 찌르듯 파고들었다.
'마지막 → 새로운 시작 → 마지막 → 새로운 시작⋯'

학창 시절의 마지막 등교와 마지막 수업은 더 넓은 곳으로 가는 나침판이었고, 군생활에서의 마지막 보초와 마지막 짬밥은 멋진 신사복과 아리따운 여인들을 기대하는 설렘의 다른 말이었다. 쳇바퀴처럼 둥글둥글 동그라미 삶이었던 십수 년 전까지만 해도 마지막과 시작은 등을 맞붙이고 있어, '마지막'은 '새로운 시작'의 전령사와 다름없었으니 언제나 설렘과 희망, 기대의 모습으로 다가왔었다. 그런데 '한 갑자'란 얄궂은 세월이 동그라미를 일직선 막대기로 펴버렸을까? 그러고는 이쪽 끝엔 '시작'을 붙이고, 저쪽 끝에는 '마지막'이란 말을 붙여 서로 만나지 못하게 했을까? 내가 10년 전 9월 마지막 날엔 '출근' 앞에 '마지막'이란 단어를 붙여 출근했더니 '마지막'은 말 그대로 마지막일 뿐, 다시는 새로운 시작을 만날 수 없도록 만들더니 오늘은 '헌혈' 앞에 또 '마지막'이란 낱말을 꺼내 붙였다.

'마지막은 낭떠러지로 향하는 길…'

지난날을 후회하면 무엇하리. 지난날의 어리석음을 후회한들 무슨 소용이랴. 이제는 새롭게 시작하기보다 하나씩 하나씩 늘어나기만 할 '마지막'을 무심하게 맞아야 할 나이인가 보다.

한 해 한 해 점철될 '마지막'. 그렇다고 하릴없이 맞이할 나이는 아니다. 오곡백과를 익히기 위해 기꺼이 제 몸 태워 내리쬐는 가을 햇살처럼, 파란 하늘에 양 떼, 새 떼 다 불러 모아 뛰놀다 저녁 하늘을 아름답게 물들이는 노을처럼 여유를 가져야겠다. 한 발자국만 물러서서 보면 많은 것들이 보인다. 젊은 시절엔 시간에 쫓기느라 무심했던 가족 사랑을 실천하기에도 딱 좋은 나이이다. 한 병의 소주병과 삼겹살 몇 점이면 그동안 소원했던 친구들과의 서먹함도 눈 녹듯 사라지는 나이가 지금의 나이 아닌가 싶다.

더 이상 헌혈은 할 수 없다. 비록 헌혈은 할 수 없게 되었지만,

마지막 숟가락을 내려놓는 날까지 노력하리라. 서쪽 하늘을 아름답게 꾸미는 저녁노을 닮는 노력은 그날까지 게을리하지 않으리라 마음을 다잡아야겠다. 낼모레 저녁에 동그란 한가위 보름달이 두둥실 떠오르면, 지금까지 그러했을 듯이 오늘 뽑은 내 피 한 방울 한 방울 모두도 누군가의 건강 회복에, 새로운 삶에 소중한 밀알이 되는 추석선물이길 두 손 모아 빌어야겠다.

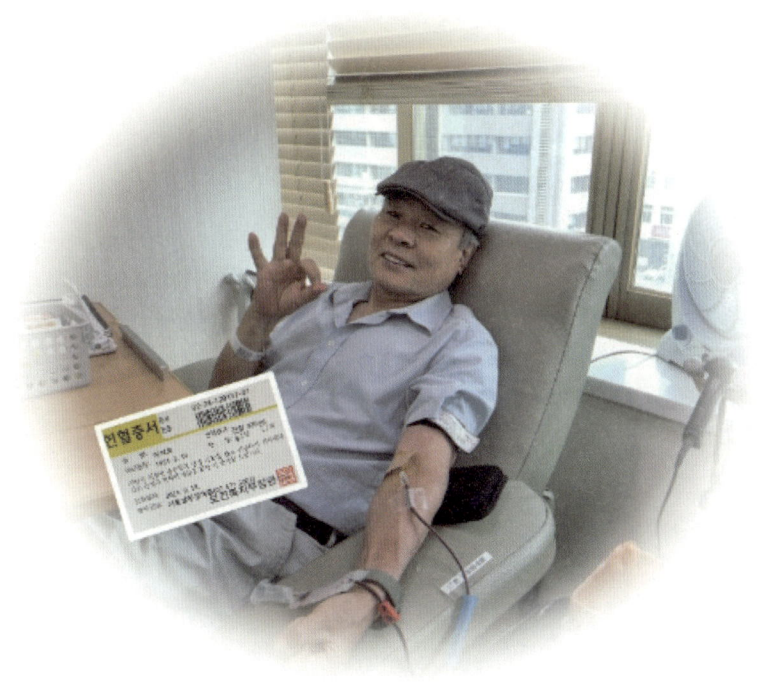

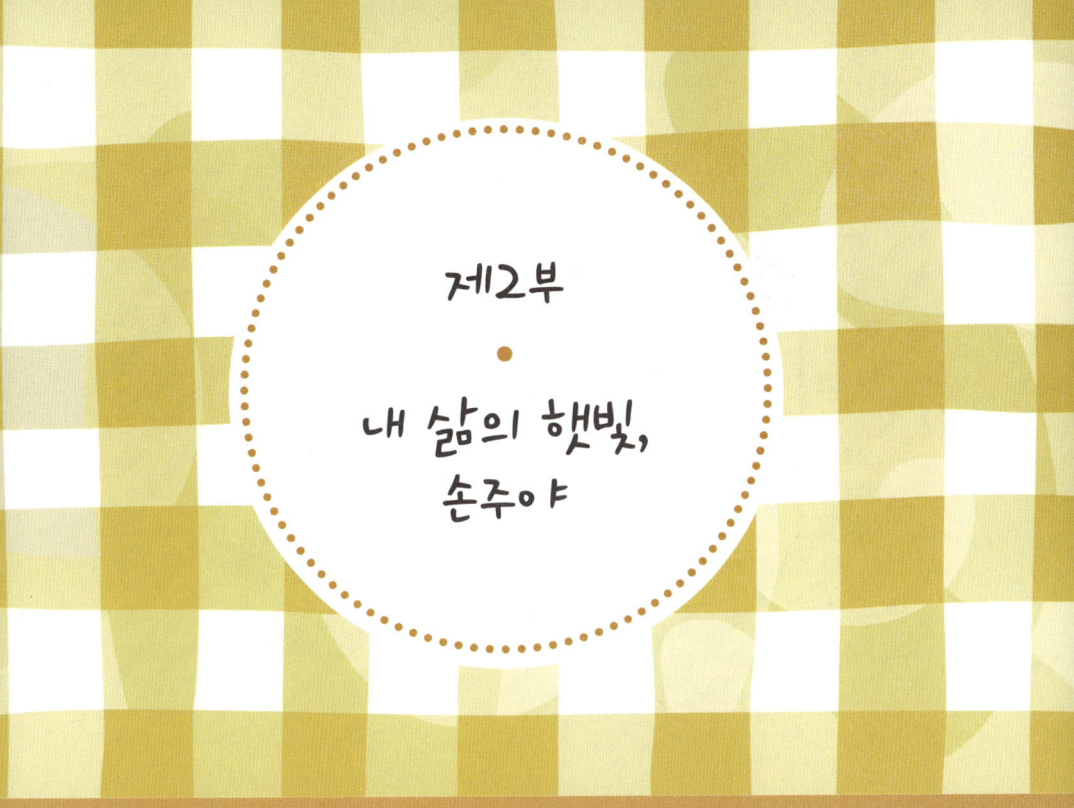

제2부

내 삶의 햇빛,
손주야

외손자를 번갈아 바라보는 내 가슴엔 이른 아침부터
형언하기 어려운 행복이 아지랑이처럼 피어올랐다.

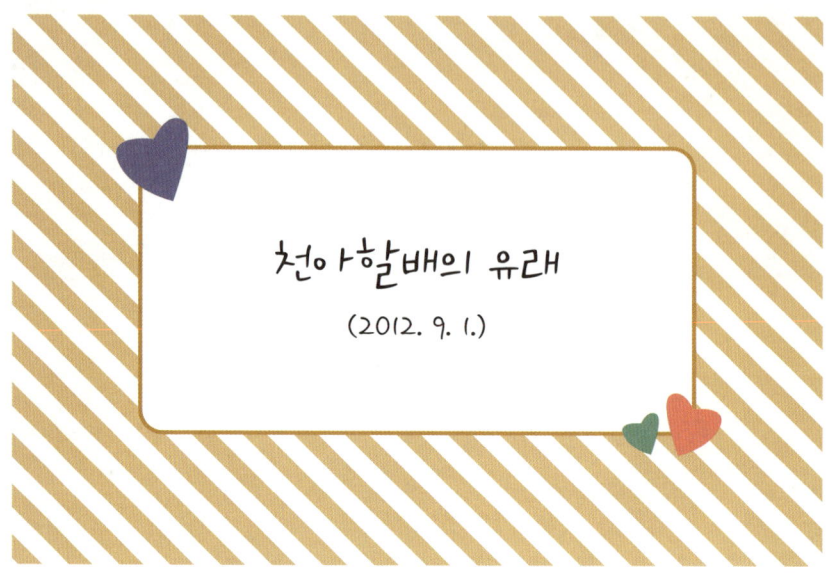

내가 스스로 나를 '천아할배'라고 자칭하는 사연이 첫 외손자 정원준의 출생 100일과 첫돌을 기념해 원준이 어미인 내 작은딸이 쓴 육아 책자, [원준이의 100일 story]와 [원준이의 한 살 이야기]에 내가 꿨던 꿈과 작명 이야기가 이렇게 소상히 적혀있다.

엄마가 울 아기 낳던 날, 서초동 할아버지가 꿈을 꾸셨는데 산신령처럼 흰 수염 휘날리는 백발의 노인이 나타나 "사내아이를 낳으면 '천아'라 하고, 여자아이를 출산하면 '○○'라 하라"라고 하셨대. 그래서 서초동 할머니와 할아버지는 울 아기를 '천아'라 부르시는 거야. 하늘 천(天), 아이 아(兒). '하늘에서 내려주신 아이'란 뜻이래.

그런데 오늘 서초동 할아버지가 우리 아기 진짜 이름을 지어주시려고 역삼동에 있는 '백운산 철학관'이라는 아주 유명한 작명소에 다녀오셨는데 그곳에서는 할아버지의 꿈 이야기를 듣고도 '찬호, 원준, 재훈'이라는 세 개의 이름 중에서 하나를 택하라고 했대요. 그래서 엄마 아빠는 엄청 고민했어. 셋 중에서 어떤 것을 울 아기 이름으로 할까? 울 아기는 어떤 이름이 제일 마음에 들어? 울 아기 이름은 '원준'으로 결정했단다. 나라 정(鄭)에 물 흐를 원(湲), 모일 준(寯).

이름을 정했으니, 출생신고를 해야지. 그래서 오늘 서초동 할아버지랑 하고 왔단다. 울 아기 주민등록번호는 100122-3******. 울 아기 어엿한 대한민국 국민 되었네, 축하해. 서초동 할아버지는 울 아기를 너무너무 이뻐하고 사랑하신단다. 서초동에 가면 항상 할아버지께서 너를 데리고 주무신단다. 이렇게 많은 사람의 사랑을 듬뿍 받는 우리 아기가 마음속에 사랑이 가득한 사람으로 자라길 바라요. 서초동 할아버지는 우리 아기 너만 보면 이렇게 속삭이신단다.

"우리 천아는 지혜롭고 자비로우며, 건강하고 긍정적인 행복한 아이입니다."

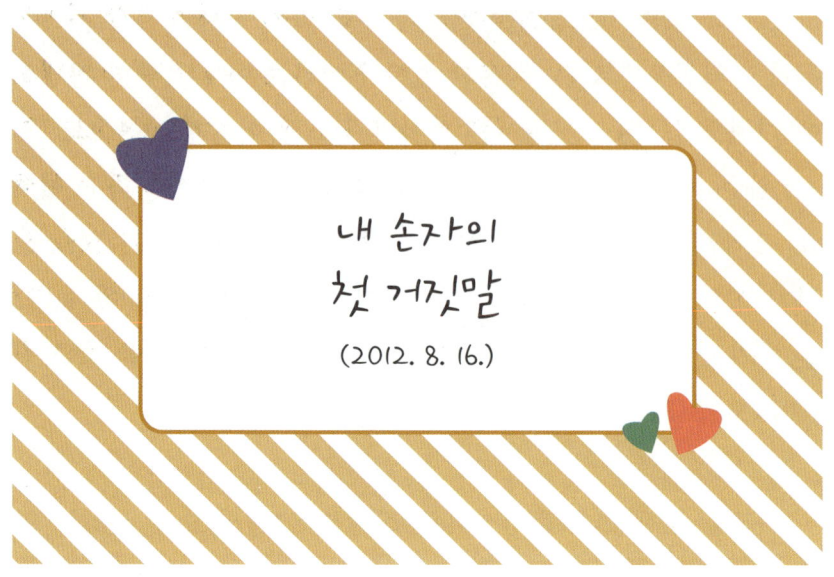

내 손자의
첫 거짓말
(2012. 8. 16.)

　퇴근길에 서초동 치과에 들러 지난주 꿰맨 잇몸에 실밥을 뺐다. 전에 다니던 휘트니스 센터에서 차 한 잔 하고 버스를 기다리는데 노점에서 파는 순대가 먹음직스럽게 보이고, 순대를 좋아하는 원준이 떠오른다. 3천 원어치 샀더니 좀 모자랄 것 같아 추가로 2천 원어치 더…

　집에 도착하니 할머니랑 잘 놀았다는데 원준이가 나를 엄청 반긴다. 아마 할머니랑 단둘이 놀아보니 조금은 덜 재미있었나 보다. 내가 가져간 순대를 아주 잘 먹는다. 껍질을 까놓기 바쁘게 입에 집어넣는다. 할머니는 옆에서 천천히 먹으라며 그릇을 이리저리 옮기고…

딸과 사위가 오고, 저녁식사 시간이다. 우리 원준이는 평소 밥을 잘 먹는데 오늘은 순대로 배를 채워서 그런지 통 식사하려 하지 않는다. 꽁치와 비벼서 할아버지가 먹여도, 아빠가 먹여도 통 먹지 않는다. 한참 동안 밥을 먹이려 하자, 원준이가 "배 아야 아야, 배 아야 아야"라고 한다. 할머니가 옆에서 "원준아! 밥 먹으면 과자 줄게." 하면서 쿠키를 보이자, 원준이는 밥 한 숟갈을 받아먹고는 할머니로부터 쿠키를 받더니 금방 자기 손으로 자기 배를 쓰다듬으며 "후-후" 한다. 그리고는 "지금 배 아야 아냐, 배 아야 아냐." 하면서 쿠키를 입에 넣는다.

이제 31개월에 접어든 우리 원준이가 밥을 먹기 싫어 처음으로 거짓말을 했네요. 쿠키 한 개에 바로 들통났지만 이렇게 손자가 하루하루 커가는 모습 하나하나를 놓치지 않고 볼 수 있는 천아 할아버지는 요즘이 정말 행복하답니다.

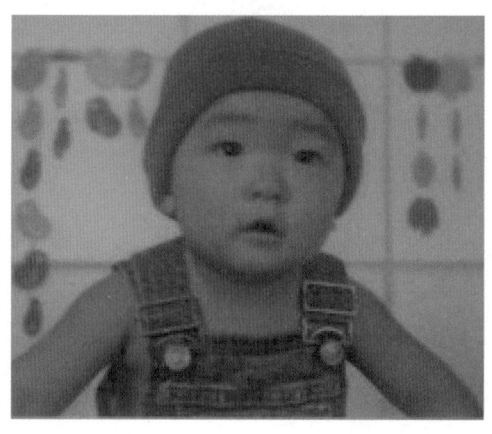

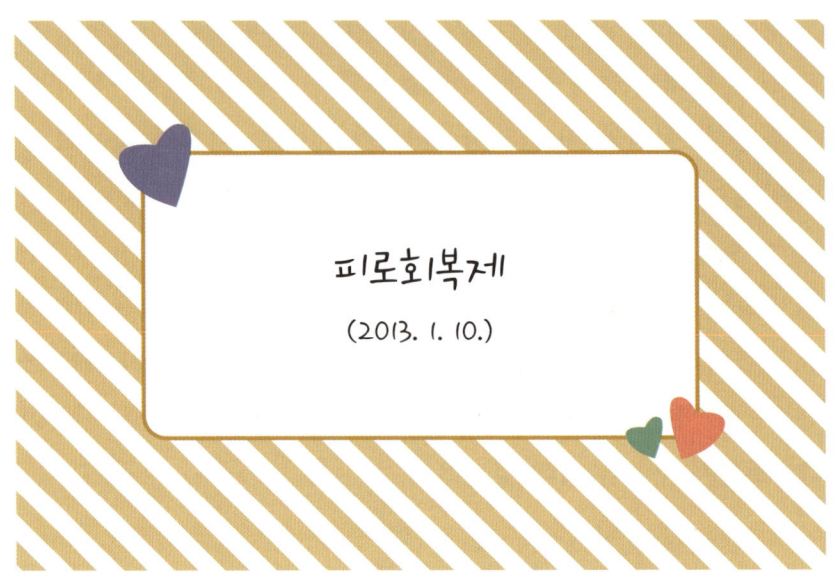

피로회복제

(2013. 1. 10.)

　최근 들어 늘 10시를 훌쩍 넘어 사무실에 도착했기에 오늘은 9시 이전에 집을 나서서 10시 전 출근을 목표로 아침을 먹고 출근을 서두르고 있는데 "따르릉따르릉" 집 전화가 울려 집사람이 수화기를 들었다. 작은딸의 전화였다. 자고 났더니 온몸이 뻐근하다며 원준이의 어린이집 등원을 부탁한단다. 눈 내리는 날이 많고, 예년보다 추운 날씨가 많아 운전이 서툰 원준 어미를 대신해 내가 등원시킨 날이 많았다.

　어제도 내가 원준이를 등원시키고 출근했더니 10시가 넘어 도착했다. 제대를 앞둔 말년 병장이 보초 등 주요 업무에서 열외의 특혜를 누리듯 40여 년 근무 후 정년을 눈앞에 둔 임금피크 신분으로 출퇴근 시간과 근무시간이 다소 자유롭다지만 어제는 너무

심했다는 생각이 들었다. 오늘부터 출근만이라도 제대로 해야겠다 싶어 집사람한테 오늘은 일찍 출근한다고 미리 말한 후 "오늘 원준이 등원은 당신이 좀 해주소"라고 큰소리쳤는데…

눈만 뜨면 아른거리는 손자와 눈이라 한 번 맞추고 출근할 요량으로 원준이네로 가는 집사람의 차에 동승했다. 아침을 먹고 있던 원준이가 우리를 보자 반갑다며 득달같이 달려와 안겼다. 하지만 잠시 후 내가 손을 흔들며 출근한다고 하자 원준이가 삐졌다. 단단히 화가 난 원준이는 나에게 인사를 않겠단다. 어쩔 수 없이 그냥 원준이네를 나섰다. 계단으로 3층에서 1층에 내려오는 도중에 내 핸드폰이 울렸다. 집사람이 건 전화였다. 뻔했다. 전화를 받지 않은 채 3층에 올라갔더니 원준이가 울고 있었다. 인사를 안 했는데 할아버지가 그냥 갔다며 운단다. 내가 현관에 들어서자 금방 나를 발견한 원준이가 한달음에 달려와 품에 안겼다. 원준이를 꼭 끌어안고 포옹을 마친 다음 원준이와 나는 서로 배꼽 인사를 나눴다.

"할아버지, 잘 갔다 와."

"그래 원준아! 이따 보자."

1층으로 내려오는데 내 폰이 다시 울렸다. 또 집사람이었다. 후다닥 다시 3층으로… 원준이가 또 울고 있었다. 할아버지가 마스크를 쓰고 있어서 얼굴을 못 봤다며 울고 있단다. 내가 마스크를 벗은 후 꼭 안아주자 환한 얼굴이 된 원준이는 입술을 내밀며 말했다.

"뽀뽀…"

뽀뽀를 마친 원준이는 마스크를 달라더니 직접 내 귀에 걸어주었다. 그러곤 다시 배꼽 인사를 한 다음 환한 웃음과 함께 고사리 같은 손까지 흔들며 말했다.

"이따 봐요, 할아버지! 빠이! 빠이!"

은행에 도착했더니 10시 20분. 10시 전 출근이란 목표는 실패였다. 하지만 최고 피로회복제인 원준이의 포옹과 뽀뽀를 받고 왔으니 오늘 하루는 행복 만땅 데이(day)다.

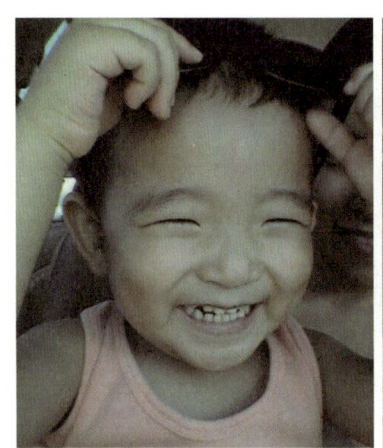

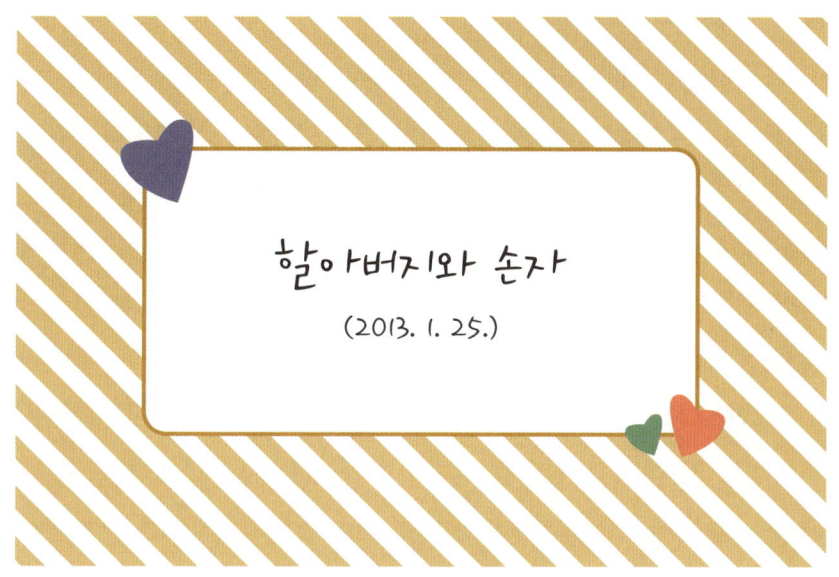

작년 말 꽤 춥던 어느 날 저녁 무렵, 원준이랑 한창 재밌게 놀고 있는데 집사람이 야채를 좀 사오길 부탁했다. 바람까지 세찬 날이라 원준도 옷을 단단히 입히고 마스크를 씌워 집을 나서니 제법 어둑어둑하다. 세 블록 정도 떨어진 마트에서 야채랑 과일을 사는데 그냥 있을 원준이가 아니다. 야채와 과일에 아이스크림까지 넣어 묵직해진 비닐봉투를 들고 마트를 나와 한참 걷던 원준이가 서초우체국을 지나서는 안아달라고 한다. 한 손에 야채봉지를 들고, 다른 한 팔로는 원준이를 안고 한참을 걷는데 두툼한 옷차림으로 안겨 있기가 불편했던지 원준이가 용을 써 매달린다. 이때, 갑자기 뒤에서 남자 목소리가 들린다.

"아이구! 아가야, 할아버지는 아무리 힘들어도 놓치지 않지. 할아버지는 팔이 떨어지면 떨어졌지, 손자를 절대 놓치지 않는단다."

뒤돌아보니 내 나이쯤은 되었을 중년 남자가 따라오면서 한 말이다. 조금은 정확지 않은 발음이나 걷는 모습을 봐서는 퇴근길에 어디서 간단히 한 잔을 한 모양인데 즐거워 보이기보다는 약간은 시름이 있는 듯한 느낌이다. 손자가 있는지 말을 한 번 건네볼까 하다가 한 잔 하신 분이라, 걸음만 늦추면서 그냥 앞서 걷는데 아저씨는 뒤따라오면서 또 중얼거리듯 내뱉는다.

"그래, 너만 할 때가 제일 좋지… 세상에 무슨 걱정이 있겠나? 눈에 넣어도 아파하지 않을 할아버지가 있는데… 그래, 나도 그런 때가 있었는데…"

갑자기 '나도 그런 때?'란 구절이 가슴에 꽂힌다. 자신이 할아버지 품에 안겼던 아기 때를 말하는지, 자신이 손자를 안고 다니던 때를 말하는지 알 수 없지만…

내 할아버지는 내가 태어나기 두 달 전에 돌아가셔서 나는 할아버지 사랑은커녕 얼굴도 못 보고 자랐다. 그렇지만 이날 한 중년 사내의 푸념 같은 말에서 원준이를 사랑하는 내 마음과 다르지 않았을 뵙지 못한 내 할아버지의 사랑을 본 것 같았다. 그 시절 할아버지들의 손자 사랑 표현은 지금과 같지 않았을지 모르지만, 사랑만은 조금도 다르지 않았을 것이기에…

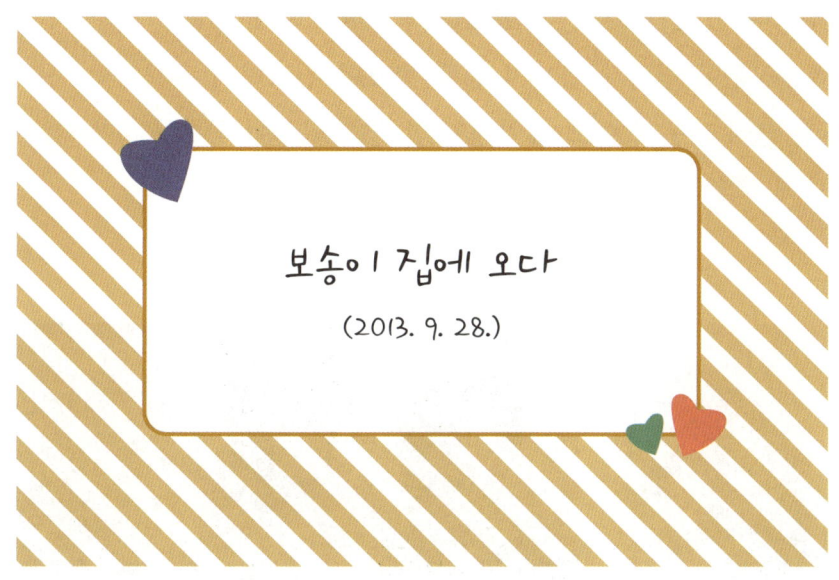

보송이 집에 오다
(2013. 9. 28.)

　어제 9월 27일 금요일은 우리 보송이가 태어난 지 보름 만에 집에 온 날이다. 9월 12일에 태어나 엄마랑 아빠랑 함께 산후조리원에 있었다가 아기 침대랑 모든 걸 미리 준비해 둔 보송이 방이 있는 집, 엄마랑 아빠랑 행복하게 살아갈 보송이 집으로… 보송아, 네가 조리원에 있는 동안 이 할아버지는 네가 보고 싶어 매일 조리원에 갔었지만, 유리창 너머로 너를 바라보기만 할 뿐, 안아볼 수도 없고, 체온을 느낄 수 없고, 숨소리조차 들을 수 없어 얼마나 아쉽던지… 이렇게 건강한 모습으로 돌아오니 정말 고맙고 행복하구나.

　보송아! 참, 보송이는 태명이었지. 새로 지은 이름은 은규, 송은규. 송나라 송(宋)에 성할 은(殷), 홀 규(圭). 은규야! 코앞에 외갓집이 있고, 이모 집이 있으니 외할머니 외할아버지, 이모 이모부, 원준이 형아 사랑까지 듬뿍 받으며 건강하게 무럭무럭 자라라. 그리고 우리 이제 매일매일 만나자. 원준이 형아랑 함께… 사랑해 보송아, 지금 바로 은규 보러 갈게.

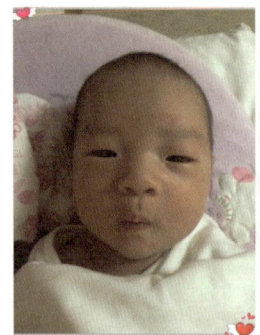

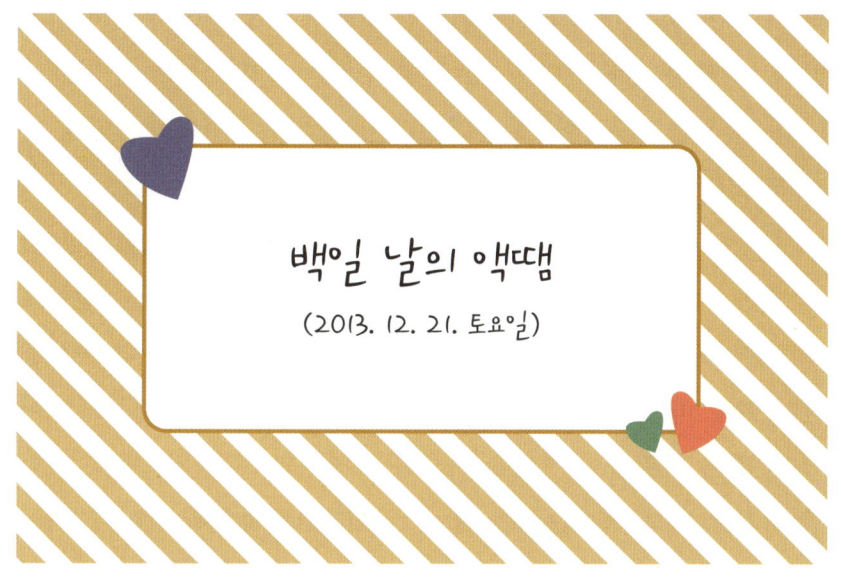

백일 날의 액땜
(2013. 12. 21. 토요일)

오늘은 내 두 번째 손자 은규가 태어난 지 100일. 12시에 은규의 친가 가족과 우리 가족이 모여 백일 상을 차리는데 백일잔치가 끝나는 대로 첫 손자 원준이 아빠는 이달 들어 세 번째 해외 출장을 떠난다니 괜히 마음이 바쁘다. 아침 일찍 양재천에서 러닝을 끝낸 다음, 아침을 먹고는 까르보네에서 색소폰 연습까지 마쳤다. 이제 땀을 흘렸기에 몸을 씻은 후, 옷을 차려입고 은규네에 가면 되는데 집에서 씻는 것보다 샤워하는 게 나을 것 같아 나는 헬스장으로 갔다.

막상 헬스장에 들어서자 샤워만 하기에는 아무래도 좀 서운했다. 1시간을 달렸으니 하체 근육을 좀 풀 겸 '토탈힙머신'을 30kg 중량으로 백킥과 인사이드킥을 마치고, 아웃사이드를 하는데 그만 다리가 빠지면서 쾅~ 소리와 함께 발목에 걸쳤던 부분이 여지없이 내 뺨을 강타했다. 눈앞에 불이 번쩍거리고 입술이 얼얼하더니 뭔가 끈적끈적한 게 흘러내리는 느낌이 들었다. 입 안에 피가 고였지만 운동하던 사람들이 모두 놀라 쳐다보고 있으니 창피하기도 하고⋯ 얼른 거울 앞에 가서 봤더니 입술도 터졌지만 입술 옆은 피가 뚝뚝 제법 깊게 찢어졌다. 샤워는 고사하고 얼굴조차 씻지 못한 채 집으로 돌아가서 깜짝 놀라는 집사람의 도움을 받아 약을 바르고 밴드를 붙였는데도 피가 그치지 않고 뚝뚝 떨어졌다. 딸과 사위들이 병원에 가보자고 하지만 사돈 가족들이 도착할 시간은 다 되어가는데⋯ 할 수 없이 동네 병원에 갔더니, 의사는 상처가 깊다며 꿰매야 한단다. '젊어 부지런함은 보기 좋아도 나이 먹어 너무 부지런을 떨면 노욕처럼 보여서 보기 흉하다지만, 내 나이가 어때서⋯' 그러나 결국 7바늘이나 꿰맸다. 양가 가족들이 모두 모이고, 백일상을 차려 사진을 찍지만, 훈장도 아닌 밴드를 붙이고 은규와 사진을 찍으려니 기분이 영⋯

눈앞에 맛나게 보이는 점심상이 차려졌지만, 마취가 풀리기 시작하는 입이 아파서 식사는 물론 백일 떡조차 제대로 먹을 수 없을 뿐 아니라 오늘처럼 좋은 날, 내가 백일잔치 분위기를 떨어뜨리고 말았으니 체면이 말이 아니었다. 내일은 고향 친구들의 부부모임 송년회가 있고, 모레 월요일엔 고교 동기들의 송년회가 있지만 상처가 곪을까봐 겁이 나서 술을 못 마실 것 같고, 입술 부근을 꿰맸으니 색소폰 연습도 며칠은 못할 것 같다. 나이 들어 진득하지 못하고 가볍게 나댄 대가치고는 좀 심하다 싶었다. 하지만 기왕 엎질러진 물, 마음을 살짝 바꾸기로 했다. 사랑하는 내 손자, 은규의 앞날에 닥칠 모든 나쁜 기운을 물리치는 액땜으로 여기기로 했다. 그러자 액땜 잘했다는 생각이 들었다. 정말 액땜이면 좋겠다.

꼬마 시인 송은규
(2020. 10. 23. 금요일)

    헬스장에서 곧장 찾아간 매헌초등학교 후문 앞은 오늘도 진풍경이었다. 올해 들어 지난주까지는 볼 수 없었던 풍경으로 지난 월요일부터 낮 12시 45분 전후만 되면 어김없이 벌어진다. 충분히 백 명은 됨직한 사람들이 여기저기 삼삼오오로 모여서 담소를 나누고 있지만 후문으로부터 시선을 떼지 못한다. 바로 우리 동네, 양재 근린공원 안에 있는 매헌초등학교 저학년 학생들의 하교 시간이다. 4교시의 학교 수업과 점심식사까지 마친 1~2학년생들 중 교내의 돌봄교실에 가는 아이는 돌봄교실로 보내지만, 집으로 돌아가는 아이들은 담임선생님이 후문까지 인솔하는 것이다.

    코로나19로 인해 등교가 전면 금지되었던 기간은 말할 것도 없지만 출석번호를 홀수와 짝수로 나누어 일주일에 한두 번씩 등교했던 지난주까지는 기껏해야 몇 십 명의 학부모들이 기다리곤 했던 후문이 월요일부터 장터처럼 북적거린다. 코로나19의 재확산으로 지난 8월 하순경 다시 시작된 '사회적 거리두기'가 2.5단계에서 1단계로 다시 완화된 덕분이다. 코로나19 장기화가 초래한 초중고 학생들의 학습 결손과 학력 격차를 해소하기 위해 당국에서 학생들의 등교 일수를 늘리면서 특히 심각한 수준으로 조사된 초등 저학년생들의 학습 부진과 기초학력 격차를 최소화하기 위해 초등 1~2학년생들의 등교는 지난 월요일부터 주 5일로 정상화된 것이다.

잠시 후 술렁이는 소리가 들리는가 싶더니 후문 안쪽에서 한 여선생님이 열 명 남짓 아이들을 인솔해 다가오고 있었다. 이내 두 팔을 치켜들고 뛰어오는 아이, 두 팔 벌려 아이를 얼싸안는 엄마. 달려 나온 아이를 꼭 껴안는 할머니. 이산가족 상봉 장면이 따로 없다 싶었다. 그런데 선생님이 한 어린이의 어깨에 손을 올린 채 두리번거리며 누군가를 찾는 듯했다. 2분은 지났을까? 한 남자가 헐레벌떡 달려오자, 아이는 선생님께 고개를 까딱이곤 "아빠!" 하면서 빠져나갔다. 선생님은 아이들을 데려갈 엄마, 아빠, 할머니 등 학부모들이 나타날 때까지 아이들을 보호하는 것 같았다.

어떤 어린이는 '아동안전지킴이'란 글자와 '서울경찰청'이란 글자가 등판에 새겨진 노란 조끼를 입은 할머니가 데려가기도 했었는데 아마도 맞벌이 부모를 둔 아이들의 귀가를 돕는 분들인 듯했다. 연이어 몇 선생님들의 아이들 인수인계(?)가 끝난 다음 마지막쯤 한 여선생님이 여남 명의 아이들을 인솔해 나오는 모습이 보였다. 여남 명 속 한 놈이 내 눈에 확 들어왔다. 바로 내 외손자, 매헌초등학교 1학년 ○반 ○번 송은규. 은규는 언제 나를 보았는지 오른손을 번쩍 든 채 환히 웃으며 뛰어왔다. 아침 등굣길에 오늘은 12시 50분이라고, 공원 쪽의 후문이라고 몇 번이나 신신당부하더니 더 반가운 모양이다.

지난주까지는 은규의 학교 수업 등교일이 수요일과 목요일이었다. 하지만 1학년 돌봄교실에 다닌 덕분에 매일 등교한 셈이다. 학교 수업 후 곧장 데려오는 수요일을 제외하곤 거의 매일 내가 아침 9시 전후에 등교시켜 오후 2시경 돌봄교실로 가서 데려왔으니, 정신없는 할아버지가 오늘도 2시쯤 돌봄교실로 가는 게 아닐까, 조금은 걱정되었던 모양이다. 세상천지 다른 건 다 가물가물할 수 있어도 손주들에 관한 한 절대 안 잊을 사람이 바로 할비인데… 은규를 데리고 근린공원을 한 바퀴 돈 다음 집에 갈 요량으로 아이들이 많은 놀이터로 향했다. 낙엽이 나뒹구는 느티나무 아래를 걷던 은규가 낙엽이 어쩌고 저쩌고 하더니 내게 말했다.

"할아버지, 이런 걸로 詩 한 번 써봐요."

"詩를 쓰라고? 어떤 걸로?"

"낙엽과 사람이 북적거리는 근린공원."

"은규가 詩 한 번 써봐. 동시 같은 거 말이야."

"낙엽과 사람이 북적거리는 근린공원, 가을이 감처럼 익어간다."

"아주 멋진데. 은규가 생각한 詩야?"

"사실은 노래가사도 좀 있어요."

내 손을 꼭 잡은 채 공원을 한 바퀴 도는 내내 은규는 어깨를 들썩이며 "나나나나 나나나~" 흥얼거렸다.

"은규야, 그게 무슨 노래야?"

"제가 제일 좋아하는 BTS의 '다이너마이트'인데 할아버지는 몰라요?"

"응, 할아버지는 몰라. 방탄소년단 노래 중에 좋아하는 노래 또 있어?"

그러자 은규는 '세비지 러브'라 대답하더니 또다시 흥얼거리기 시작했다. 공원을 한 바퀴 돈 후 집에 들어서자마자 은규는 내게 손을 내밀며 말했다.

"할비, 핸드폰 프리즈."

그러고는 빼앗듯이 내 핸드폰을 가져가더니 고사리 같은 손으로 폰을 다루기 시작했다. 잠시 후 은규는 폰을 내밀며 말했다.

"저는 이게 제일 詩 같아요."

은규의 손가락은 폰의 화면에 뜬 '파란 가을 하늘'이란 동요 악보 중 마지막 소절을 가리키고 있었다.

'가을도 밤처럼 익어가네, 가을도 감처럼 익어가네.'

서당 개 삼 년이면 풍월 읊는다더니 정말 그런 걸까? 가끔 한 번씩 내가 쓴 詩를 보여주면서 읽게 했더니 초등 1학년인 은규가 詩를 꺼냈다. 나는 은규를 꼭 껴안은 채 얼굴로 볼을 문질렀다. 은규는 내 수염이 따갑다며 고개를 돌리느라 바빴지만…

아이들을 기다리는 학부모를 보면서, 또 은규를 기다리는 동안 나의 초등 시절이 떠올랐다. 초등학교가 내 고향마을에 있어 내게는 기껏해야 300미터나 될까 한 거리밖에 안 되는 등굣길이었지만 족히 2km가 넘는 비포장도로를 걸어야 했던 이웃 마을 친구, 장마철엔 아예 건널 수 없을 만큼 많은 물이 흐르는 강 건너 마을의 친구들도 부모의 도움 없이 다녔는데… 더구나 어른들조차 나무하러 가기에 너무 멀고 험하다고 여겼던 '삭고개, 중산'이란 마을에 살았던 친구들은 엄마, 아빠의 손을 잡고 다니기는커녕 십 리에 가까운 험한 산길의 등굣길을 혼자 또는 한두 명 정도 짝지어 다니면서도 6년 개근상을 탔었는데 요즘 아이들은 너무 과보호하는 게 아닌가 싶었지만 금방 학교에서 채 100m도 떨어지지 않은 곳에 살면서도 날마다 은규를 데려다주고 데려오는 나 자신을 생각하자 할 말이 없었다.

하루 종일 있어 봐야 몇 번의 시외버스밖에 다니지 않았던 그때의 시골 도로. 집 밖을 나서면 차바퀴 구르는 소리에 귀가 먹먹해지는 지금의 도심. 나무 한 그루, 한 모금의 물, 한 줌의 흙조차 자연 그대로였던 그 시절의 환경. 마음 놓고 들이킬 수 없는 공기, 함부로 손에 묻혀서는 안 되는 흙이 지배한 요즘. 밝은 낮에 보이지 않으면 이웃 아이들이랑 놀고 있겠구나 여기고, 어두운 밤에 보이지 않으면 친구 집에서 자겠거니 여겼던 그때의 인심은 사라지고, 모르는 사람은 모르는 대로 무섭고, 아는 사람은 아는 대로 무서운 세상이 되었으니, 아이들을 제대로 지키려면 어쩔 수 없겠다 싶었다.

행복 배달꾼 정원준
(2020. 6. 26. 금요일)

거실에 매트를 깔고 스트레칭을 하고 있을 때였다.

"삐삐, 삐삐, 삐삐, 삐삐~"

우리 집 도어록(door lock)의 비밀번호를 누르는 소리가 들려왔다. 거실의 시곗바늘은 7시 30분을 막 지나고 있었다.

'옆집에 사는 큰딸인가?'

'아래층에 사는 작은딸인가?'

'무슨 일이 있어서 이렇게 일찍 친정에 오나?'

이런 생각을 하고 있는데 아래층에 사는 원준이가 잠옷 차림으로 들어서면서 큰소리로 말했다.

"할아버지, 오늘 공부 지금 할래요."

"…"

집사람도 놀랐나 보다. 안방에서 나오면서 말했다.

제2부 내 삶의 햇빛, 손주야   113

"어쩜 우리 원준이가 이래 이쁘노…"

오후쯤에나 행복을 가져오는 원준이가 오늘은 이른 아침에 배달한 셈이다.

원준이가 3학년 되기 전 봄방학이었던 작년 2월 중순부터 내게 와서 공부하고 있으니 벌써 1년 5개월이나 된 셈이다. 3학년이었던 작년에는 원준이랑 함께 교보문고에 가서 수학과 국어의 참고서 형식 문제집을 구입한 다음 월요일부터 금요일까지의 평일 하교 후엔 내 옆에서 스스로 공부하도록 했다. 한 20분 정도는 내가 준비해 놓은 곱셈 문제 등 계산 문제를 풀게 한 다음, 구입한 수학 문제집을 2~3페이지 풀게 한 후 제대로 풀었는지와 함께 정답 등을 체크한다. 그러고는 스스로 국어 문제집을 2페이지 정도 풀면 그날 원준이의 우리 집에서의 공부는 끝이 나는 데 보통 2시간쯤 걸리고 있다.

덕분에 원준이가 3학년 때는 1~2학기 공히 수학 문제집은 2권씩, 국어 문제집은 1권씩을 뗐으니 아주 잘했다 싶었는데 올해도 원준이가 열심이라 다행이다. 올해는 코로나19란 몹쓸 놈 때문에 3~4월은 아예 등교를 못한 채 온라인 수업을 받다가 5월 하순부터는 일주일에 한 번씩 등교하면서 온라인으로 수업을 받고 있으니 여전히 제대로 된 공부는 어려운 지경이지만 원준이는 1학기 수학 문제집을 2권이나 다 끝내곤 그저께부터 〈초등 4-2, 최상위 수학S〉를 시작해 여간 대견스럽지 않았는데 오늘은 또 이렇게 아침 일찍 공부하러 오다니…

그런데 요즘 초등학교 교과서를 보면 수학의 수준이 우리 때와는 영 딴판이다. 50년도 훨씬 넘는 세월이 흘렀다만 덧셈, 뺄셈, 곱셈, 나눗셈만 잘하면 만사 OK였던 초등 수학. 아니다 그때는 이름마저 산수였었지… 그런데 지금 초등 4학년들이 배우는 수학의 수준만 해도 내 상상을 초월하고 있다. 원준이가 푼 문제집의 정답을 체크하면서 제대로 풀지 못한 것을 들여다보면 무슨 말인지 몰라 내가 어리둥절할 때가 한두 번이 아니다. 하지만 그럴 때마다 살짝 정답지를 들여다보면 충분히 이해할 수가 있어 아직은 원준이를 가르치는 데 큰 어려움이 없어 견딜 만하다만 어쩜 6학년, 늦어도 중학교 수학부터는 내 실력으론 가르칠 수 없을 것 같아서 걱정이다. 그래서 원준이가 중학생이 될 무렵엔 내가 먼저 수학학원에 등록하리라 마음먹고 있지만…

내 책상을 차지한 정원준. 내가 프린트해 놓은 곱셈 등 문제지를 펼쳐 든 원준이 두 눈은 반짝반짝 빛나고, 책상 앞에 앉은 원준이의 머리를 쓰다듬으며 "원준아! 뭐 먹고 싶어?"라 묻곤 주방으로 향하는 집사람의 두 눈에서는 손자 사랑이 철철 넘치고 있었지만, 집사람과 외손자를 번갈아 바라보는 내 가슴엔 이른 아침부터 형언하기 어려운 행복이 아지랑이처럼 피어올랐다.

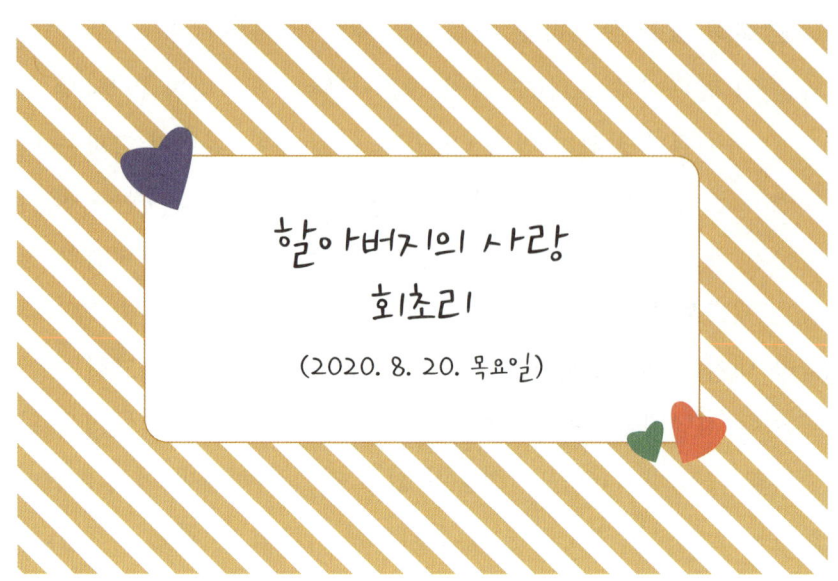

나는 막 올라온 원준이를 공부방으로 불러서는 꼭 안아주면서 물었다.

"원준아, 할아버지가 원준이를 얼마나 사랑하는지 알아?"

그러자 원준이는 나를 빤히 쳐다보며 말했다.

"그럼요. 세상에서 제일 사랑하잖아요."

나는 원준이의 대답에 맞장구를 치고는 함께 침대에 누워 내 팔을 베개로 내어주며 이야기를 꺼냈다. 원준이 네가 태어났을 때 이 할아버지가 얼마나 기뻐했던지, 건강하게 잘 자라고 있는 지금의 네가 얼마나 자랑스럽고 고마운지 등을 먼저 들려주었다. 그러고는,

'세 살 버릇 여든까지 간다.'

'예쁜 자식에게 매 하나 더 주고, 미운 자식에게 떡 하나 더 준

다.'

'바늘 도둑이 소도둑 된다.'

이런 속담과 사람을 속이는 짓이랑 거짓말하는 것이 얼마나 나쁜지를 들려주면서 원준이가 내게 얼마나 소중한 손자인지, 원준이가 있어 내가 얼마나 행복한지 들려주었다. 그리고 원준이가 어떤 사람으로 성장하길 바라는지를 말하면서 등을 토닥거리자, 이번에는 원준이가 나를 꼭 끌어안았다. 이때다 싶어 물었다.

"원준아, 어제 공부하면서 혹시 할아버지 속인 것 없어?"

그러자 원준이는 조금의 망설임도 없이 대답했다.

"없어요. 제가 왜 할아버지를 속여요."

나는 침대에서 일어나 책상 서랍에서 종이 한 장을 꺼내 원준이에게 내밀었다.

약 1년 6개월 전, 곧 초등 3학년이 될 원준이는 봄방학에 들어가면서 봄방학 동안 내가 공부를 돌봐주기로 함에 따라 매일 두세 시간쯤은 우리 집으로 올라와서 공부했다. 수학을 중심으로 했지만, 국어 등 다른 과목의 문제집도 풀곤 했었는데 할아버지랑 공부하는 게 재미있다며 좋아했다. 하기야 언제든지 오기만 하면 두 팔 벌려 반기지, 맨날 맛난 간식 챙겨주지, 때때론 외식까지 데리고 다닌 데다 공부 후엔 유치원과 어린이집에서 돌아오는 은규랑 세은이 등 동생들과 마음껏 놀 수 있었으니 싫어할 이유는 없었을 것이다. 그렇게 시작된 나와 정원준의 행복한 공존(?). 원준이가 3학년이었던 지난 한 해는 매우 성공적이었다.

학교 수업을 마친 후 내게 와서 했으면서도 구구단을 다 외웠을 뿐 아니라 1~2학기 각각 수학 공부에선 두 권의 문제집을 풀고 국어, 사회, 과학의 문제집도 한 권씩 끝냈다. 나도 뿌듯했지만, 원준이 자신도 무척 뿌듯해하는 것 같아 참 좋았다. 그런데 올해 들어 많은 변수가 생겼다. 코로나19가 기승을 부리면서 2월 하순부터 모든 학교의 교문이 굳게 닫힘에 따라 선생님과 마주 보며 받았던 수업은 비대면(非對面)인 온라인 수업으로 바뀌었다. 4학년이 된 지 두 달이 지난 5월 중순이 되어서야 주 1회 등교로 조금은 완화되면서 조금은 나아졌지만, 아직도 온라인 수업이 학교 수업인 셈이다. 그래서 원준이는 오전에는 자기 집에서 e-학습터를 통해 온라인 수업을 들은 다음 점심식사 후 1시 30분쯤 바로 위층인 우리 집으로 올라온다. 가끔 일찍 올라와서 나와 함께 식사하기도 하지만… 덕분에 1학기에는 수학 문제지 두 권이랑 국어 문제지 한 권을 마칠 수 있었다.

어제도 그랬다. 점심식사 후 1시 30분쯤 올라온 원준이는 30분쯤 놀다 2시부터 공부를 시작했다. 매일 하는 것처럼 하게 했다. 곱셈을 보다 쉽고 빠르게 하는 방법을 익히기 위해 내가 준비한 문제지 한 장과 최상위 수학 풀이 문제지 두 장, 국어 문제 풀이 한 장을 내주면서 말했다.

"원준아, 풀다가 이해 안 되거나 모르는 문제가 있으면 할아버지한테 말해, 같이 풀자."

그런데 어제따라 원준이는 곱셈 문제를 귀찮아하는 것 같았다. 투덜거리는 소리가 들려왔지만 못 들은 체했다. 두 시간쯤 지나

원준이는 다 했다며 거실로 나와서는 은규랑 한참을 놀다가 내려갔다.

한 시간쯤 후. 원준이가 공부하고 간 것을 살피던 나는 깜짝 놀랐다. 수학 문제 풀이랑 국어 문제 풀이는 제대로 했는데 곱셈 문제 풀이는 엉망이었다. 지금까지는 제대로 잘했었는데 어쩌다 한 문제쯤 잘못 계산한 게 나오기도 했었지만, 오늘은 그게 아니었다. 20문제 중 제대로 계산한 게 하나도 없었다. 정답과 비슷한 숫자조차 하나 없었다. 계산해서 적은 게 아니라 그냥 마음 내키는 대로 숫자를 적은 게 틀림없었다. 내가 내민 곱셈 문제 종이를 본 원준이는 흠칫했다. 원준이를 다시 껴안으며 말했다.

"원준아, 할아버지를 속이려 하면 어떡해? 하기 싫으면 하기 싫다고 말해야지."

그러고는 내가 맨날 곱셈 문제를 풀게 하는 이유를 설명한 다음 거짓말과 사람을 속이는 게 얼마나 나쁜지 그리고 거짓말과 속임수를 일삼는 사람들의 장래가 어떤지를 한 번 더 들려주었더니 원준이가 기어 들어가는 목소리로 말했다.

"할아버지, 죄송해요."

하지만 나는 오늘은 그냥 넘어갈 수 없다고 말하곤 아래 셋 중 하나를 선택하라고 했다.

첫째, 원준이의 잘못을 엄마와 아빠에게 알려 엄마나 아빠가 원준이를 야단치도록 할까?

둘째, 한 달 동안 할아버지의 핸드폰을 절대 만지지 못한다.

셋째, 대나무로 만든 효자손으로 제법 세게 종아리 다섯 대를 맞는다.

원준이는 셋 중 종아리 회초리를 택했다. 평소엔 장난으로 쥐어박는 흉내만 내어도 움츠리는 놈이 맞겠단다. 등짝 한 대만 때려도 아프다 난리를 치며 달아나는 놈이 다섯 대나 맞겠단다. 나는 얼마나 세게 때릴 것인지를 말하곤 할아버지와 아빠의 초등학생 시절부터 군대 생활까지 흔했던 체벌을 들려준 후 사나이는 잘못이 있으면 당당하게 맞을 줄 알아야 되고, 회초리의 아픔에서 잘못을 뉘우치고, 그러한 잘못을 두 번 다시 하지 않아야 된다고 했더니 원준이는 말없이 내 앞에 서서 종아리를 모았다.
"한 대."
"두 대."
"세 대."
"네 대."
"다섯 대."
회초리가 닿을 때마다 종아리에 푸른 줄이 하나씩 늘어났지만 원준이는 아픔을 잘 참고 있었다. 다시 한번 더 꼭 껴안은 채 등을 토닥이며 "원준아, 많이 아팠지? 우리 원준이는 종아리가 아팠지만, 할아버지는 마음이 너무너무 아팠단다"라고 했더니 원준이는 나를 바라보며 씩 웃었다. 종아리에 생긴 푸르죽죽한 자국에 물파스를 발라주자 "내일 올게요"라고 말하곤 일어섰다. 꾸뻑 인사를 한 후 대문 쪽으로 걷는 원준이의 절룩거리는 걸음에 막 생긴 내 마음의 멍은 더 짙어지고…

'괜히 회초리를 들었나?'

반나절도 못 되어 나는 딸에게 전화를 걸어 원준이 종아리의 멍을 살피도록 했다.

"까르르까르르~"

원준 어미가 우리 가족 카톡방에 올린 동영상을 재생하자 세은이의 웃음소리가 들려왔다. 어린이집 숙제로 급하게 만드느라 완성도가 좀 떨어지긴 했지만 아빠랑 재미있게 놀고 있는 세은이의 모습이 담긴 동영상엔 풀잎에 맺힌 이슬 같은 싱그러움이 넘치고 있었다. 우리 집에서 세은이가 다섯 살 많은 친오빠 원준이와 두 살 많은 이종사촌 오빠 은규랑 놀 때마다 듣는 웃음소리인데도 영상으로 들으니 더 사랑스러웠다.

집에선 늘 두 오빠와만 어울리기에 한때는 여자아이가 너무 와일드해지면 어쩌나 걱정했었는데 이것은 기우였다. 세은이가 어린이집 친구들이랑 서로의 집을 오가며 소꿉놀이하는 모습을 보면 여자아이답게 얼마나 아기자기하게 노는지 놀랄 지경이다. 그리고 주말 아침이면 가끔씩 세은이는 쪼르르 우리 집으로 올라와서는 내 무릎 위에 앉아 갖은 예쁜 짓과 해맑은 모습으로 우리 부부에게 아침부터 활력을 선물하곤 한다. 세 놈들이 놀거나 TV를 볼 때면 큰소리로 깔깔거리는 원준이의 웃음소리도 자주 들리고, 숨이 넘어갈 듯 까르르 웃고 있는 은규의 모습도 보이지만 우스워 어쩔 줄 몰라 하는 몸짓으로 까르르거리는 세은이 웃음은 육백만 불짜리다 싶다.

세은이의 웃음소리는 완전 청량제다. 그리고 조그만 재미에도 까르르, 내가 볼 땐 전혀 우습지 않은 장면에도 연신 까르르거리는 세은이와 은규, 원준이. 만화영화를 보면서 깔깔거리는 이 세 놈들을 보고 있노라면 얼마나 재미있으면 저런 웃음이 나올까? 아니다. 영혼이 얼마나 맑으면, 얼마나 마음에 때가 묻지 않았으면 내가 볼 땐 전혀 우습지 않은 장면인데도 웃음이 끊이지 않을까 싶다. 그러면서 한 번씩 내가 아이들의 재미난 모습에 빙긋이 웃으면 "여보, 당신 웃는 모습, 너무 보기 좋아요. 이젠 제발 많이 웃으면서 삽시다"라고 하는 집사람, 평소에도 많이 웃기를 바라는 집사람이 떠올라 요놈들이 더 부러워진다.

내 웃음소리는 다 어디로 사라졌을까? 60년도 훌쩍 넘는 세월의 파도에 내 영혼이 닳고 더럽혀져서일까? 은행 근무 시절, 근 30년 동안 일주일에 몇 번씩은 했었던 보다. 친절한 고객 응대를 위해 훈련하는 '롤플레잉(Role-Playing)'에서 직원과 마주 보면서 하거나, 또는 거울 앞에서 미소 짓는 연습만 많이 해서일까? 아무리 기억을 더듬어봐도 그냥 빙그레 웃기만 했을 뿐 소리 내어 웃었던 기억은 통 없다. 아니다. 웃음 자체를 많이 잃은 것 같다.

막내 고모께서 生前에 자주 들려주신 말씀이 떠올랐다. 生年이 나보다 딱 12년 빨라 띠동갑이기도 한 막내 고모는 아기 시절의 나를 많이 업고 다녔단다. 그 시절 나를 업고 나가 마을 친구들을 만나 놀곤 했었는데 고모의 친구들이 아기인 나를 빤히 보면서 "웃는다. 웃는다." 몇 번 하면 내가 빙그레 잘 웃었단다. 그래서 고모의 친구들은 나만 보면 "웃는다. 웃는다." 했었단다. 이런 일도 있었다. 내가 30대였던 어느 해 여름 고향에서 휴가를 보내던 중 친정 다니러 온 고모의 친구이자, 집성촌인 내 고향의 집안 고모뻘 되시는 분을 만나 인사했더니 그분께서 막내 고모 이름을 대며 "야야, 네가 ○○ 등에 업혀 컸던 석도네. 니 참 빙그레 잘 웃었는데 요즘도 어릴 때처럼 잘 웃제?"라고 하셨으니 어릴 땐 정말 내가 잘 웃었던 모양이다.

그런데 지금은 왜 이렇게 웃음 없는 사람이 되어버렸을까? 내 외손주들처럼 조그만 즐거움에도 활짝 잘 웃는 사람이 되고 싶다. 조금은 언짢은 일조차 웃어넘기는 마음 편한 사람이 되어 소소한 일상에서 늘 싱글벙글 웃는 모습으로 늙어가고 싶다. 내일부터는 외손녀 세은이로부터 배워야겠다. 까르르까르르 활짝 잘 웃는 요령을…

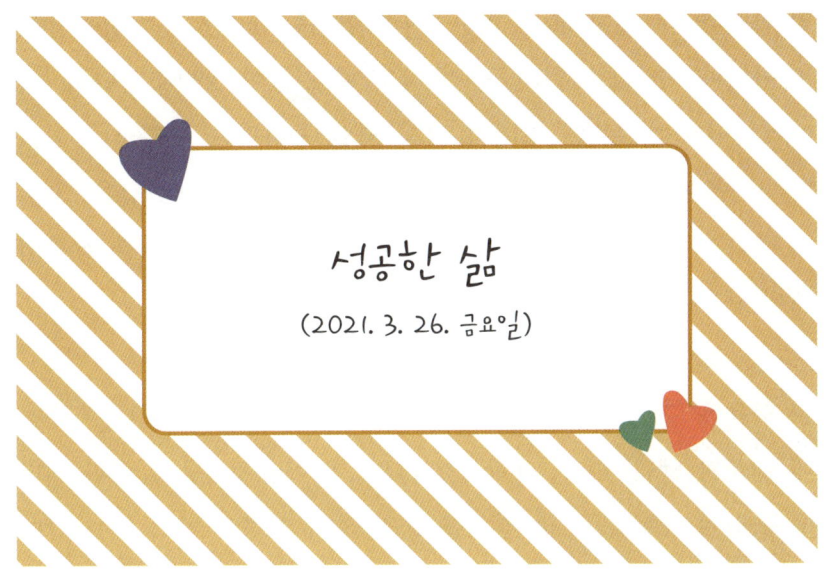

성공한 삶
(2021. 3. 26. 금요일)

　어제의 일이다. 영어학원에서 은규를 데리고 왔을 때는 늘 그러듯 오후 7시가 넘은 시간이었다. 집에 들어서자마자 은규는 놀이방에 들어가 미니 레고 블록을 꺼내놓기 시작하길래 나는 스마트폰 5분 이용권을 미끼로 수학 문제지 한 페이지만 하자고 겨우 달랬다. 저녁식사를 마치자, 은규는 샤워 등 잠잘 준비를 해서 오겠다며 우리 집 대문만 열면 바로인 501호 제집으로 갔다. 9시가 넘어도 오지 않는 은규. 이제나저제나 은규가 오기만을 기다리고 있는데 "까꿍!" 카카오톡 알람 소리가 들려 확인했더니 가족방에 은규 어미가 사진 한 장을 올려놓았다. 은규가 다니는 매헌초등학교 2학년의 학교 숙제였던 모양인데 사진 속의 양식에는 제목이 '세상에서 가장 소중한 나'였고, 6개의 질문에 은규가 답한 것이었다. 첫째 질문은 '가장 잘하는 놀이?'였고, 은규의 답은 '보드게

임'이었다. 두 번째 물은 것은 '가장 잘하는 노래?'였는데 은규는 '다이너마이트'라 적었다. 순간 시도 때도 없이 방탄소년단의 '다이너마이트'를 흥얼거리더니 역시 제일 좋아하는 노래구나 싶었다. 세 번째 질문은 '가장 잘하는 운동?'이었고, 은규의 답은 '줄넘기'였다. 유치원에 다닐 때 열심히 한 덕분에 이단 뛰기를 삼사십 개씩 하는 실력이니까 그럴 만하다 싶었다.

다음은 '가장 자신 있는 공부?'를 묻고 있었다. 그런데 은규는 내 예상과 달리 '역사, 과학'을 적었다. 영어유치원을 졸업한 데다 계속 영어 공부를 하고, 영어를 곧잘 하여 칭찬을 많이 듣는 편이라 가장 자신 있는 공부는 '영어'일 줄 알았는데 역사와 과학이란다. 한 달 전쯤 교보문고에 갔던 길에 「용 선생 만화 한국사」 제1권(우리 역사의 시작)을 사줬더니 하루 만에 다 읽었을 뿐 아니라 벌써 8권까지 읽고, 지금은 제9권(조선시대 Ⅲ)을 읽으면서 수시로 역사 퀴즈를 내곤 하더니 우리 역사의 재미에 푹 빠진 모양이었다.

다섯 번째 물음은 '닮고 싶은 사람?'이었다. 그런데 은규는 '할아버지'라고 적었다. 할아버지… 나 자신을 가만가만 더듬어보았다. 머리가 좋은 것도 아니고… 잘생긴 것도 아니고… 운동, 노래 등등 잘하는 것 하나 없는데… 한참을 생각해보아도 은규가 닮고 싶은 게 무엇인지 궁금하기만 했을 뿐 내게는 있을 것 같지 않았다. 억지로라도 내게 장점을 찾는다면 '꾸준함' 또는 '건강관리를 열심히 하는 것' 정도일 텐데, 삼사십 대라면 몰라도 아홉 살 어린이가 이런 걸 닮고 싶어 할 리는 만무하다 생각하니 더더욱 그랬지만 카톡에 오른 사진을 본 집사람과 딸들은 은규가 할아버지를 닮고 싶어 했다며 감동이란다.

9시 30분쯤이 되자 잠옷차림의 은규가 왔다. 평소엔 한 달에 한두 번 정도 나와 함께 자는 은규인데 3월엔 보름을 같이 자기로 했으니, 로또에 당첨된 기분이다. 은규 어미가 재택근무를 시작한 지지난 월요일부터 열하루째 그러하듯 인형을 껴안은 채 내 옆에 누운 은규의 촉촉한 머릿결에서 풍겨오는 은은한 비누 향이 내 기분까지 상큼하게 만들었다. 불을 끈 다음 따끈따끈한 침대에 누워서 도란도란.

"은규야, BTS 노래 몇 개나 알아?"

"다이너마이트, 작은 것들을 위한 시, 봄날, 세비지 러브, DNA, 라이프 고스 온…"

"은규야, 할아버지는 은규가 가장 자신 있는 공부는 영어인 줄 알았는데 영어가 아니라 왜 역사와 과학이야?"

"영어도 좋아하지만, 역사가 더 재미있어요."

"근데 은규야, 가장 닮고 싶은 사람을 할아버지라고 했던데, 나는 외할아버지니까 중곡동 친할아버지를 말하는 거지?"

그러자 은규는 손가락으로 나를 가리키며 말했다.

"노노, 당신!"

"뭐? 나를 닮고 싶다고… 뭘 닮고 싶은데?"

"할아버지는 무엇이든 잘 만드시잖아요."

한 번씩 종이박스, 블록 등으로 돌림판 등의 장난감을 만들어

주고, 얼마 전에는 고무호스와 플라스틱 등으로 구슬이 또르르 내려가는 놀이기구를 만들어주었더니 외손자 은규는 외할아버지를 닮고 싶다고 할 만큼 후한 점수를 주고 있었다.

조잘조잘거리던 옆자리가 조용해졌다. 은규가 그새 잠이 든 것이다. 꿈을 이루기 위해 할 일을 묻는 마지막 질문에 '건강하고 바르게 자라기'라고 멋진 답을 쓴 은규가 너무너무 대견했다. 멋진 답처럼 건강하고 바르게 자라길 기도하는 마음을 담아 한참 동안 토닥이자, 은규는 시원하다는 듯 살짝 미소 짓고… 거실로 나와서는 집사람에게 은규와 나누었던 이야기를 들려주자, 집사람이 말했다.

"당신은 성공한 삶이네요."

"성공한 삶?"

"그럼요. 외손자가 가장 닮고 싶은 사람이 외할아버지라니 얼마나 잘 살았어요."

집사람의 말이 맞다 싶었다. 이만하면 정말 행복한 삶이 틀림없다 싶었다. 세상 사람들이 부러워하는 부와 명예를 거머쥐었지만, 병원에서 여생을 보내는 사람들도 있고, 한때는 권력의 정점에서 권세를 누렸지만, 영어의 몸이 되어 말년을 보내시는 분들이 어디 한둘이던가. 이웃에 손 벌리지 않아도 되는 형편으로 딸네들과 함께 살 듯 이웃하여 살면서, 율곡 등 조선시대의 적지 않은 훌륭한 인물들이 외가에서 자랐음을 들려주며 밤낮없이 외손주들과 사랑을 주고받을 수 있으니 얼마나 행복한 삶인가 싶었다. 하고 싶은 취미활동이라면 웬만큼은 할 수 있는 데다 두 달에 한 번씩, 그때마다 400㎖씩 헌혈을 해도 끄떡없을 정도로 건강을 잘 유지하고 있으니, 지금의 삶과 행복에 늘 감사하는 마음으로 살리라 마음먹었다. 더 이상을 바라는 마음이 꿈틀거린다면 그것은 과욕으로 여기곤 내동댕이치리라 다짐했다.

내 외손자 정원준은 축구를 엄청 좋아한다. 국내의 K리그뿐 아니라 영국의 프리미어리그, 스페인의 라리가, 이탈리아의 세리아 A, 독일의 분데스리가 등에서 빅매치 경기가 있는 날이면 TV 중계라도 시청해야 직성이 풀릴 만큼 축구를 좋아한다. 하지만 좋아하는 것만큼 축구를 잘하는 것 같지는 않다. 코로나가 기승을 부리기 전에는 한동안 주위에서 제법 이름난 축구교실에 다녔었고, 요즘도 서초구 체육회에서 진행하는 축구교실에 월요일과 수요일 매주 두 차례씩 참가하고 있지만 집 앞 공원의 축구장에서 훈련 받는 모습을 한 번씩 보고 있노라면, 우리 원준이가 외할아버지인 나를 닮아 운동에 별 소질이 없구나 싶어진다. 그렇지만 축구 이론이라든지 K리그 각 팀의 선수 구성 및 선수들의 특기와 전술 등은 물론 수시로 변하는 각국의 FIFA 랭킹, 주요 팀과 유명 선수들의 성적에 대해서는 모르는 게 없는 박사다.

해가 바뀌어 무슨 선물을 원하는지 물으면 몇 년째 원준이의 답은 한결같이 축구와 관련된 책이었다. 올 봄방학 때도 3월부터 5학년이 되면 나랑 공부할 때 필요한 문제 풀이 등을 사기 위해 교보문고에 데려갔을 때였다. 필요한 각 과목의 문제집 선택이 끝나자마자 원준이는 기다렸다는 듯이 스포츠 코너에 가서는 축구 관련 책들을 다 읽기라도 하겠다는 듯이 바쁘게 움직이길래 이러다 축구책을 다 사달라면 어쩌나 했었는데 '2021 K리그 스카우팅 리포트' 한 권으로 끝나 얼마나 다행이었던가…

어제저녁이었다. 오후 7시 반쯤 아래층에 사는 원준이가 올라왔다. 그런데 평소와는 다르게 머리는 좀 젖은 데다 잠옷 차림이었다. 저녁에도 한 번씩 올라오긴 하지만 이런 모습은 아닌데 싶어 웬일인지 물었더니 원준이의 대답은 이랬다. 저녁식사 후 샤워까지 했단다. 8시부터 TV로 생중계하는 우리나라 올림픽 대표팀과 가나 대표팀의 친선 축구 경기를 본 다음 할아버지랑 함께 자려고 왔다며 TV를 켰다. 그리고 새벽 4시에는 유로 2020 독일-프랑스 축구 경기도 볼 거란다.

원준이랑 소파에 나란히 앉아 올림픽 대표팀과 가나 축구 경기의 전반전까지 시청한 후 내가 일어서면서 말했다.
"원준아, 축구 보고 있어라. 할아버지는 공원에 가서 평행봉이랑 철봉 좀 하고 올게."

그러자 집사람이 대신 대답했다.

"걱정하지 말고 운동하고 오세요. 내가 원준이 옆에서 축구 같이 볼게요."

한 시간 반쯤 운동했을까? 10시 조금 넘어 집에 들어왔더니 집안이 조용했다. 집사람이 거실로 나오면서 알려주었다. 한국이 2 : 0으로 이겼단다. 원준이는 한국 승리에 기분 좋게 서재의 침대로 가면서 새벽 3시 45분에 깨워달라고 했단다. 프랑스-독일의 축구 경기의 시작 시각은 4시지만 출전 선수와 예상 전술, 승패 예상 등의 해설을 들으려면 10분 이상은 미리 TV를 봐야 한다며 알람을 3시 45분에 맞춰 꼭 3시 45분에 깨워달라고 신신당부했단다. 원준이는 내가 옆에 누워 꼭 껴안아도 모를 만큼 깊은 잠에 빠져 있었다.

폰의 알람을 3시 44분에 설정한 후 원준이 옆에 누웠다. 얼마나 잤을까? 원준이가 일어나는 것 같았다.

"소변 보고 싶어?"

"네."

"조심해서 다녀와."

"..."

그런데 원준이는 한참을 기다려도 오지 않고 거실 쪽에서 무슨 소리가 들리는 것 같았다. 무슨 일인가 싶어 나갔더니 집사람과 원준이가 소파에 앉아 있고, TV 화면은 밝았다. 벽시계를 바라봤더니 시침은 숫자 3에, 분침은 숫자 8에 있었다. 알람도 안 울렸는데 웬일인가 싶어 집사람에게 물었다.

"축구 보러 일어난 거야?"

"응, 원준이 심심할까 봐 같이 보려고."

나도 같이 볼까 싶어 원준이 옆에 앉았지만 오래지 않아 포기하고 말았으니…

6시가 다 되어 다시 거실로 나가 원준이 옆에서 앉았더니 10분도 되지 않아 휘슬이 울리고 프랑스 1 : 0 승리.

"원준아, 6시 30분이 공부 시간인데 30분만 자고 할아버지랑 공부하는 거 어때?"

그러자 원준이는 은규랑 세은이처럼 노래로 대답했다.

"싫은데 내가 왜? 100만 원 주면 생각해보지."

"그래 100만 원 줄 테니 공부합시다."

"할아버지, 졸려요. 내려가서 잘래요."

"그래 원준아, 오늘은 공부 대신 잠이나 더 주무세요."

나도 한때는 축구를 무척 좋아했었는데…

1994년 미국 월드컵 때는 마침 내가 뉴욕에서 연수를 받고 있던 때라 동포들과 함께 보스턴까지 가서 우리나라와 독일 경기를 직접 관람했었는데… 한일 공동으로 개최한 2002년 월드컵 때는 나도 목이 터져라 응원했는데… 그 시절의 열정은 다 어디로 사라졌을까? 활활 타오르고 있는 원준이의 축구 열정이 부럽다. 코로나 팬데믹에 닫힌 우리나라 K리그의 문이 활짝 열리면 원준이를 데리고 경기장에 가봐야겠다. TV 화면 대신 선수들을 직접 보면서 신나게 응원하는 원준이 모습은 생각만으로도 행복이다. 오늘은 축구를 좋아하는 외손자 정원준 덕분에 행복이 해님보다 먼저 찾아온 날이다.

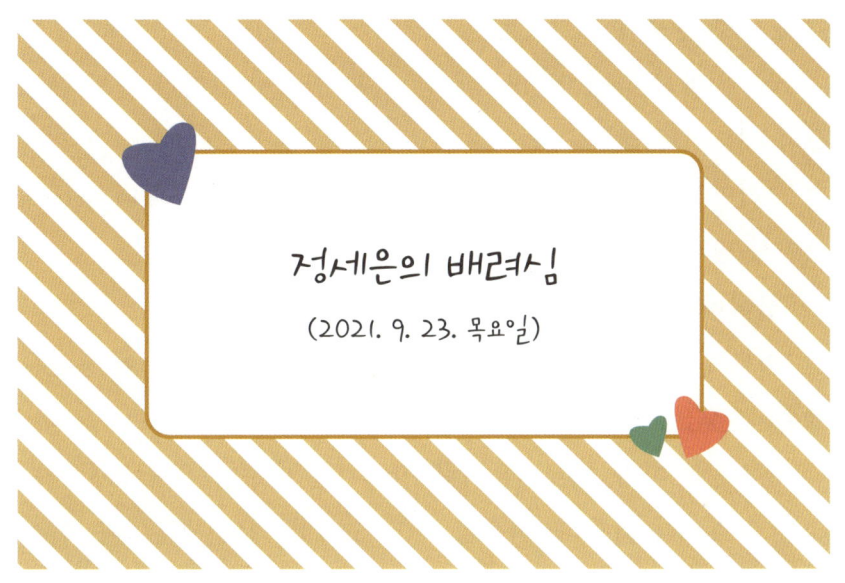

정세은의 배려심
(2021. 9. 23. 목요일)

거실에서 인기척이 느껴진다 싶더니 세은이가 방문을 열면서 말했다.

"할아버지, 문구점 가요."

"어, 세은이 왔구나. 어린이집 잘 다녀왔어?"

추석 전날 올라와서는 온갖 귀염 부리는 모습이 뭔가 필요한 게 있구나 싶어 물었더니 말이 떨어지기 무섭게 문구점에 가서 '말랑이'를 사달라고 하길래 추석 연휴에는 문구점이 문을 닫으니까 연휴 끝나면 가자고 했었더니 오늘을 기다렸다는 듯이 어린이집에서 돌아오자마자 올라온 모양이었다.

"그런데 어쩌지 세은아? 곧 6시라 할아버지는 은규 오빠 데리러 '주니어 영어학원'에 가야 하는데… 세은아! 집에 내려가서 저녁 먹고 있어. 그러면 은규 오빠 데리고 오면 7시 조금 넘으니까 그때 나랑 문구점 가서 말랑이 사자."

"싫어, 점심 늦게 먹어서 배 안 고파. 할아버지 따라 나도 은규 오빠 데리러 갈래."

그러면서 호주머니에서 500원짜리 동전 하나를 꺼내더니 내게 주면서 말했다.

"할아버지, '말랑이' 살 때 보태세요."

"와! 세은이 최고다. 근데 괜찮아. 할아버지 돈 많아. 이 동전은 세은이 저금통에 넣어."

막무가내 따라나선 세은이랑 이야기를 나누며 은규에게 가는 길은 평소보다 짧았다. 여유를 두고 도착한 덕에 세은이와 '다이소' 등에서 30여 분을 보낸 후 은규를 픽업했다. 뒷자리에 앉아 도란도란 이야기를 나누는 두 아이의 모습이 너무 사랑스러워 몇 번이나 끼어들기를 시도했지만…

아파트에 도착해 지하 주차장에 차를 파킹한 다음 은규에게 말했다.

"은규야, 할아버지는 세은이랑 문구점에 다녀올 테니 은규는 올라가서 할머니랑 저녁 먹고 있어."

"저도 문구점 갈래요. 저는 아무것도 안 사도 돼요. 세은이 사는 거 구경만 할게요."

혹시 문을 닫았을지 모른다는 내 말에 날다시피 뛰고 걷는 두 아이를 따라 문구점에 도착. 세은이는 두 눈에 반짝반짝 빛을 발하면서 장난감 코너에 가더니 이것을 들었다 놓고, 저것을 들었다 놓고 하느라 정신이 없는데도 혼자서 이곳저곳을 다니며 구경하던 은규가 내게 와서 키를 낮추라더니 귓속말했다.

"할아버지, 친구한테 주고 싶은 게 있는데 한 개만 사면 안 돼요?"

"뭘 사고 싶은데?"

"포켓몬 카드."

"누구 주려고?"

"지우, 오지우."

"지난번에도 지우한테 포켓몬 카드 선물했잖아? 또 사주고 싶어?"

"네, 새로운 카드가 나왔으니까요."

"근데, 은규는 왜 남자 친구한테만 선물해? 여자 친구한테 인기 좋더구먼 여자 친구들한테도 하지…"

문구점을 나서는 세은이와 은규는 신이 났다. 세 종류의 '말랑이'를 산 세은이가 손이 작아 다 들 수 없다며 내게 한 가지를 맡기길래 내가 말했다.

"세은아! 할아버지는 약속 지켰다. 세은이도 앞으로 약속 잘 지켜야 해. 알았지?"

"네, 그런데 할아버지, 제가 뭐로 보답할까요?"

"보답이라니? 세은이가 할아버지, 할머니 말씀 잘 듣고 건강하게 자라면 돼."

그러자 세은이는 폴짝폴짝 뛰면서 말했다.

"그래도 보답해야 해요. 그럼 사랑으로 보답할게요."

세은이의 말이 재미있어 은규에게 물었다.

"은규야, 세은이는 '말랑이' 3개 사줬다고 사랑으로 보답한다는데, 은규는 '포켓몬 카드' 3팩이니 뭘로 보답할래?"

"할아버지 소원요. 소원이 뭐예요?"

"난 소원이 없는데…"

"소원 없는 사람이 어디 있어요. 말씀해보세요."

"그럼, 은규가 밥 잘 먹는 거야."

"알았어요. 밥 잘 먹으면 되죠."

"…"

한가위의 행복이 하루 더 머문 날이었다.

나는야 행복한 할배
(2022. 4. 28. 목요일)

　공원 벤치에 앉아 학교 쪽을 바라보고 있었다. 2시 30분쯤 되었을까? 은규가 두 팔을 벌린 채 뛰어와 나를 꼭 껴안았다. 책가방은 벗겨 내가 멘 뒤 은규 손을 꼭 잡은 채 점심 메뉴, 비비추와 옥잠화의 차이 등을 이야기하면서 공원을 걸었다. "할머니!"라고 큰소리로 외치며 집에 들어서자마자 은규가 마스크를 벗어 던지곤 노래와 춤으로 집사람의 혼을 쏙 빼고 있을 때 나는 혹시 숙제라도 있는지, 내일 챙겨갈 준비물은 무엇인지를 확인하고 싶어 은규의 책가방을 열고 '알림장' 노트를 읽은 후 '주제별 글쓰기'란 노트가 눈에 띄어 펼쳤더니 바로 전날 쓴 글이 있고, 그 아래에는 담임선생님께서 남긴 메모가 있었다.

내가 닮고 싶은 사람

내가 닮고 싶은 사람은 우리 할아버지입니다. 할아버지는 가족이나 친구를 항상 아껴주십니다. 우리를 위해서는 무엇이든 해주시고, 수학 같은 과목은 잘 가르쳐 주십니다. 그림도 잘 그리십니다. 할아버지는 재미있는 이야기를 많이 해주십니다. 할아버지는 원준이 형, 나, 세은이가 태어났을 때 정말 기뻐하셨다고 합니다. 저는 할아버지를 존경해요. 엄마, 아빠, 친척들처럼요. 할아버지가 없었으면 전 맨날 심심하고 지루한 날만 계속되었을 겁니다. 할아버지! 고마워요! 행복해요! 사랑해요!

선생님의 메모

할아버지께서 이 일기를 읽으시면 정말 기쁘시겠다!! 은규의 사랑이 묻어나는 감동적인 일기야♡ 멋진 할아버지를 닮아가는 우리 은규는 점점 더 멋지겠지?

며칠 전이었다. 학교에서 돌아온 은규가 글쓰기 숙제가 있다고 했다. 글쓰기의 주제가 '내가 닮고 싶은 사람'이라고 하길래 나는 말했다.

"은규는 위인전이랑 한국사, 삼국지, 세계사 만화책을 많이 읽었으니까 세종대왕, 이순신 장군, 안중근 의사 또는 에디슨, 아인슈타인 등 세계적인 발명가나 은규가 좋아하는 BTS 멤버들 중에서 가장 닮고 싶은 사람을 골라 쓰면 되겠네."

그런데도 은규는 할아버지인 나를 닮고 싶다는 글을 썼다. 번듯하게 내세울 것 하나 없는 나를 닮고 싶단다. 갑자기 뭉게구름 한 아름을 안은 기분이었다.

지난 주말 강원도 횡성에 다녀오던 날이 떠올랐다. 내가 운전하고 내 옆자리엔 집사람, 뒷좌석에는 은규와 세은이가 앉아 있었다. 제2영동고속도로를 한창 달리고 있을 때였다. 차 안에서 핸드폰을 너무 많이 본다 싶어 집사람이 은규에게 몇 차례나 폰을 돌려달라고 했지만, 소용이 없었다. 집사람이 언성을 높여 잔소리(?)를 해대자, 은규는 토라진 목소리로 말했다.

"할머니! 할아버지 좀 닮으세요."

"…"

은규가 살며시 앞자리로 손을 내밀어 할머니 손을 꼭 잡았다. 집에 도착해 내가 은규에게 물었다.

"은규야, 할머니에게 할아버지 좀 닮으라고 하던데 뭘 닮으면 좋겠어?"

"할아버지는 제 말을 다 들어주고, 항상 느긋하신데 할머니는 급해서 내 말을 잘 끊고, 같은 말을 너무 많이 해요."

일주일에 3~4일은 싱글 침대에서 나와 함께 자는 은규. 오늘은 저녁을 먹은 다음 오목 몇 판을 둔 후 샤워를 마친 은규와 나란히 침대에 누워 이야기를 나누었다.

"은규야, 왜 할아버지를 닮고 싶다는 글을 썼어?"

"할아버지를 존경하니까요?"

"할머니는?"

"할머니도 존경해요."

"그럼 은규가 생각하는 할머니의 좋은 점이랑 할아버지의 안 좋은 점은 뭐야?"

"할머니는 발랄하고 웃음이 많아요. 그리고 모르는 사람들과도 이야기를 잘하고 잘 어울리는데, 할아버지는 손자와 가족이나 아는 사람들과는 잘 웃고 재미있게 지내지만, 다른 사람에게는 완전 '허리케인'이에요."

"허리케인이라니 왜?"

"쌩쌩 비바람이 불고 썰렁하잖아요."

"은규 말 듣고 보니 그러네. 그럼 이제 내가 할머니를 좀 닮아야겠다."

"좋아요. 할아버지도 할머니처럼 많이 웃고, 다른 사람들과 잘 어울렸으면 좋겠어요."

세월은 정말 빨랐다. 어두워지면 어깨띠로 가슴에 꼭 품은 채 집 앞 공원의 산책로를 거닐면서 "우리 은규는 지혜롭고 자비로우며, 건강하고 긍정적인 행복한 아기입니다"라고 수십 번씩 속삭이며 토닥거리던 때가 며칠 전이었던 것 같은데… 아빠 직장에 있는 어린이집에 다닐 때 날마다 용산까지 데리러 다니던 때가 그저께 같은데… 유치원에서 돌아오면 수영장 데리고 가기 바빴던 때가, 초등학교 입학하던 때가 바로 어제처럼 느껴지는데 벌써 이렇게 컸나 싶었다. 초등 3학년이지만 대화의 상대로 충분한 은규가 너무 대견스러웠다. 원준, 은규, 세은이와 함께하는 시간이 많은 요즘이 내 70 인생의 황금기이다.

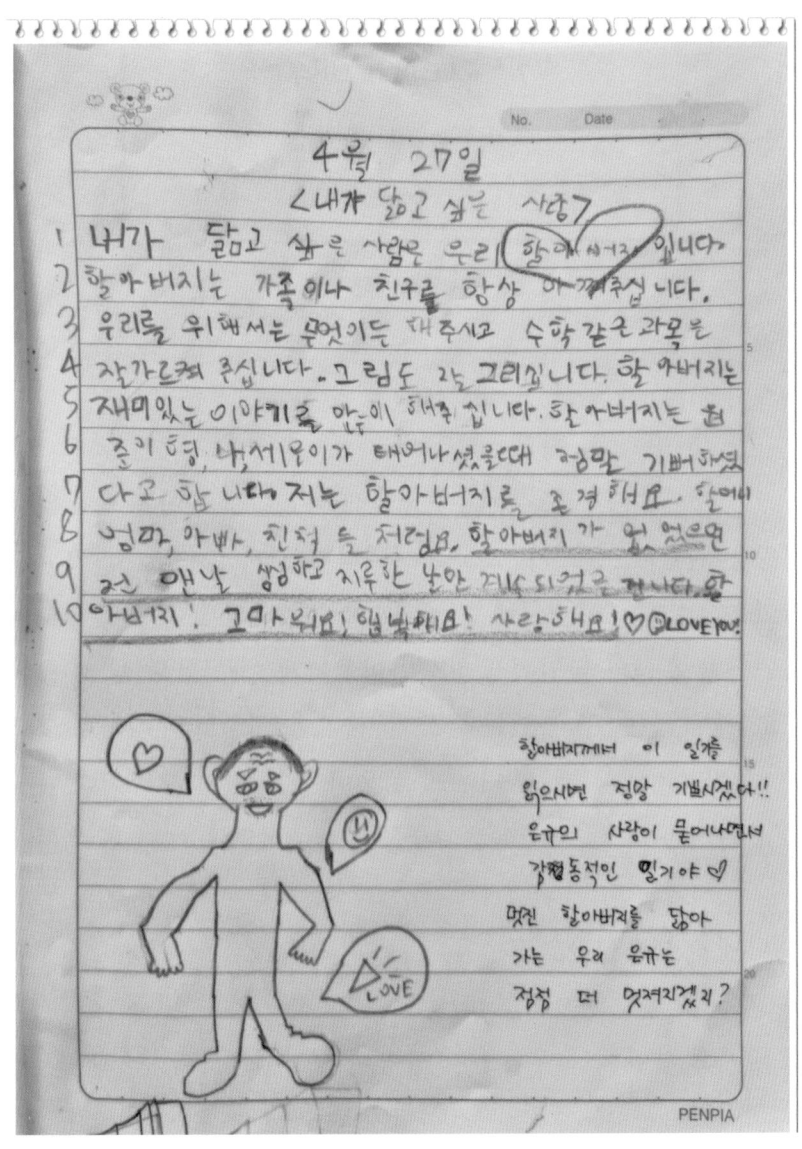

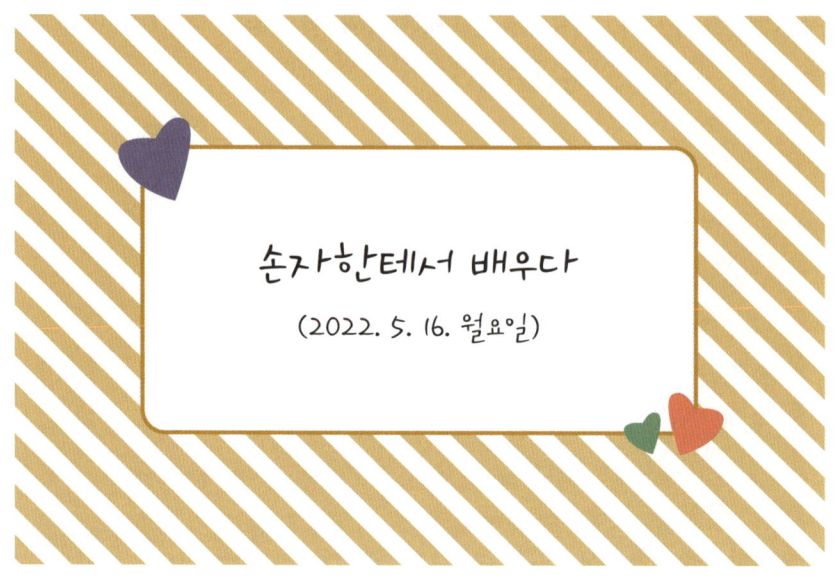

지난주엔 어떤 글을 썼는지 궁금해 학교에서 돌아온 은규의 책가방을 열었다. 글쓰기 노트를 꺼냈더니 읽지 않은 글이 몇 개가 있었는데 그중 5월 7일에 쓴 글의 제목이 나의 눈길을 끌었다. 3학년 3반 은규의 담임선생님은 아이들에게 매주 한 번씩 10줄 정도로 써야 하는 '주제 있는 글쓰기' 숙제를 내주고 계시는데, 지지난 주 글쓰기의 주제는 '나에게 행운이란?'이었던 모양이다. 은규의 글은 이랬다.

나에게 행운이란?

나에게 행운이란 무엇인지 곰곰이 생각해보았다. 난 대한민국에 태어났다는 게 행운인 것 같다. 다른 나라에 태어났으면 훨씬 더 힘들게 살았을 것이다. 그리고 좋은 가족을 만난 것도 행운인 것 같다. 할아버지, 할머니, 엄마, 아빠, 이모, 이모부, 원준이 형, 세은이 등 많은 가족과 함께 사는 게 행운인 것 같다. 그 외에 매헌초에 간 것, 3-3반에 온 것, 담임선생님 만난 것, 좋은 친구들 만난 것 등 나에게 행운이란 것이 너무 많은 것 같다. 나에게 행운은 나의 삶이다.

뒤통수를 한 대 얻어맞은 느낌이었다. 열 살밖에 안 되는 은규가 행운을 이렇게 말하다니… 낼모레면 70이 되는 이 할아버지보다 훨씬 낫다 싶었다. 누군가가 은규 나이 때의 내게 "너에게 행운이란 뭐냐?"라고 물었다면 아마도 나는 '딱지 따먹기', '구슬치기' 등에서 이기는 것, 또는 방학 때마다 시골에 오는 얼굴 하얀 또래 아이들을 떠올리며 '도시에 사는 것'이라 말했을 게 뻔하고, 나이 들어서는 '복권에 당첨되는 것', '남보다 빨리 승진하는 것' 등 물질적인 이득이 따르는 것들만을 행운으로 열거했을 텐데…

은규의 글을 몇 번이나 더 읽었다. 은규의 글을 읽는 내내 머릿속을 떠나지 않는 생각들이 있었다. 많은 재산을 가진 부모를 둔 젊은이들을 부러워하고, 부잣집 사위가 되는 동료를 부러워했던 은행원 초년병 시절뿐 아니라 일류 대학에 들어간 자식을 둔 친구와 좋은 인맥을 자랑하며 승승장구하는 친구들을 부러워하면서 내 처지를 탓하기만 했던 때가 너무 많았던 것 같다. 지금 돌이켜 보면 이십여 년 전의 내 자신이 그렇게 부끄러울 수가 없다.

다행히 육십 줄에 들어서면서 나는 조금씩 조금씩 철들기 시작했던 것 같다. 가난했지만 남다른 가족 사랑과 남들이 부러워한 금슬로 해로하시다 앞서거니 뒤서거니 가신 부모님과 우애 좋은 오 남매의 내 형제들이 큰 福임은 결혼해서 쌍둥이 아빠가 되고서야 알았고, 부모님께서 물려주신 건강한 몸과 맑은 마음은 물론 내가 정년퇴직할 때까지 내조하느라 애쓴 집사람의 변함없는 사랑과 쌍둥이 두 딸이 잘 가꾸고 있는 행복한 가정이야말로 진짜 행운이라는 것도 한 갑자를 보내고서는 알았으니 그 무렵엔 확실히 내가 철들긴 들었던 모양이다. 그리고 어느 누구도 부럽지 않은 지금의 행복은 세 손주의 할아버지가 되고 나서야 시작되었음을 오늘 은규의 글 덕택에 다시 한번 깨닫게 되었으니 이 또한 행운이 아닐까 싶었다. 나를 둘러싸고 있는 하나하나 모두가 행운이고, 이 행운들이 내 행복의 뿌리임을 한 번 더 깨닫는다.

　나이 들어갈수록 친구 한 명 한 명은 더 소중해지고, 만나는 사람 한 사람 한 사람 모두가 더 고마워진다. 행운을 깨닫는 마음도 以心傳心(이심전심)이 될까? 갑자기 열 살짜리 은규가 스승처럼 느껴졌다. 곧 칠십이 되는 할비가 손주로부터 배운 것 같은데도 기분이 좋았다. 은규에게 행운에 대해 생각하는 숙제를 내주신 선생님께 감사 인사라도 드리고 싶었다.

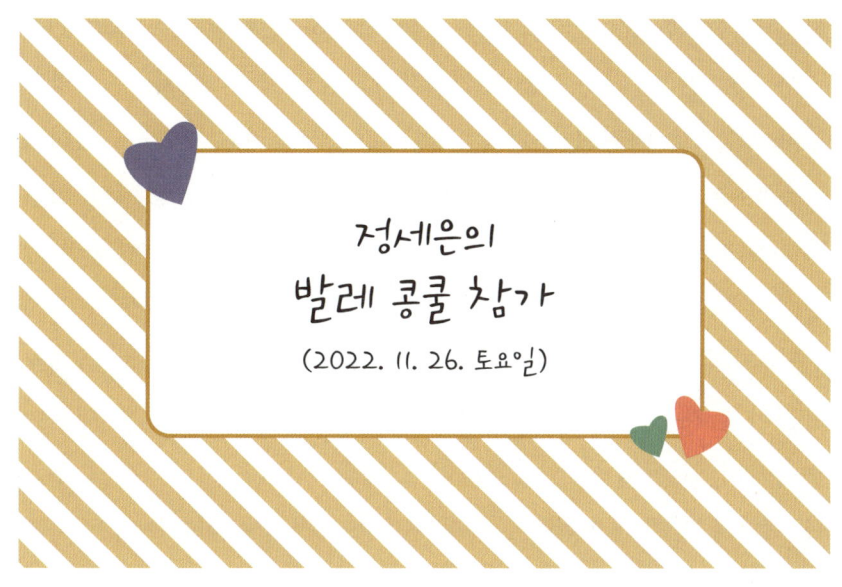

우리 세은이가 참가 신청한 발레 콩쿠르대회가 열리는 날. 양천구 목동에 있는 로운 아트홀에서 오후 2시 40분쯤 세은이의 공연이 시작된다고… 미리 도착해 분장(?) 등을 준비해야 하는 세은이는 정오를 조금 넘어 아빠가 운전하는 승용차로 엄마와 함께 대회장으로 출발했다. 하지만 나는 미리 갈 필요가 없다 싶어 카카오내비 앱으로 공연장까지의 소요 시간을 확인했더니 약 45분으로 나오길래 1시간 10분이면 충분하겠다고 생각하곤 집사람과 원준이를 태워 1시 30분에 출발했다.

경부고속도로와 올림픽대로에 정체가 좀 있었지만, 예상 소요 시간보다 5분밖에 늦지 않은 2시 20분쯤 로운 아트홀 입구에 도착해 집사람과 원준이를 내려주면서 2층 공연장에 먼저 들어가 있으면 주차한 후 올라가겠다고 하곤 지하 주차장으로 내려갔다. 지하 1층 만차, 지하 2층 만차, 지하 3층도 역시 만차, 마지막인 지하 4층으로 내려갈 수밖에 없었다. 아뿔싸! 이럴 수가… 지하 4층은 이중 주차 등 더 엉망이었다. 빙빙 몇 바퀴나 돌았지만 비집고 들어갈 틈이 전혀 없었다. 한 건물에 예식홀까지 있어 주말 결혼식의 하객 차량과 아트홀 공연에 온 차들로 지하 1층부터 지하 4층까지의 넓은 지하 주차장이 가득 차 버린 것이다. 나는 나대로 마음이 급해 죽겠는데 집사람이 전화를 해서는 "이제 곧 세은이 순서인데 왜 아직 안 와요?"라며 조바심을 냈다. 지하 4층의 주차를 포기하고 지하 3층으로 올라가려고 서서히 움직이는데 주차되어 있던 한 승용차의 헤드라이트가 켜지고 시동 걸린 소리가 들려왔다. 그 차가 빠져나간 자리에 잽싸게 주차한 후 엘리베이터로 올라갔더니 나를 본 집사람이 다가와서 손가락으로 한쪽을 가리키며 말했다.

"세은이 저기 있어요."
"다행이다. 아직 시작 안 했구나."
"아니, 다 끝나고 탈의실에서 엄마 아빠랑 사진 찍고 있어."
"…"

많은 관중 앞에 처음 선 우리 세은이가 크게 긴장하지 않고 별 실수 없이 잘했단다. 우리 집에 와서도 수시로 두 손을 들며 한 다리를 올리는 등 연습을 열심히 하더니 역시 세은이다 싶었다.

내가 탈의실에 들어서자, 세은이는 달려와 나를 꼭 안으며 왜 이제야 오느냐는 듯이 눈꼬리를 높였다. 몰라보게 분장한 모습이 조금은 생경했지만, 한없이 사랑스럽고 자랑스러운 세은이였다.

'제60회 전국무용예능 실기대회'란다. 전국 대회라 그런지 참가자가 무척 많은 듯했다. 그리고 붐비는 인파를 보고서야 주차장에 빈자리가 없는 이유를 알았다. 세은이 한 명에 우리 가족 다섯이 온 것처럼 다른 참가자 가족들도 우리만큼 극성이구나 싶었다.

네 살인가? 다섯 살인가? 어린이집에 다닐 때 시작했으니 4년 아니면 5년째 발레를 배우고 있는 우리 세은이가 대단하다. 학원 수업 중의 모습을 몇 번 보면서 다른 아이들보다 잘한다 싶긴 했다만 처음 참가한 대회에서 이렇게 잘할 줄이야… 같이 시작했던 또래 친구들은 모두가 그만두었지만, 우리 세은이의 발레 열정은 조금도 식지 않은 데다 나를 닮아서일까? 끈질김마저 남다르니 '발레리나'라는 꿈을 이룰 수 있겠다 싶었다.

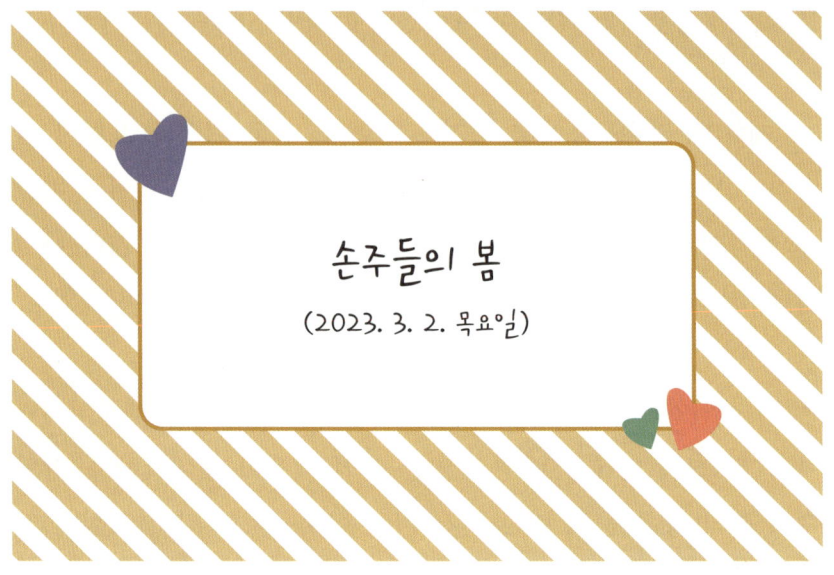

손주들의 봄
(2023. 3. 2. 목요일)

　내 손주들에게도 봄이 왔다. 겨우내 오들오들 떨고 있던 명자나무가 어느새 참새 혓바닥만 한 꽃망울을 내밀고 있는 아침. 명자나무가 새봄을 맞이하듯 우리 원준과 은규, 세은이가 약 보름간의 봄방학을 마치고 새 학년을 맞는 날이다. 들뜬 기분의 초등 2학년이 되는 세은이와 초등 4학년이 되는 은규는 둘이서 등교할 테니 나더러 따라오지 말라고 했다. 하지만 오늘은 신학년 첫 등교일인 데다 봄방학 전날 수령해 집에 보관하고 있었던 교과서들을 교실 사물함에 보관하기 위해 몽땅 담은 탓에 책가방이 꽤 무거워 내가 양쪽 어깨에 책가방 하나씩을 메고 교문까지 데려다주었다. 비록 100미터밖에 안 되는 짧은 길이지만 양손에 손주들의 손을 잡고 걷는 즐거움, 하루도 놓치고 싶지 않은 행복이기에 포기하기 싫었다.

평소보다 30분은 일찍 운동을 끝냈는데도 마음이 급했다. 물만 끼얹어 샤워를 서둘러 마치고 헬스장을 나왔더니 13시 45분. 300여 미터를 뛰듯 종종걸음으로 도착한 언남중학교 교정을 지나 들어선 체육관. 먼저 도착해 이제나 저제나 하고 기다리던 원준 어미가 나를 먼저 보고 번쩍 손을 들었다. 오늘은 우리 정원준이 중학생 되는 날이다. 은규와 세은이가 초등생이 되었던 지난 3년 동안은 코로나 팬데믹으로 인해 입학식을 건너뛰는 바람에 입학식 날의 늠름한 모습을 보지 못해 무척 서운했었는데 중학생이 되는 원준이의 올 입학식은 3년 만에 열리는 대면 입학식이라 너무 다행이다. 그래서일까? 넓은 대강당에는 많은 학부모가 참석해 있었다.

넓은 강당을 가득 메우도록 준비된 의자엔 빈자리가 없었다. 정말 입학식다운 입학식이었다. 활기가 넘쳤다. 앞자리에 마련된 의자에 신입생들이 앉아 있어 1반부터 6반까지의 팻말을 따라 아이들의 뒷모습을 찬찬히 살펴보았으나 모두가 똑같은 교복을 입고 있어 그놈이 그놈 같은 데다 좀 떨어진 거리라 원준이를 찾을 수 없었다. 하지만 저 늠름한 입학생들 속에 우리 원준이가 있다고 생각하니 괜히 가슴이 뭉클했다. 개식사에 이어 국민의례, 학사보고, 학교장 환영사 등등… 원준이가 교실에 들어가 앉은 모습까지…

세은이가 하교해 우리 집으로 올라왔다.
"우리 세은이 학교 잘 다녀왔어?"

"네, 할아버지."

"세은이 2학년 된 기분 어땠어? 3가지만 이야기해 줄래?"

"새로운 친구가 많이 생겨 좋아요. 그리고 동생들이 생겨 좋고요. 또 새로운 선생님을 만나 좋아요."

"그럼, 우리 세은이가 2학년이 되었으니 하고 싶은 것이나, 각오 또는 목표 같은 건 뭐야? 이것도 세 가지…"

"가족들과 여행 많이 가는 것, 일찍 자고 일찍 일어나는 것, 구구단 다 외우는 것, 할아버지랑 재미있게 노는 것."

세은이와 함께 하교한 은규에게 물었다.

"은규야! 우리 은규는 4학년이 된 소감이 뭐야?"

"꼭 말해야 해요?"

"은규가 이제 고학년이 되었으니 말해주면 할아버지는 엄청 좋지. 소감이 뭔지 말해줘."

"지금은 3학년 때랑 다른 게 없는 것 같아요. 꼭 있다면 세은이한테 영어랑 수학을 가르치고 싶다는…"

"그럼 올해 하고 싶은 것이나 목표는?"

"1. 키가 135cm 되는 것, 2. 해외여행 가는 것, 3. 할아버지랑 수학 공부 열심히 하는 것, 네 번째도 있지만 비밀."

"은규야, 은규 아빠도 초등 6학년까지는 키가 작았지만, 중학생 때부터 많이 커서 지금의 큰 키가 되었대. 아빠 닮은 은규도 아빠처럼 5~6학년 아니면, 중학생 때 틀림없이 부쩍 클 테니 걱정 안 해도 돼. 그리고 은규 비밀은 내가 알지만 나도 비밀."

입학식을 마치고 집에 돌아와 있다가 나랑 수학 공부를 하기 위해 올라온 원준이에게도 똑같은 질문을 했다.

"원준아, 중학생 된 느낌이나 소감이 어때?"

"우리 반 남자아이 중 한 명만 빼곤 다 매헌초등 때 친구들이에요. 공부는 좀 어려운 것 같고, 수업 시간이 길어요."

"그렇지만 원준이는 이젠 어린이가 아니라 청소년이니까 무엇이든 다 잘할 거야. 하고 싶은 것이나 목표는?"

"할아버지랑 수학 공부 더 열심히 하고, 한마음선원에서 마음 공부 열심히 하는 거예요."

"근데 할아버지도 중학 수학은 너무 어려워 못 가르치겠던데 어쩌지? 원준이 수학 학원 보내줄까?"

"아니요. 지금처럼 할아버지랑 수학 공부하는 게 제일 좋아요. 학원 가기 싫어요."

"그래, 그럼 하는 데까지 해보자. 정 안 되겠으면 내가 수학 학원 다니며 배워와서 가르치든지…"

이렇게 꽃나무는 꽃나무대로, 자연은 자연대로 만물이 새봄이 되면 나름대로 역할을 하고, 한 학년씩 올라간 세은이와 은규는 세은이와 은규대로, 상급학교 학생이 된 원준이는 원준이대로 하고 싶은 일과 목표를 쏟아내는 걸 들으면서 '70대에 들어선 나에게 봄이란 어떤 것일까?', '꽃들이 만발하는 계절 새봄인데 내게 달라지는 것은 무엇이 있을까?'를 곰곰이 생각해보지만 새로 돋을 연둣빛 새싹은커녕 새롭게 칠할 연두색 색연필조차 없는 듯했다. 그래서 나는 올봄에도 두 손을 모았다. 올 한 해도 지금처럼 손주들과 수시로 뒹굴면서 맘껏 사랑을 표현하는 건강한 할아버지이기를… 손주들이 하고 싶은 것을 할 수 있도록 도와주는 마음이 여유로운 할아버지이기를… 손주들이 목표를 이룰 수 있도록 격려하고 응원하는 할아버지이기를… 틈틈이 집사람과 산천을 쏘아 다닐 수 있기를… 지금의 친구를 한 명도 잃지 않는 행복한 한 해가 되기를 빌었다.

원준이가 가지고 온 입학식 식순을 받아보았더니 인구절벽 시대가 실감 났다. 농촌이 소멸하고 있다는 신문 기사야 오래전부터 접했고, 역사가 100년에 가깝고, 한때 전교생이 700여 명에 달했던 내 고향의 초등학교가 학생이 없어 10여 년 전에 폐교한 것을 보고는 이런 인구절벽은 농촌의 문제로만 여겼는데 그게 아니었다. 우리 원준이가 입학한 언남중학교도 35년 전 개교 연도의 입학생은 무려 745명이었는데 올 입학생은 겨우 122명이다. 그 시절에 비해 623명이 줄어 1/5 수준이다. 인근에 몇 중학교가 새로 생겨 학생들이 분산된 탓도 없지 않겠지만 들어선 건물들을 보자면 가구 수는 훨씬 늘었을 텐데 오히려 학생 수는 1/5로 준 것이다. 이러다 정말 서울도 없어지고, 우리나라가 없어지면 어쩌나… 두려웠다.

은규의 여름방학
(2023. 8. 26. 토요일)

지난 8월 17일의 일이다. 여름방학이 끝난 은규와 세은이가 나란히 학교로 향했다. 7월 21일부터 방학이 시작되었으니 채 한 달도 되지 않았는데… 게다가 방학이라 한들 조금은 늦게 가도 괜찮은 것을 제외하고는 방학 기간 내내 평소와 거의 다름없이 돌봄교실에 다니느라 날마다 가방을 메고 아파트를 나서는 은규와 세은이의 모습을 보아서 그런지 오늘의 2학기 첫 등교가 대견스럽기보다는 살짝 안쓰러움이…

옆에서 지켜본 은규의 여름방학을 되돌아본다. 문득 한 갑자 전쯤 내가 은규 나이였던 날들이 주마등처럼 스친다. 종강식이 끝나기 무섭게 집으로 달려가서는 책 보따리를 마루에 집어 던지곤 냇가로 뜀박질했던 그때는 여름방학이 하루처럼 느껴졌었는데…

여름방학 내내 눈만 뜨면 삽짝 밖으로 나가 동무들과 눈 오는 날의 강아지처럼 온 동네를 뛰어다닌 추억, 낙동강의 지류로 '동창천'이란 호적 이름이 있지만 내 고향 출향민들에겐 '산반내'란 이름이 훨씬 정겹고 익숙한 냇물에서 하루 종일 멱을 감고 물고기를 잡느라 어둑어둑해져서야 귀가하는 탓에 부모님으로부터 혼나기 일쑤였는데…

그리고 몇 또래들과는 칠흑 같은 어둠을 뚫고 강 건너 수박밭으로 숨어들어 수박과 참외를 실컷 훔쳐 먹은 수박 서리의 기억(?). 5학년 여름방학 때였던가? 6학년 여름방학 때였던가? 장마 끝난 지 며칠밖에 안 된 하루는 몇 친구들과 함께 비뚤어진 영웅심리에 젖어 부쩍 넓어지고 물살마저 세진 산반내를 헤엄쳐 건너다가 요단강까지 건널 뻔했던, 지금 생각해도 아찔한 추억. 식물채집이랑 곤충채집은 방학 때마다 늘 방학 시작과 함께 재빨리 했으면서도 방학 책과 일기 쓰기는 방학 끝날 무렵에야 겨우 후다닥 한꺼번에 했었던 추억 등등… 그때는 여름방학이 한 달 보름도 넘었지만 언제나 짧게만 여겨졌었는데 이번 손주들의 여름방학은 채 한 달도 안 되었으니 너무 짧다는 생각과 함께 작년까지만 해도 이처럼 짧지는 않았으니, 역대급의 짧은 여름방학이다 싶었다.

이처럼 짧은 방학이었지만 내 손주들에겐 무척 알찬 날들이었던 것 같다. 중학생이 되어 첫 방학을 맞은 원준이는 강원도 횡성으로 한마음선원 학생부 수련회를 다녀오는 등 마음공부도 열심히 하고, 수학 등 학업도 무척 열심히 하면서 유별스레 뜨거웠던 날까지 친구들과 서로 축구뿐 아니라 롯데월드, 야외 수영장에서 우정을 쌓느라 웃으면 하얀 이만 돋보일 만큼 얼굴을 새카맣게 태웠다.

초등 2학년인 우리 세은이에게도 알찬 여름방학이었다. 방학 내내 돌봄교실에 다니면서 피아노, 음악 줄넘기 등 두 과목의 방과 후 수업과 월, 수, 금요일엔 은규 오빠와 함께 수영을 다녔으니 몸도 튼튼, 마음도 튼튼해진 방학이었다. 다만 아쉬운 게 있다면 한마음선원의 어린이 법당 수련회에 참가하고 싶었지만, 3학년부터 참가할 수 있어 속이 좀 상했을 뿐 나머지는 모두 만족한 방학이었다.

초등 4학년인 은규에게는 가을만큼이나 수확이 풍성한 방학이었다. 방학 기간 내내 연계 돌봄교실에 다니면서 월요일엔 바둑 방과 후 수업, 수요일엔 한자 방과 후 수업을 들었다. 그리고 화요일과 목요일엔 하교 후 몇 년째 다니고 있는 주니어 영어학원에 가고, 토요일엔 격주로 한생연 과학 교실에서 수업받고, 월요일과 수요일, 금요일엔 하교 후 세은이랑 함께 언남문화체육센터 수영장 상급반에서 수영했으니 역시 몸 튼튼, 마음 튼튼이다. 거기다가 한마음선원 어린이 법당 수련회에 참가한 덕에 난생처음으로 가족을 떠나 2박 3일을 보냈으니 훌쩍 성장한 느낌이다.

또 21세기 생명과학문화재단에서 주최한 과학스피치대회에 제출한 동영상이 예선을 통과해 본선에 진출한 데다 8월 13일 시험을 치른 '한국사능력검정시험'에서는 6급에 합격이란다. 이보다 더 기쁜 일이 있을까? 욕심내면 안 되는 걸 알면서도 이 할비는 곧 있을 은규의 과학스피치대회 본선과 한자 급수 시험이 기다려진다. 나이가 70줄에 들어섰더니 할비와 할미의 기쁨과 행복은 손주들의 하루하루와 일거수일투족에 달렸다 싶다.

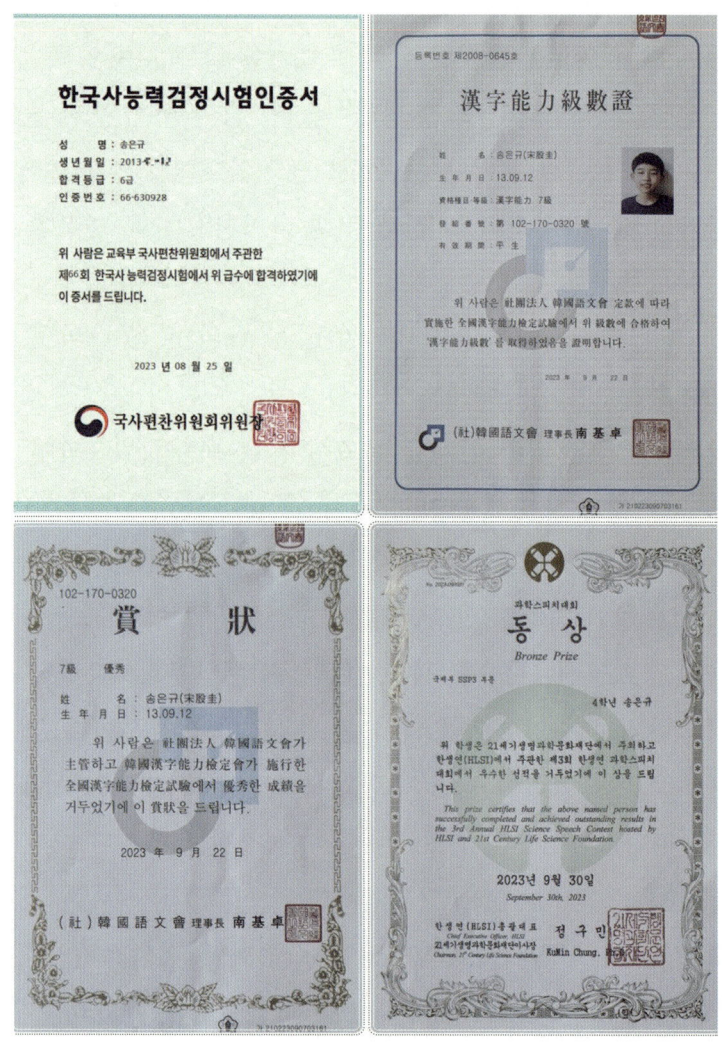

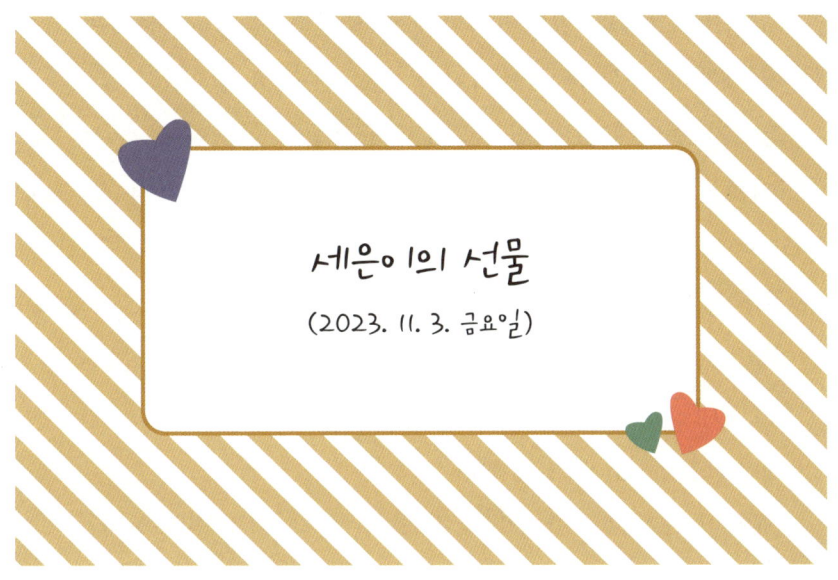

403호에 사는 세은이가 책가방을 멘 채 503호로 올라왔다. 거의 매일같이 올라와 두 살 많은 이종사촌 오빠 은규가 등교 준비를 마칠 때까지 기다렸다가 둘이 함께 등교하곤 했는데 오늘은 올라오자마자 손에 든 뭔가를 들고 나를 찾았다.

"할아버지!"

"그래 세은아, 잘 잤어? 그게 뭐야?"

"할아버지, 생신 축하합니다."

그러면서 세은이는 손에 들고 있던 것을 내게 내밀었다. 절반으로 접은 하얀 종이 한 장과 예쁘게 포장한 물건 두 개였는데 내 손바닥보다 조금 작았다.

"이게 뭐야 세은아?"

"할아버지 칠순 선물이에요. 두 개 중 하나는 할머니 거야."

"고마워, 그런데 할아버지한테는 정원준, 송은규, 정세은 너희들 셋 자체가 가장 큰 선물이니까 이런 건 필요 없어."

그러자 주방에 있던 집사람이 나무라듯이 말했다.

"여보! 그렇게 말하지 말고 '고맙다 세은아, 할아버지 잘 쓸게'라고 하세요. 그래야 아이들이 감사함을 제대로 표현할 줄 알 뿐 아니라 선물의 의미를 배우잖아요. 그러다 크리스마스, 생일, 어린이날 등 나중에 좋은 선물 사주시고…"

"그러네… 그럴게…"

세은이를 꼭 안으며 말했다.

"세은아! 고마워, 할아버지 잘 쓸게. 근데 이것들은 뭐야?"

"할아버지가 뜯어보세요."

반으로 접힌 종이를 펼쳤더니 '사랑하는 할아버지에게로 시작해… 할아버지 사랑해요'와 ♡ 네 개로 끝을 맺은 초등학교 2학년 세은이가 정성을 다해 쓴 편지였고, 예쁜 포장지에 싸인 두 개의 선물은 손난로를 겸한 보조배터리였는데 검은 것은 내 것이고, 분홍은 집사람 것이었다. 선물 고르는 세은이의 모습을 상상하는 내 얼굴에 미소가 번졌다.

세은이가 꼭 사야 하는 문구나 사고 싶은 장난감이 있을 땐 문구점이나 다이소에 잘 데리고 간다. 그럴 때마다 세은이는 이 문구 저 문구뿐 아니라 비슷비슷한 장난감들을 몇 십 번은 들었다 놓았다 하기 일쑤다. 그러고도 제 마음에 드는 것 하나 사는 데 30분은 기본이다. 이런 우리 세은이가 난생처음으로 큰돈(?)이 들어가는 이 손난로 겸용 배터리로 결정하기까지 얼마나 많은 고민을 하고, 얼마나 많은 시간을 보냈을까 생각하니 가슴이 뭉클해지면서 사랑 샘물의 둑이 터진 듯했다.

세은이가 선물한 손난로 겸용 배터리는 세은이만큼이나 앙증맞았다. 한겨울 산행 때 가끔 일회용 핫팩을 쓰는 나는 친구들이 쓰는 충전용 손난로를 볼 때마다 참 편리하겠다는 생각에 나도 하나 사리라 마음먹곤 했지만, 막상 하산하면 잊곤 했었다. 그런데 오늘 세은이가 선물했다. 처음에는 이번 겨울 산행부터 무척 유용하게 쓰겠다 싶었다. 하지만 곧 고민 시작… 우리 세은이로부터 받은 최고의 선물이라 오래오래 써야 하는데… 내 마지막 날까지 가지고 있고 싶은데…

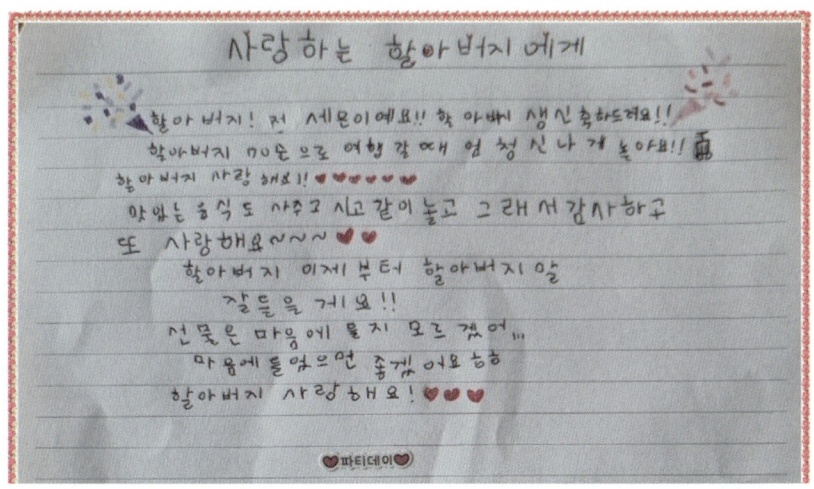

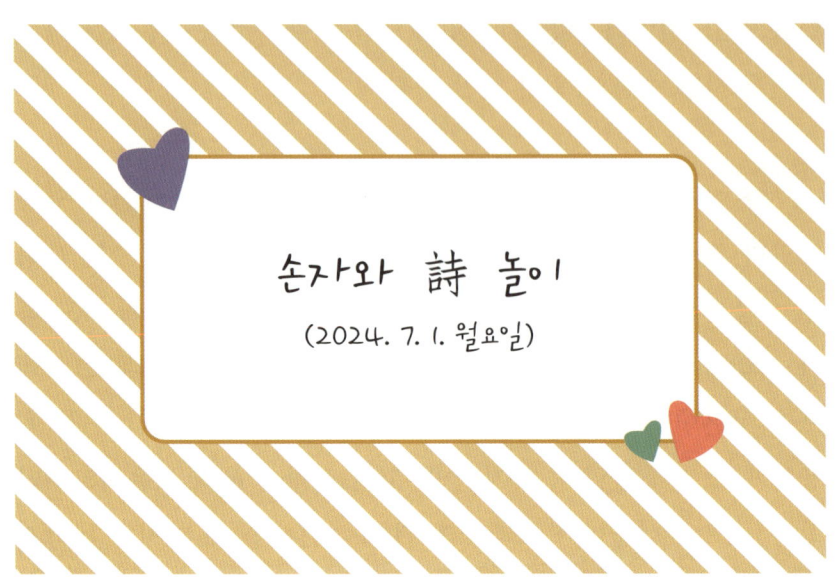

손자와 詩 놀이
(2024. 7. 1. 월요일)

엄마, 아빠의 출근 시간에 맞추어 잠옷 바람으로 우리 집에 와서는 내 침대에서 30여 분쯤 단잠을 자고 일어난 은규, 세수 후 학교 갈 준비까지 마친 다음 아침식사를 시작했다. 옆에 앉은 나는 수발(?)을 들다 말고 말을 붙였다.

"은규야! 할아버지 침대에서 달콤하게 자는 네 모습이 얼마나 사랑스럽고 예쁘던지… 그 모습 보고 있자니 문득 詩가 떠올라 한 수 지었는데 한번 들어볼래?"

"네."

손주 사랑

천아할배 지음

사랑이다

아무리 핥아먹어도
줄어들지 않는 사탕
빨면 빨수록 더 달콤해지는
요술 사탕이다

"어때? 괜찮으면 은규가 답시를 해야지."
"답시가 뭐예요?"
"대답을 시로 하는 거야. 그러니 은규가 시 하나 지어 봐."
그러자 은규는 숟가락질을 멈추곤 내 詩를 한 번 더 들은 다음 한참 동안 나를 빤히 쳐다보더니 입을 떼기 시작했다.

할아버지

보송이 송은규 지음

꽃이다
우리만 보면 활짝 피는 꽃
손자 따라 고개 돌아가는
해바라기꽃이다

"와! 할아버지보다 나은데…"
"정말?"
"그럼, 할아버지는 은행 정년퇴직 후에야 난생처음 시를 썼단다. 근데 열한 살인 은규는 벌써 몇 개나 썼잖아? 게다가 오늘은 내용도 할비 것보다 훨씬 좋으니, 오늘은 은규가 이겼다."

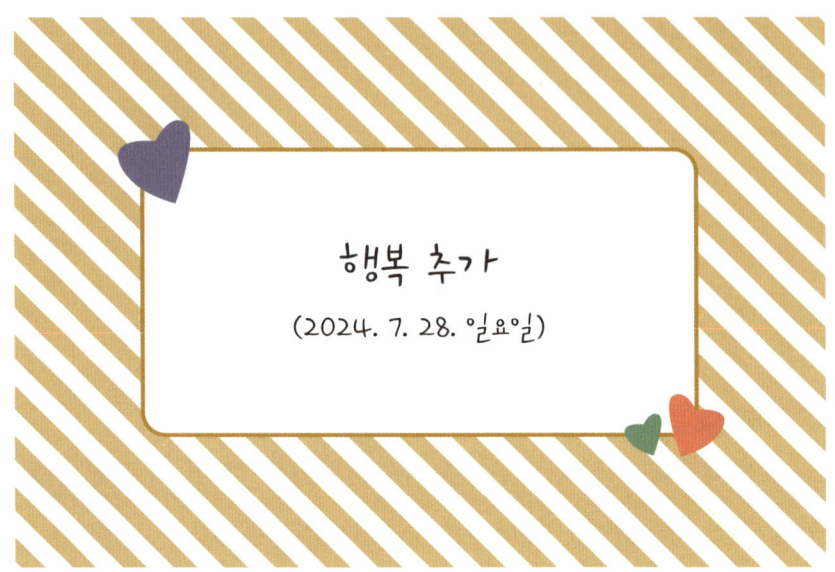

행복 추가
(2024. 7. 28. 일요일)

"시원해?"

"네, 너무너무 좋아요."

"우리 세은이 몇 살까지 이 할비가 발 마사지를 해줄까?"

"음…"

"초등학교 졸업할 때까지 하면 될까?"

"아니, 더 오래."

"그럼, 고등학생 될 때까지?"

"아니, 더 오래…"

"그럼, 세은이 대학생 될 때까지 해줄게. 세은이가 지금 초등 3학년이니까 4, 5, 6, 또 중학교 1, 2, 3, 고등학교 1, 2, 3 합치면 올해 빼고도 9년이네. 할아버지는 지금 일흔한 살이라 세은이가 대학생 될 때면 팔십 살인데 그때도 세은이 발 마사지를 해줄 힘이 있을까 모르겠다."

"백세시대인 거 몰라 할아버지? 그리고 할아버지는 운동 많이 하잖아. 지금처럼 매일 운동하시면 백 살까지도 할 수 있어."

지금은 중학교 2학년인 원준이가 초등 3학년이 될 무렵부터 내가 돌봐주기 시작한 초등 수학 공부를 은규와 세은이가 이어받아 매일 저녁이면 내 책상을 차지한 지 서너 해가 지난 작년 11월 말쯤이었다. 해마다 겨울철이 가까워지면 자주 코가 막히는 손주들이 안쓰러워 우리 부부가 코로나19가 기승을 부리던 때부터 하고 있는 코 세척을 시켰더니 적잖은 효과가 있었다. 그래서 아예 식염수 분말을 몇 박스씩 사다 놓고는 매일 저녁 식염수를 만들어 수학 공부를 마치면 코 세척을 한 후 집에 가도록 했더니 지금까지는 여행 등 특별한 날이 아니곤 빠뜨리지 않고 날마다 곧잘 하고 있다.

그런데 지난 6월 초 어느 날이었다. 수영을 마치고 온 은규와 세은이가 좀 피곤해 보여 발 마사지를 해주었더니 얼마나 좋아하던지… 다음날부터는 아예 세 놈 모두에게 발 마사지를 해주고 있다. 발 마사지 → 수학 공부 → 코 세척 순서로…

손주 셋의 발 마사지가 즐겁지만 제법 힘들다. 한 놈에 30분 이상이 소요되기에 1시간 30분여를 들여 셋 모두를 마치고 나면 나는 온몸이 나른해진다. 같이 늙어가는 마누라는 내버려둔 채 손주들만 챙긴다는 죄책감이 없지 않은 데다 삼식이 서방님(?)에게 하루 세 끼 모두를 꼬박꼬박 해 바치는 집사람에게 작은 보답(?)으로 최근 들어 이삼 일에 한 번씩 손주들에 이어서 발 마사지를 해주기로 했다. 이런 저녁이면 내 몸은 배터리가 방전된 핸드폰 꼴이 되지만 내 기분은 마음에 쏙 드는 자작시 한 수 건졌을 때의 느낌이다.

그래도 나는 지금이 좋다. 조금이나마 손주들의 건강에 도움이 되고 있다는 생각이 드는 지금이 참 좋다. 손주로부터 마사지를 받아도 시원찮을 나이에 손주 발 마사지가 웬 말이냐면서 집사람이 웃으며 말릴 때도 있지만 나는 그저 좋기만 하다. 내 손바닥에 쏙 들어오던 원준이의 발이 어느덧 내 발만큼이나 컸을 뿐 아니라 다리엔 나보다 더 많은 털이 숭숭 돋아 있는 모습이 대견스럽다. 축구를 많이 해서 그런지 돌덩이처럼 단단해진 종아리의 뭉친 근육을 부드럽게 풀어주는 것이 여간 힘들지 않을 때도 있지만 무탈하게 잘 자라는 모습이 고맙기 그지없다. 그리고 아직은 내 손에 쉽게 잡히는 은규와 세은이의 발 마사지를 할 때마다 그 작디작았던 발들이 어쩌면 이렇게 예쁘게 잘 자랐는지… 발바닥을 마사지하면 간지럽다면서 까무러칠 듯이 깔깔대며 몸부림치던 녀석들이 한 달쯤 지나자 간지러움을 은근히 즐기는 경지(?)에 이르렀다.

건강하게 잘 자라고 있는 손주들의 모습을 보고 있노라면 모든 것에 감사한 마음이 절로 든다. 손주들의 발과 다리를 마사지하는 동안 멍든 곳은 없는지, 모기 등 벌레에게 물린 곳은 없는지 살피다가 상처나 벌레에게 물린 곳이 있어 약을 바르다 보면 색다른 행복감이 느껴지면서 발 마사지가 나에게 딱 맞는다는 생각이 들곤 한다. 사랑과 정성을 담아 발가락 하나하나, 종아리 구석구석을 매만지며 학교생활과 친구들과의 이야기를 들으면서 손주들의 건강을 발원(發源)하는 것은 새로운 재미이자 새로운 행복이다.

새로운 행복이 추가된 지 두어 달. 수학 공부는 건너뛸지언정 발 마사지는 하루도 빠지지 않겠다는 듯 날마다 저녁 숟가락을 놓자마자 쪼르르 우리 집으로 올라오는 정세은, 나와 함께 자는 날이면 한 번으로는 부족하다며 잠자리에 들어서도 꼭 다리를 내미는 송은규, 바위 같았던 종아리가 말랑말랑해져 좋다는 정원준, 이놈들은 곧 내 삶의 활력소이자 살아가는 이유이기도 하다. 그렇지만…

'세은이와의 약속을 지킬 수 있을까?'
'과연 팔십까지 요놈들에게 발 마사지를 해줄 수 있을까?'
여러 생각들이 꼬리에 꼬리를 문다.

하지만 금방,
"할아버지, 사랑해요."
"할아버지도 세은이 사랑해."
"할아버지, 사랑해요."
"그래, 할아버지도 원준이 사랑해."
여느 날이나 다름없이 오늘 저녁에도 발 마사지를 받고는 수학 공부와 코 세척까지 마친 후 나를 꼭 껴안으며 인사를 주고받은 다음 우리 집을 나선 세은이와 원준, 그리고 내 침대에 누워 발 마사지를 한 번 더 해달라며 다리를 쑥 내밀고 있는 은규를 바라보며 마음 깊이 다짐했다. 세은이와의 약속을 꼭 지키겠노라고… 팔순까지 손주들의 발 마사지를 책임지기 위해 건강관리를 더욱더 열심히 하겠다고…

발바닥 마사지 때마다 간지럼을 참느라 애쓰며 짓는, 귀여우면서도 익살스러운 손주들의 표정을 떠올리며 헬스장으로 향하는 내일 새벽의 내 발걸음은 깃털보다 더 가벼워질 것 같다. 한 장 한 장 찢기는 달력, 한 해 한 해 사라지는 세월이 아쉽지만은 않다. 지금의 나이가 아니고선 결코 가질 수 없는 행복, 귀하디귀한 또 하나의 행복이 추가되었다. 현자(賢者)들의 말씀처럼 행복이란 하늘에서 뚝 떨어지는 것이 아니요, 다른 사람이 만들어서 주는 것도 아니다. 행복은 오직 나 스스로가 노력하고 만들어야 된다는 것을 새삼 한 번 더 깨달은 날이다.

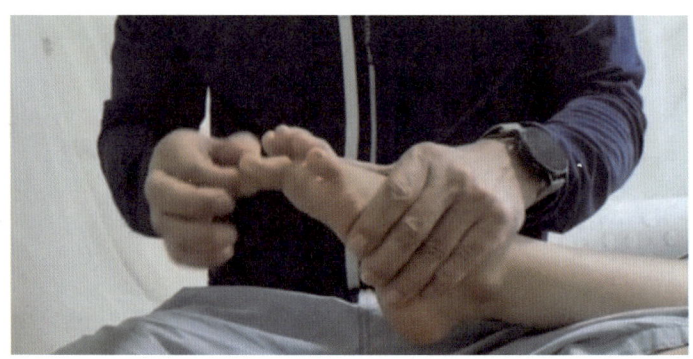

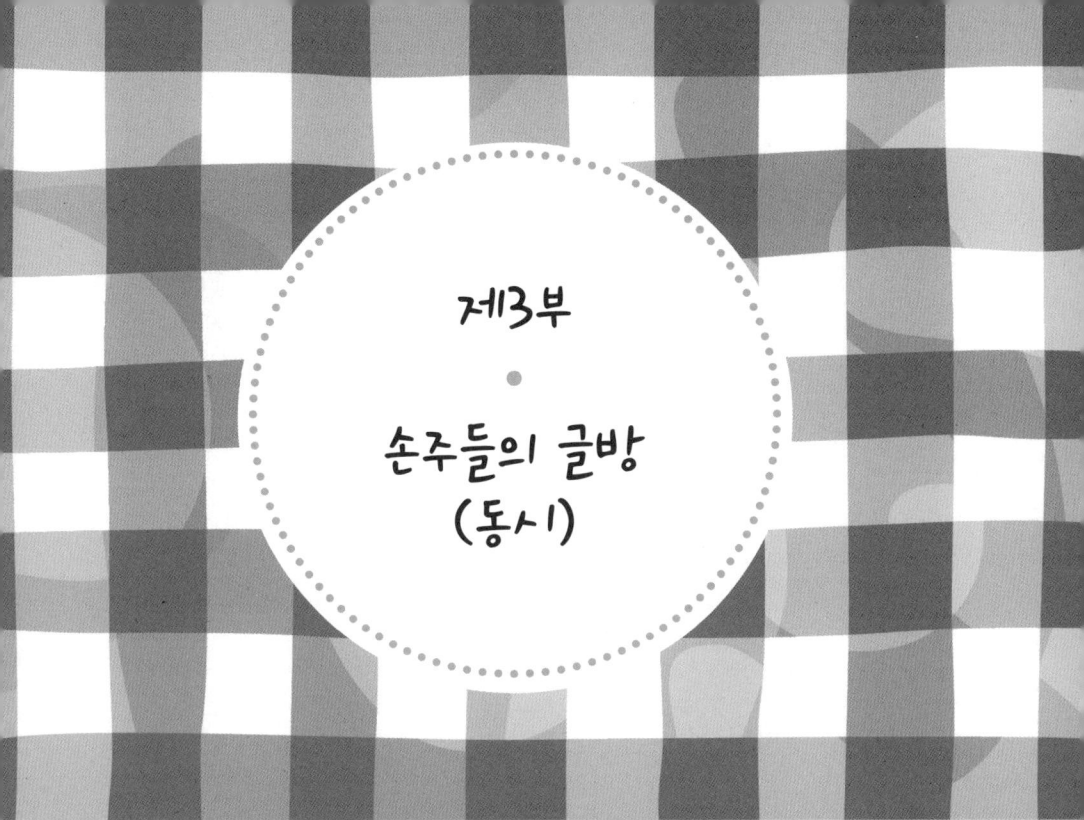

제3부

손주들의 글방
(동시)

외할아버지는 날개 달린 천사
나와 놀 땐 할아버지 날개는 더 커진다.

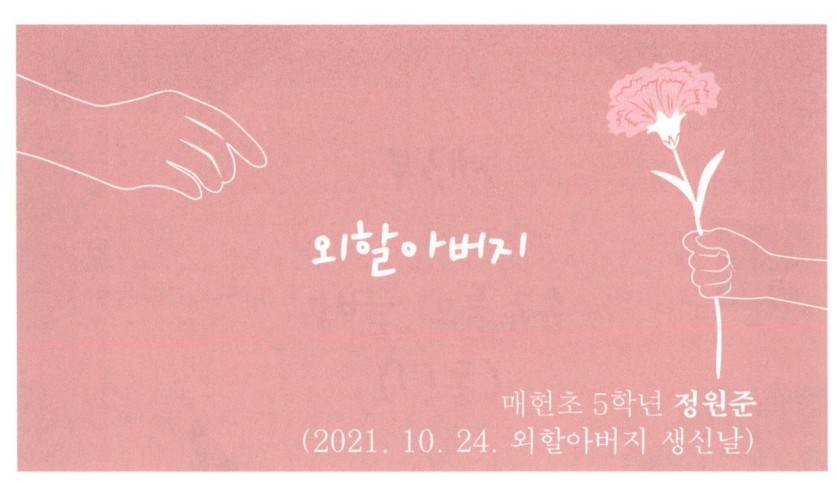

외할아버지

매헌초 5학년 **정원준**
(2021. 10. 24. 외할아버지 생신날)

우리 외할아버지는 나무다.

봄에는 예쁜 꽃이 피는 벚꽃나무
여름에는 시원한 그늘 만드는 느티나무
가을에는 맛난 홍시 열리는 감나무
겨울에는 장작불의 소나무

사계절 변함없는 사철나무
오래오래 사는 바오밥나무

매현초 2학년 **송은규**
(2021. 10. 24. 외할아버지 생신날)

외할아버지는 날개 달린 천사

나에게는 더 큰 날개 달린 천사

나와 놀 땐 할아버지 날개는 더 커진다

오늘 오후 2시 30분경 은규를 데리러 매헌초등학교로 갔다. 돌봄교실 인터폰을 누른 후 잠시 기다리자, 은규가 환히 웃으며 뛰어나오고… 알아듣기 어려운 BTS 노래를 흥얼거리는 은규의 손을 꼭 잡은 채 교문을 나와 낙엽 뒹구는 공원을 걷다가 물었다.

"은규야! 어제 할아버지 생일선물로 써준 童詩에 할아버지는 이해가 안 되는 부분이 있던데 좀 알려줄래?"

"뭔데요?"

"할아버지는 남자잖아? 그런데 왜 천사야? 그리고 마지막 줄에 할아버지가 놀아주면 날개가 더 커진다고 했던데 할아버지가 놀아주면 은규도 날개가 있어 커진다는 뜻이야?"

"아니. '날개 달린 천사'는 '소중한 사람', '사랑하는 사람'을 표현한 거예요. 그러니까 '날개가 커진다'라는 건 더 사랑하고, 더 소중하다는 말입니다. 어때요 할아버지? 짧지만 뜻은 깊죠?"

"오, 그런 깊은 뜻이 있었구나. 그렇지만 나는 좀 속상했어."

"왜요?"

"은규는 영어를 잘하기 때문에 영어로 詩를 써달라고 했었는데 우리말로 쓴 童詩라서 속이 상했지."

"그럼 제가 영어로 고쳐 드릴게요."

"정말? 땡큐!" (2021. 10. 25. 월요일)

Grandparent

James song

My grandparent is an angel with white wings.

To me, he has bigger wings.

When he plays with me, his wings get more bigger.

*은규가 앞의 詩를 영어로 번역

비에 떨어지는 봄꽃
마치 눈 같다

길바닥에 떨어진 벚꽃
꼭 눈이다

그런데
다른 게 하나 있네

밟아도 밟아도
아무리 밟아도
뽀드득 소리가
안 난다

저녁 식사시간이 다 되어갈 무렵이었다. 세은이가 올라오더니 오늘 어린이집에서 지은 '시'라면서 내게 종이 한 장을 내밀었다. '똑순이'가 딱 어울릴 만큼 모든 일에 야무진 데다 머리 감기, 샤워 등 무엇이든 혼자 하겠다는 일곱 살배기 우리 세은이가 지난봄까지만 해도 한글을 제대로 깨치지 못해 이러다가는 한글도 모르는 채 입학하겠다 싶어 조금은 걱정이 되었다.

그랬던 우리 정세은이 여름부터는 차창으로 보이는 도로가 간판의 간단한 글자를 한 자씩 한 자씩 읽더니 가을에 접어들어서는 동화책을 더듬거리고, 얼마 전엔 내게 동화책을 읽어주기에 무척 대견하고 반가웠었는데⋯ 초등학교 취학통지서를 받은 지 일주일째인 오늘은 동시를 써왔다. (2021. 12. 10. 금요일)

눈이 내리고 있었다.
그때 아무도 몰랐겠지만
나는
눈이 나한테
말을 하고 있다는 걸
알았다

빨리 나와서
사람으로 만들어 달라고 했다

집사람이 세은이에게 물었다.

"세은아, 눈이 말했어? 뭐라고 했어? 우리 세은이 예쁘다고 했지?"

"아니, 빨리 나와서 눈사람으로 만들어 달라고 했어요."

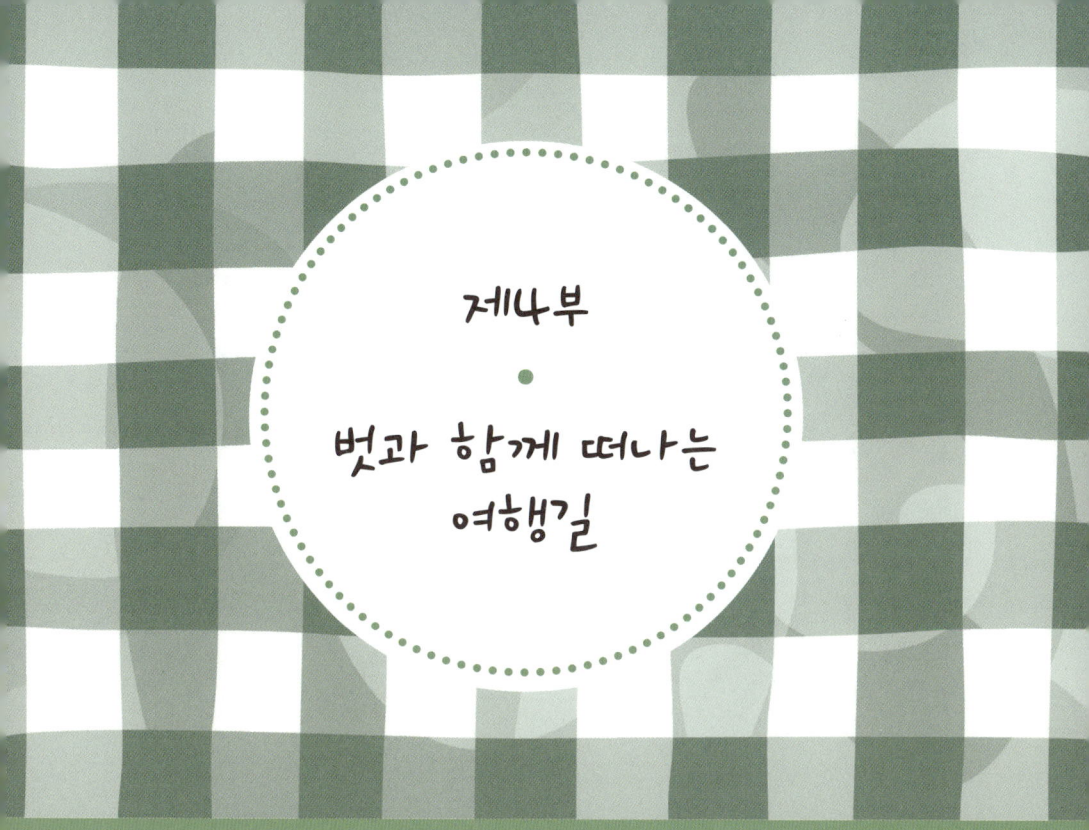

제4부

·

벗과 함께 떠나는 여행길

이제부터는 남은 인생의 길도 이번 도보처럼
집사람의 걸음과 삶에 보조를 맞추어 걸으리라.

첫째 날 (2014. 10. 1. 수요일)

오전 6시 정각에 집을 나섰다.
"차 조심하세요."
"식사 잘 챙겨 드세요."
"전화 자주 하세요."

등등 따발총처럼 들려오는 집사람의 잔소리(?)를 뒤로한 채 성남시로 가는 강남대로에 접어들었다. 근 41년 근무한 은행을 정년퇴직이란 아름다운 이름으로 떠나야 했던 2014년 9월 30일은 벌써 어제. 몇몇 동료들과 간단하게 술잔을 나누곤 일찍 잠자리에 들었지만, 내일부터는 출근할 곳이 없다는 아쉬움과 완전한 자유인이 되었다는 설렘 그리고 이런저런 잡생각으로 쉬이 잠들 수 없었다. 평소 그렇게 잘 자던 잠을 설쳐야 했지만, 새벽엔 끄떡없었다. 우리은행 정년퇴직과 10월 12일 맞을 회갑을 自祝하기 위해 계획한 '걸어서 고향까지'이다. 서울에서 고향 경북 청도까지 360여 km, 10일간의 도보이다.

며칠 전 "무릎도 시원찮다면서 왜 걸어서 가니? 차로 가면 반나절도 안 걸리는 길을?"이라는 친구의 물음에 아무런 대답도 하지 못했던 내가 '과연 완주할 수 있을까?', '내일은 비가 온다던데…' 등 일말의 두려움과 불안감이 없지 않았다. 하지만,

'내 가족들의 건강과 행복을 염원하는 마음으로 걸어야지.'

'지금의 내가 있기까지 용기를 주고, 응원해주신 분들의 고마움을 되새기면서 걸어야지.'

'지난날의 나를 되돌아보고, 앞으로의 인생을 설계하면서 걸어야지.'

'걸으면서 친구에게 들려줄 답을 찾아야지.'

이렇게 다짐하면서 무소의 뿔처럼 복정역을 지나 걷던 중 성남 모란시장이 나왔다.

오랜만에 모란역 주변을 걸으며 '니즈몰'이란 쇼핑센터를 찾아보았지만 눈에 띄지 않았다. 알고 보니 건물은 그대로인데 '니즈몰 쇼핑센터'가 '뉴코아 아웃렛'으로 바뀐 것이다. 니즈몰은 내가 우리은행 청량리 중앙지점장으로 근무하던 시절, 논현동 신진 사모님의 부동산을 내가 주선해 매각했더니 매수한 사람들이 개발

한 쇼핑몰이었다. 그 개발업자들이 한때는 니즈몰 분양으로 큰돈을 벌었다며 내가 근무하는 지점에 거액을 예치하기도 했었다. 그 후로 한때는 강원도 홍천에 고급 골프장을 개발하는 등 더 크게 부동산 사업을 한다는 좋은 소식이 들리더니 나중에는 부동산 경기 침체로 파산해 교도소에 갔다는 소문이 들렸으니 이 무렵 니즈몰 건물도 뉴코아로 넘어간 모양이다.

'그때 번 돈을 잘 운용하면 평생을 돈 걱정 없이 편히 잘 살 수 있을 텐데…'

이름마저 바뀐 건물을 바라보면서 과도한 욕심의 종말이 얼마나 무서운지 실감하면서 걸었다.

성남시에서 갈마터널을 통과하면 경기도 광주시이다. 갈마터널은 차를 타고 자주 지나다녔던 터라 산길을 걸을 작정으로 하대원동에서 갈마터널이 있는 고불산으로 향했다. 그런데 도중에 길을 잘못 들어 우왕좌왕하는 바람에 약 2km 정도나 헛고생을 해야 했다. 겨우 길을 바로 찾아 오른 고불산은 생각보다 경사가 심하고 깊었다. 갈마터널 위쪽의 옛길을 걸어 갈마치 고개를 넘는데 지나다니는 차가 한 대도 없을 만큼 한적해서 좋았다. 그러나 6km쯤은 되는 고불고불한 고불산 산길은 첫날의 진을 다 빼기에 모자람이 없었다.

갈마치 고개 정상에 도착했더니 길에서 600m쯤 떨어진 곳에 소나무 연리지가 있다는 안내문과 소나무 사진이 있었다. 금실 좋은 부부처럼 두 그루 나무의 가지가 서로 맞닿아서 결이 서로 통하는 연리지. 다른 나무는 몰라도 소나무 연리지는 무척 드물단다. 그래서 이 소나무 연리지를 보고 나면 그 氣가 내게 닿아 우리 부부의 금실이 더 좋아질 것 같았다. 하지만 왕복 1.2km 더 오르내리는 일이 힘들 것 같아 포기했다. 그런데 한참 걷다 보니 얼마나 아쉽던지…

고불산을 내려와서는 3번 국도 경충대로를 따라 걸었다. 걷고 또 걸었다. 마침내 첫날의 목적지인 우리은행 곤지암 지점이 보였다. 은행 경비원에게 인증사진 한 컷을 부탁해 찍고 광주의 맛집 소머리국밥 식당이 많은 곳으로 발걸음을 옮겼다. 첫날의 도보 예정 거리는 37.3km였다. 그런데 길을 헤매느라 더 걸어 40km쯤 걸은 것 같다.

⊙ 오늘의 경로(39.8km) : 양재동 → 세곡삼거리 → 모란시장 → 갈마치 고개 → 경기도 광주 → 우리은행 곤지암 지점 → 모텔 (걸음 수 55,221보)

⊙ 오늘의 경비(55,000원) : 점심 6,000원, 저녁 9,000원, 모텔 40,000원

둘째 날 (2014. 10. 2. 목요일)

5시 20분 알람 소리에 눈을 떴다. 어제 백 리나 걸었는데도 몸이 가뿐했다. 집사람의 당부를 떠올리며 잠자리에 들기 전에 따뜻한 물로 채운 욕조에 몸을 담근 채 푹 쉬어서일까? 아니면, 집사람이 피로 해소에 무척 좋으니 잠자기 전에 물에 타서 마시라며 배낭에 넣어준 '프로폴리스'란 명약 덕분일까?

낮에 비가 온다는 일기예보가 있어 오전 6시도 되기 전에 모텔을 나섰다. 3번 국도 경충대로를 따라 걸었지만, 주위는 어두웠다. 마주 오는 차의 운전기사가 나를 쉽게 알아볼 수 있도록 모자 위에 헤드랜턴을 쓰고 불을 켰다. 두 시간을 걷고 나니 배가 고팠다. 마침 길옆에 큼직한 간판이 보였다. '장순화 청국장', 사람의 이름을 내건 걸 보니 아마 꽤 알려진 청국장집인 것 같았다. 두 시간의 운동 덕일까? 아주머니의 손맛일까? 꿀맛이 따로 없었다.

이천 시내에 들어섰다. 한참을 걷다 보니 우리은행 간판이 보였다. 이천지점이었다. 반가웠다. 이천지점이라면, '반칙왕'이란 영화의 실제 모델이었던 백종호 형님이 지점장으로 근무할 때 몇 번 놀러 왔던 지점이다 싶었다. 반가운 마음으로 지점에 들어갔다. 그런데 건물 안에 에스컬레이터가 있고 모든 게 낯설었다.
'?????'
가만히 생각해보니 내가 갔던 그때는 IMF 전으로 한일은행의 이천지점이었다. IMF 사태로 한일은행과 상업은행이 합병한 탓에 지금 내가 들어선 건물은 상업은행 건물이었던 모양이다. 이천지점을 배경으로 인증사진을 찍고는 다시 길을 걸었다.

미란다 호텔을 지나자, 황금빛으로 물들기 시작하는 제법 널찍한 들판이 나왔다. 들판에서 풍겨오는 풀 내음엔 벌써 가을 냄새가 묻어 있고, 풀밭엔 까만 토끼가 뛰놀고 있었다. 길을 따라 곱게 핀 코스모스 등의 가을꽃이 한들한들 내게 손을 흔들었다. 갑자기 비가 한두 방울씩 떨어지기 시작했다. 아이쿠! 그런데… 비가 오지 않길 바라는 내 맘이 통했을까? 아니면 내가 걸어가는 고향길을 염려하고 응원하는 가족들의 기도가 하늘에 닿았을까? 하늘이 몇 방울만 떨어뜨리고는 이내 비를 멈추었다.

갑자기 핸드폰이 울렸다. 고교 동기이자 은행 동료였던 친구가 서울에서 이천으로 내려오고 있다면서 점심을 같이 먹자고 했다. 몇 해 전 자전거로 4대강 길을 완주했을 뿐 아니라 지난주엔 자전거로 제주도를 일주한 친구는 장거리 여행에서 유의해야 할 사항과 자신이 자전거 여행에서의 겪었던 경험담을 들려주면서 내 도보여행을 응원하고, 소주까지 곁들인 맛난 점심과 차를 샀다. 소주잔을 기울이면서 한참을 푹 쉬어서일까? 오후의 발걸음은 훨씬 가벼웠다.

보이는 게 건물밖에 없어 좀 답답하지만, 인도가 별도로 만들어져 있어 걷기 좋은 도심을 벗어나자, 인도가 없어 차도 옆의 좁다란 갓길을 차와 마주 보며 걸어야 했다. 마치 내게 뛰어들듯 쌩쌩 달려오는 큰 차 옆을 지날 때는 좀 두렵기도 했다. 온 신경을 곤두세워 차의 바퀴를 쳐다본 뒤 적재함을 바라보곤 했다. 혹 작은 돌멩이라도 바퀴에서 튕겨 나올까 봐, 적재함에 실려 있는 물건이 떨어질까 봐, 바퀴의 방향이 내 쪽일까 봐.

서울서 가끔 타는 버스가 보였다. 강남역과 동원대학을 오가는 광역버스였다. 그러고 보니 동원대학이 이곳에 있었다. 그리고 인근에는 다산(茶山)이라는 고등학교도 있었다. 茶山高校를 지날 때 문득 정약용 선생의 후손이 세운 학교인가 하는 생각이 들었는데 알아보니 정말 그랬다. 그래서일까? 이 학교에서 많은 훌륭한 인물들이 배출되었단다. 솔모로CC의 입구에는 내일부터 박세리 인비테이셔널 골프대회가 열린다는 아치가 세워져 있었다.

장호원에 들어설 무렵 경충대로변에 짓다가 중단되어 흉물스러운 아파트가 보였다. 여러 동의 건물이라 족히 수백 가구가 살 규모의 아파트 단지였는데 안타까웠다. 건설사 손실이야 그렇다 손 치더라도, 새 아파트에 둥지를 트는 꿈에 있는 돈, 없는 돈 다 투자했다가 피해를 입은 서민들의 심정은 얼마나 떨릴까 싶었다.

둘째 날이라 피곤할까 봐, 비가 오면 많이 걷기 힘들까 봐 오늘은 31.7km만 걷는 걸로 일정표를 만들었는데 발걸음이 가벼워져 좀 더 걷기로 마음먹었다. 당초 목표로 삼았던 가남 태평버스 정류소를 지나 장호원 입구까지 걸었다. 당초 계획보다 6km나 더 걸었다. 4일 차의 도보거리가 39.8km라 부담되었는데 오늘 6km

를 더 걸었으니 잘 됐다 싶다.

모텔에 짐을 풀었다. 모텔 밖에 있는 식당에 가서 저녁식사를 하고 있는데 하늘은 내가 걷는 동안 겨우 참았다는 듯이 비를 쏟아붓기 시작했다. 그러더니 내가 식사를 마치고 나오자 언제 그랬냐는 듯이 비가 뚝 그친 걸 보면서 나는 생각했다.

'하늘이 고향 가는 내 도보 길을 돕고 있구나.'

> ⊙ 오늘의 경로(37.8km) : 우리은행 곤지암 → 이천 신둔면 → 우리은행 이천 → 설봉삼거리 → 하이닉스 사거리 → 가남 태평버스 정류소 → 장호원 히아신스 모텔 (걸음 수 52,202보)
>
> ⊙ 오늘의 경비(46,000원) : 아침식사 6,000원, 저녁식사 7,000원, 모텔 33,000원

셋째 날 (2014. 10. 3. 금요일)

전날과 같이 5시 20분의 알람 소리에 일어났다. 찬물에 눈을 씻고 세수만 하고는 오전 5시 40분에 모텔을 나섰다. 그런데 몸이 영 개운치 않았다. 엉치뼈가 뻐근하고, 다리는 무거웠다.

'이상하다. 어젯밤에도 지지난밤처럼 욕조에 따뜻한 물을 받아 몸을 푹 담갔고, 포리폴리스도 먹었는데…'

'아하, 잠을 조금밖에 못 자서 그렇구나.'

번지르르한 겉모습만 보고 들어갔던 지난밤의 모텔은 내부가 영 시원치 않았지만, PC가 있어 다행이라 생각했는데 PC가 낡고 고장이 나서 인터넷이 안 되는 바람에 방을 옮겨 다니며 블로그에 글을 올리느라 12시를 훌쩍 넘겨서 잠자리에 들었던 것이다.

헤드랜턴을 착용한 채 3번 국도를 따라 걸었다. 두어 시간을 걸은 후 아침을 먹을 작정이었는데 국도가 시내로 들어가지 않고 외곽으로 돌아가는 바람에 밥은커녕 빵조차 사 먹을 곳 하나 없었다. 새벽이라 뻥 뚫린 국도는 차들이야 달리기 좋겠지만 쌩쌩 달리는 차를 피해 갓길로 걸어야 하는 내겐 어려움이 적지 않았다. 대형차가 지나칠 때는 몸이 휘청거릴 뿐 아니라, 혹시 차에서 돌멩이나 적재물이 떨어지지 않는지 늘 긴장하고 신경을 곤두세워야 한다. 점점 배가 더 고팠다. 하지만 한참을 걸어도 휴게소 또는 가게가 나오지 않았다. 아니, 사람조차 구경할 수 없었다. 간혹 비닐을 덮어 만든 노점 과일가게가 있었지만, 철 지난 복숭아 판매대만 덩그러니 있을 뿐 텅텅 비어 있었다.

배고픔을 참으며 길을 걷는 도중 길 바로 옆에 복숭아밭이 보였다. 복숭아를 다 따낸 철이라 잎만 달고 있는 복숭아나무를 보며 걷는데 한 나무에서 복숭아 한 개가 달린 채 달랑거리고 있는 게 보였다. 웬 횡재인가 싶었다. 꼭 나를 위해 남겨둔 것 같았다. 얼른 도로의 보호난간을 넘어가서 복숭아를 땄다. 내 주먹만 한 큼직한 복숭아였다. 장갑으로 쓱쓱, 겉만 대충 닦고는 입에 넣었다. 꿀맛이었다. 지금까지 먹었던 어떤 복숭아보다 맛이 좋았다. 배가 좀 부르자 오늘이 고향에 계신 어머니의 생신날임이 떠올랐다. 바로 어머니께 전화를 드렸다. 생신을 축하한다는 말도 꺼내기 전에 어머니는 내 걱정을 하셨다. 도보여행을 시작하기 전부터 통화하실 때마다,

"무리하지 마라."

"밥 잘 챙겨 먹어라."

"힘들면 차를 타라."

3번 국도를 따라 걷는 게 힘들었다. 아니 힘들었다기보다 너무 지루하고 재미가 없었다. 마침내 충북 땅에 들어섰다. 어디선가 "뺑뺑" 대포를 쏘는 듯한 소리가 들렸다. 부근에 비행장이 있어 새를 쫓는 모양이었다. 핸드폰이 울렸다. 부산에 사는 고향 친구 승배였다.

"고생 많제? 혼자 걷고 있나?"

그렇다고 답하자, 친구는 심심해서 혼자 어떻게 걷냐고 했다. 하긴 친구뿐 아니라 집사람을 비롯한 주위에서 많은 사람이 혼자 걷는 걸 말렸다. 하지만 도보여행을 준비할 때부터 나는 혼자 걷는 게 참 편하고 좋았다. 열흘간의 고향 가는 길이 묵언수행이라도 하듯 하루 종일 말없이 걷는 게 좋을 것 같았다. 빠르면 빠른 대로, 느리면 느린 대로 내 마음대로 걸을 수 있어 좋을 것 같았다. 가고 싶으면 가고, 쉬고 싶으면 아무 때고 쉴 수 있는 자유로움이 좋을 것 같고, 그리고 내가 혹시라도 누를 끼칠까 봐 걱정해야 할 사람, 힘들지 않도록 내가 배려해야 하는 사람이 없는 것도

나쁘지 않을 듯했다. 혼자 걷는 도보여행에서는 어떠한 막힘도 아무런 걸림도 없다는 것이 큰 장점이겠다 싶었다. 실제로 혼자 걸으니 모든 잡념이 사라질 만큼 머리가 맑아져 좋았다. 걷는 일을 제외하고는 하루 종일 해야 하는 일이 하나도 없으니 그냥 발만 앞으로 내딛기만 하면 되니 나는 이것도 참 좋았다.

생극면에 들어서고 조금 더 걷자 마침내 휴게소가 나왔다. 빵과 우유 그리고 캔 커피를 사 들고 다시 걸었다. 생리 교차로라는 곳에 다다르자 뻥 뚫려 가릴 곳이 없는 국도에서 벗어나야 할 생리현상이 나타났다. 국도에서 벗어나 볼일을 다 본 후에도 국도에 올라가기가 싫었다. 설령 좀 돌아서 간다고 할지라도 사람을 만나고 싶었다. 가을을 만지면서 걷고 싶었다. 그래서 마을 앞을 지나는 옛길을 걷기로 했다. 역시 옛길은 푸근했다. 늘어선 가로수들 사이로 코스모스를 비롯한 가을꽃들이 길손을 반기듯 피어 있고, 군데군데 한 번쯤 살펴볼 만한 구경거리도 있다. '동락'이라는 동네의 초등학교에는 운동장 한편에 '김재옥 교사'의 충혼비가 서 있고, 기념관도 따로 있었다. 충혼비의 안내문은 대충 이러한 비극적인 내용이었다.

6.25 한국전쟁 때, 19세의 여선생이었던 김재옥이 이곳 마을을 장악한 북한군의 동향을 아군에게 자세히 알림으로써 소수의 아군이 북한군 대군을 무찔렀는데, 이 전투가 한국전쟁에서 국군의 최초 승리가 되었다고 한다. 그러나 1964년 살인마 고재봉 사건에서 김재옥 교사 가족은 군인인 남편을 포함해 일가족이 피살

당했다.

　또 부근 마을에는 그다지 오래되지는 않았을 것 같아 보이는 커다란 공덕비가 세워져 있었다. 그 마을에서 나고 자란 뒤 서울로 출향하신 한 분이 오랫동안 고향과 고향 어르신을 위해 물심양면으로 애를 많이 썼기에 마을 어르신들이 불과 20여 년 전에 그분의 공덕을 기려 세운 것이었다. 요즘의 젊은이들도 이런 공덕비를 보면서 이런 훌륭한 분을 본받으라는 뜻도 포함되어 있는 것 같아서 '나는 어떠한가?'를 생각하면서 걸을 땐 발걸음이 무거웠다.

　시골길을 걸으면서 고구마를 캐고 난 밭에서 고구마 이삭을 주워 흙만 털어내고 껍질째 씹으면서 걷고, 해바라기 가로수길을 걸을 때는 해바라기씨를 한 줌 따다 까먹으면서 걸었다. 목적지인 주덕역에 도착했다. 역 주변에 깨끗한 모텔이 없어 조금 더 걷기로 했다. 어차피 내일 새벽에 걸을 길이기에…

　2.5km쯤 더 걷고서야 모텔이 보였다. 욕조와 PC가 있는 방을 달라고 했다. 욕조는 방마다 있지만 PC는 딱 한 대만 있단다. 그런데 주인은 컴퓨터가 잘 되지 않을 거란다. 다른 모텔로 갈까 했더니 다른 모텔은 8km는 더 가야 있단다. 날이 어두워지기 시작한 데다 8km나 더 걸을 자신이 없었다. 그냥 PC가 있다는 방의 열쇠를 받았다. 방에 들어서자마자 PC를 켰다. 다행히 켜졌다. 하지만 로그인하는 데 30분이나 걸렸다. 블로그도 열렸다. 그런데

글자 한 자 치는데 몇 분씩이나… 오늘 걸음을 제대로 포스팅하려면 2박 3일은 걸릴 것 같았다. 영 시원찮았던 어제의 PC는 오늘 것에 비하면 양반이다 싶었다.

오늘은 무거운 다리로 40.6km나 걸었으니 허리도 아프고, 다리도 뻐근했다. 걸을 때는 혼자가 좋았는데 오늘 같은 밤에는 옆에 집사람이 있으면 좋겠다 싶었다. 다리를 주물러 달라고 하고, 허리도 밟아 달라고 하게…
'…'
아무 할 일도 없는 밤, 일찌감치 잠자리에 들었다.

> ⊙ 오늘의 경로(40.6km) : 하이신스 모텔 → 진암삼거리 → 진암 IC → 생리 교차로 → 동락초등학교 → 신니면사무소 → 주덕역 → 아비송 모텔 (걸음 수 55,294보)
>
> ⊙ 오늘의 경비(53,000원) : 저녁 10,000원, 소주 3,000원, 모텔 40,000원

넷째 날 (2014. 10. 4. 토요일)

몸은 다시 가뿐해졌다. 인터넷이 되지 않았던 덕분(?)에 일찍 잠자리에 들어 푹 자서 그런 것 같았다. 몸이 지치고 피곤할 땐 따

뜻한 물에 몸을 담그는 것도 좋고, 좋은 피로회복제를 먹는 것도 좋지만 잠보다 더 좋은 보약은 없는 모양이다. 안개가 자욱하게 내려앉아 가시거리는 불과 몇 미터밖에 되지 않을 것 같았다. 쌩쌩 달리는 차 소리가 들리지만 차는 잘 보이지 않다가 희미하게 불빛이 보인다 싶으면 휙 지나갔다. 새벽에 걸을 때는 정신을 더 바짝 차리지만 오늘처럼 짙은 안개에서는 헤드랜턴을 켜고도 무서웠다. 헤드랜턴을 준비하지 않았다면 일정에 큰 차질이 생길 뻔했다는 생각에 준비하기를 참 잘했구나 싶었다. 한 시간 반을 걸어 달천역에 닿았다. 역 주변의 음식점에서 내장탕으로 영양을 보충했더니 속이 든든한 게 발걸음부터 달라졌다.

3번 국도와 지방도를 오가며 걸었다. 내 고향의 벌판에 비하면 바다처럼 넓은 충주 들판의 황금빛과 논둑에 아름답게 핀 코스모스가 이루는 조화는 가히 한 폭의 수채화였다. 살아있는 수채화를 즐기면서 아름답거나 색다르게 보이는 게 있으면 사진을 찍으면서 길을 따라 강을 따라 걸었다. 배가 고프면 군대 졸병 시절에 했던 것처럼 길가 밭의 무를 뽑아 이빨로 껍질을 벗기고는 와싹와싹 베어 먹으면서 걷고, 또 입이 심심하면 해바라기씨를 따다 까먹으면서 걸었다.

살미면을 거쳐 수안보에 도착했다. 온천으로 유명한 관광지답게 온 동네가 호텔이고 모텔이었다. 당초 일정대로 여기서 하룻밤을 보냈으면 좋겠다는 생각이 들었다. 그러나 내일은 이화령을 넘어야 되기에 도보의 거리를 최대한 짧게 하기 위해 어제까지

10km 가까이나 더 걸어 저축했었는데 이곳에서 까먹기 싫었다. 적어도 5km는 더 걸은 다음에 묵을 곳을 잡을 작정을 하고는 수안보를 벗어나기로 했다.

수안보의 한 교차로에서 파란 신호를 기다리고 있는데, 옆 도로에서 신호를 기다리며 서 있던 승용차에서 중년 남성이 문을 열더니 부부인 듯 보이는 남녀가 함께 나를 향해 주먹을 불끈 쥐고 소리쳤다.
"아저씨, 회갑 축하해요. 파이팅!"
나도 손을 들어 답례했다. 도보여행을 준비하던 때가 어제 일처럼 스쳤다. 걷기 훈련과 함께 배낭에 넣어 갈 물품을 준비하던 중, 한동안 배낭에 깃발을 달까 말까를 고민했다. 그러나 오래전에 '국토 종단'이란 깃발을 배낭 위로 휘날리며 무리 지어 다니는 젊은이들을 부러워했던 기억이 나고, 또 대형 화물차들이 전봇대, 철구조물 등 적재함보다 긴 화물을 싣고 다닐 때는 반드시 화물의 끝부분에 빨간색, 노란색 등의 울긋불긋한 천을 달아 뒤차에서 화물의 길이를 쉽게 알아볼 수 있도록 한다는 사실이 떠올랐다. 그래서 나도 앞뒤 차의 운전자들이 걷는 나를 쉽게 볼 수 있도록 하기 위해 깃발을 배낭에 꽂기로 했다. 몇 날 며칠이나 심사숙고를 해서 정한 문구로 '우리은행 정년퇴직과 회갑을 축하하면서… 걸어서 고향까지'란 글을 넣어 깃발로 만들었던 것이다.

깃발을 만들어 놓고도 배낭에 달기는 망설였다. 깃발을 꽂고 도보를 시작했지만, 한동안 쑥스러웠다. 길 가는 사람들이 쳐다보는 것 같고, 간혹 응원하는 듯한 소리가 들리기도 했지만, 수군거리는 소리가 더 많은 것 같았다. 첫날에는 고개를 살짝 숙이고 땅만 보고 걸었다. 그런데 오늘 중년 부부로부터 파이팅 응원을 받고 나니 어깨가 으쓱해졌다. 그리고 한 은행에서 40년 동안 근무를 잘한 다음 정년퇴직하면서 건강한 몸으로 행복하게 회갑을 맞는 게 어디 쉬운 일인가 싶으면서 이런 생각이 들었다.

'내가 나 자신을 자랑스럽게 여기지 못하고, 내가 나를 중히 여기지 못한다면 세상에 누가 나를 중히 여기겠나?'

조령산에 들어섰다. 그런데 한참을 걸어도 목적지로 설정했던 새재휴게소가 나오지 않았다. 그 다음의 휴게소인 수옥정휴게소까지 걸었다. 그런데 휴게소란 간판은 걸려 있지만 매점도, 음식점도 없었다. 휴게소에 하나 있었던 모텔은 잡초가 무성해 귀신집처럼 되어 있었다. 폐쇄된 휴게소였다.

'날은 어두워지고 허리도 아프고, 다리도 아픈데 이러다 잘 곳을 못 찾는 게 아닐까?'

슬며시 걱정되면서 수안보에서 묵지 않고 이곳까지 온 것이 후회되었다. 그때 마침 핸드폰이 울렸다. 양재 색소폰 동호회의 실장이었다.

"회장님께서 이석도 회원님이 도보여행을 무사히 완주하고 돌아오실 때까지 면도하지 않고, 아침마다 절에 가서 기도하시겠대요."

그러면서 돌아오면 회장님과 기념사진을 찍을 수 있게 나더러 그때까지 수염을 깎지 말라고 했다.

'팔순이 다 된 회장님까지 나를 이렇게 응원하는데 내가 두려울 게 뭐 있나?'
회장님의 응원을 떠올리며 걸었다.

2~3km쯤 더 걷자, 모텔이 하나 보였다. 그런데 멀리서 봐도 분위기가 좀 이상했다. 다가가 출입문을 열었더니 텅 비어 있었다. 누구 없냐고 소리를 쳤지만, 아무 대답이 없었다. 정말 큰일 났구나! 여기며 돌아 나오는데 옆에 모텔이 하나 더 있었다. 인터넷 정보에도 나오지 않고, 앞의 모텔에 가려 보이지도 않았던 모텔이었다. 여기도 문을 닫았겠지, 생각하면서도 혹시 싶어 문을 열고 소리쳤다.
"아무도 없어요?"
역시 아무 소리가 없었다.

실망하고 몸을 돌려 나오려는데 한 할머니가 들어서며 물었다.
"대실입니까? 자고 가실 겁니까?"
모텔에 들어서면 첫마디로 묻거나 요청했던 말은
"깨끗합니까?"
"욕조랑 컴퓨터가 있는 방으로 주세요."였는데…
그러나 오늘은 아무 말도 할 수가 없었다. 하룻밤 쉴 공간만 있다면 나머지는 모두 사치처럼 여겨졌다. 그런데도 오늘의 내 방에 욕조는 있었다. PC는 역시 없었지만…

핸드폰이 울렸다. 나와 함께 서초문화원에서 수필 공부를 하는 서리풀 문학회 文友였다. 몇 년 전 오랜 교직 생활에서 정년퇴직하고는 서울과 이화령을 오가며 이화령에서 펜션을 운영한다더니 내가 이화령을 걸어서 넘는다는 소식을 듣고는 내일 자신들이 운영하는 '더덕나라 펜션'에 와서 같이 점심을 먹자고 했다. 몇 통의 전화를 받았지만 하루 종일 100마디의 말도 하지 못한 하루였다. 잠자리에 들려는데 집사람이 카톡을 보내왔다.

"오늘도 묵언수행 잘하셨나요?"

- ⊙ 오늘의 경로(39.3km) : 아비송 모텔 → 달천역 → 살미면사무소 → 수안보 물탕공원 → 화천리 → 수옥정휴게소 → 모텔 스토리 (걸음 수 52,399보)

- ⊙ 오늘의 경비(50,000원) : 아침 10,000원, 저녁 10,000원, 모텔 30,000원

다섯째 날 (2014. 10. 5. 일요일)

문경새재를 넘는 날. 알람 소리에 잠에서 깨어 침을 삼켰더니 목이 따끔따끔했다. 목감기의 전조현상 같았다.

'피로회복제도 먹고 푹 잤었는데…'

'난방이 좀 시원찮긴 했어도 침대 속은 제법 따뜻한 게 괜찮았었는데…'

높은 산기슭의 마을이라 실내 공기가 서늘했지만 일어나자마자 미지근한 욕조 물에 한참 동안 몸을 담갔더니 한결 나아졌다. 별로 돈벌이는 안 되지만 건강을 위해 서울에서 살던 여의도의 집은 그대로 둔 채 시골로 와서 모텔을 운영한다는 노부부에게 하룻밤을 잘 수 있게 해줘서 고맙다는 말을 남기고 모텔을 나섰다. 7시였다.

한참을 걸어도 산골이라 아침 사 먹을 곳이 없어서 그냥 걸었다. 새재로 가는 길목 도로변에 시멘트로 만든 인공 바위 같은 것들이 나뒹굴고 있었다. 무슨 용도일까 궁금했다. 가까이 가서 만져보았더니 시멘트가 아니었다. 길쭉한 호박(?) 같았지만 처음 보는 식물이었다. 가축 사료용인 줄 알았는데 검색해 보았더니 '동아박'이란 이름을 가진 식용식물이었다. '~박'이란 이름인 데다 식용이라니 호박의 8촌쯤은 되는 모양이다.

마침내 조령산 앞에 섰다. 문경새재, 불과 100여 년 전까지만 해도 영남의 선비들이 과거를 보러 한양에 오갈 때 반드시 넘어야 했던 고개이다. 10월 1일부터 걷기 시작한 '걸어서 고향까지'의 도보여행에서 설렘이 가장 큰 구간 중 하나였다. 너무 힘들면 어쩌나 하는 걱정도 적지 않았지만, 나는 옛 선비의 길을 걷고 싶어 추풍령길을 택하지 않고 문경새재를 택했던 것이다. 문경새재를 넘는 큰길은 내가 선택했던 길, 즉 이화령길 하나밖에 없는 줄 알았다. 그런데 조령산에 들어서서 보니 그게 아니었다. 내가 오늘 걷기로 마음먹었던 이화령길 외에 '소조령길'이란 길이 따로 있었다. 심지어 소조령길을 걸어야만 예전에 선비들이 걸었던 길과 머물렀던 제3관문(조령관), 제2관문(조곡관), 제1관문(주흘관) 등을 만날 수 있고, 또 장원급제길을 걸을 수 있고, 낙동강 발원지까지 볼 수 있단다.

'오호통재라.'

그렇다면 정작 내가 원했던 옛 선비의 길은 지금 들어선 이화령길이 아니라 소조령길이 아닌가 싶었다. 조소령길과 이화령길의 도보거리는 별 차이가 없지만 지금 와서 바꿀 수는 없었다. 고개 너머에 있는 '더덕나라'라는 펜션에서 文友가 점심을 준비해 놓고 기다리겠다고 했으니 이화령을 넘어야 했다.

이화령길에 올라 뚜벅뚜벅, 시나브로 발걸음을 옮길 땐 마치 신선이라도 된 기분이었다.

이 맑은 공기.

적막함에 가까운 이 고요함.

간간이 코끝을 간지럽히는 은은한 이 솔향.

걷고 싶으면 걷고, 쉬고 싶으면 쉴 수 있었던 이 자유로움.

이런 곳에 살고 있노라면 절로 詩人이 되든지, 神仙이 될 것 같았다.

'그래서 옛 仙人들이 이런 곳을 찾아 세상을 周遊했을까?' 하는 생각이 들기도 했다. 그래서 선지자 김삿갓도 방랑 시인이 되었구나 싶었다.

이화령길을 한참 걷다 보니 얄팍한 내 머리에서도 뭔가가 뛰쳐

나오고 싶어 몸부림을 치는 것 같았다. 하지만 뛰쳐나올 힘이 조금 부족한 것 같았다. 살짝 건드리기만 해도 입 밖으로 술술 나올 것 같았는데… 입 밖으로만 나오면 꽤 괜찮은 시구(詩句)는 될 수 있을 것 같았는데… 한 甲子의 세월을 살면서 나오고 싶어 몸부림치는 것을 도와줄 수 있는 힘을 키우지 못한 나를 자책하면서 걸었다. 내 머릿속을 채우지 못한 것을 후회하면서 언젠가는 詩를 공부하리라 마음을 다지면서 조령산 이화령길을 걸었다.

이화령 고개에 올랐다. 매점에서 캔 커피와 건빵을 산 다음 건빵을 씹으며, 커피를 마시며 재를 넘었다. 마침내 경상북도 땅이었다. 내리막길을 한참 걷자, 몇 채의 건물들이 보였다. 몇 해 전 교직을 정년퇴직한 후 서초문화원에서 나와 수필 공부를 같이하는 文友가 서울을 오가면서 운영한다는 '더덕나라 펜션' 간판이 보였다. 반가웠다. 입구에서 일하던 사람의 안내를 받으며 펜션 안으로 들어서자, 文友가 남편과 함께 나를 반갑게 맞아주었다. 세 사람이 한참 동안 세상사 이야기를 나누다 문우가 점심 준비를 하러 간 사이 문우의 남편은 나를 데리고 다니며 펜션 주변을 구경시켜 주었다. 함께 꾸지뽕 열매를 따기도 했다. 직접 농사지은 배추쌈과 불고기 등 맛난 점심에 막걸리까지… 닷새 만에 먹는 집밥은 말 그대로 꿀맛이었다. 커피까지 마시고 떠나는 내게 문우는 꽁꽁 얼린 음료수 한 통을 손에 쥐어주면서 말했다.

"헛개나무 차예요. 걷다 목이 마를 때 드시라고 일부러 얼렸어요."

펜션에서 오랜 시간을 지체했으니 부지런히 걸어야 했다. 황금 들판에서 이리저리 뛰어다니는 메뚜기를 보고, 논물이 거의 다 빠진 논바닥에선 우렁이도 보면서 농로를 걸었다. 농수로의 양쪽을 막은 후 물을 다 퍼낸 다음 배때기가 누런 미꾸라지를 잡았던 어린 시절이 떠올랐다. 그때가 그리웠다.

구불구불한 문경 불정천을 따라 길을 걸었다. 오후에만 21km를 걸어 목적지인 불정역에 도착했더니 오후 5시 30분이었다. 불정역은 석탄 수송을 위해 생겼던 역이란다. 그러나 석탄산업의 불황을 겪으면서 탄광들이 폐광된 탓에 불정역마저 1993년도에 폐쇄되어 요즘은 레일바이크(철로 자전거)를 타는 관광지가 되었단다. 그런데 묵을 곳을 찾았지만, 모텔은 전혀 보이지 않고 몇 펜션만 눈에 띄었다. 20리를 더 가야 모텔이 있단다. 할 수 없이 깨끗해 보이는 한 펜션에 들어갔다. 펜션의 요금은 모텔보다 훨씬 비쌌다. 그런데도 방에는 침대가 없었다. 욕조도 없었다. 물론 PC도 없었다. 욕조가 없다고 불평하자 주인장이 발만이라도 담그라면서 따뜻한 물을 가득 담은 큰 대야를 갖다 주었다. 저녁식사를 해야 하는데 주변에는 식당이 없었다. 그 마을엔 작은 매점 하나만 있을 뿐이었다. 펜션에서 끓여 먹을 요량으로 라면을 사러 매점으로 갔다. 그런데 그 매점엔 일반 라면은 없고 컵라면 몇 개만 있었다. 우유를 찾았지만, 우유도 없었다. 유통기간 때문에 팔지 않는단다. 컵라면을 사 들고 펜션에 왔더니 이를 본 주인장이 라면에 말아 먹으라면서 밥을 한 그릇이나 갖다주었다. 컵라면에 뜨거운 물을 붓고는 밥을 넣었다. 시장이 반찬이었다. 모양이야 멍멍이 죽처럼 보였지만 맛은 꽤 괜찮았다. 김치만 있으면 금상첨화였을 텐데… 잠자리에 누웠을 때는 갑자기 이런 생각이 들었다.

'오늘은 새벽에 욕조를 썼으니 일찍 자라고 욕조가 없고, 점심을 잘 먹었으니, 저녁엔 대충 먹으라는…'

⊙ 오늘의 경로(31.2km) : 스토리 모텔 → 이화령길 → 더덕나라 펜션 → 마성파출소 → 불정역 (걸음 수 43,185보)

⊙ 오늘의 경비(56,500원) : 과자·커피 6,500원, 펜션 50,000원

여섯째 날 (2014. 10. 6. 월요일)

　매일 했던 것처럼 왼쪽 무릎에 무릎 보호대를 두른 다음 오래 걷는 데 좋다면서 집사람이 사다 준, 실리콘으로 된 발가락 보호대를 발가락 사이에 끼웠다. 그러곤 어제 오후부터 근육이 뭉친 것처럼 불편해진 오른쪽 종아리에 파스를 붙인 후 펜션을 나섰다.

　기분이 상쾌했다. 높은 산으로 빙 둘러싸인 문경 산골의 맑고 신선한 공기 덕분도 있겠지만 뜨끈뜨끈한 온돌방에서 푹 잤기 때문이겠다는 생각이 들었다. 그러자 울산지점 지점장으로 근무하면서 사택에서 생활하고 있을 때의 생각이 났다. 보통 때는 한두 달에 한 번쯤 울산에 내려오는 집사람이 겨울철만 되면 지글지글 끓는 사택의 온돌방이 그립다며 한 달에 한두 번씩은 내려와 옆에 침대를 두고도 찜질한다며 온돌방을 뒹굴던 모습이 떠오르면서 문득 집사람이 보고팠다. 자기 전에 빨아서 방바닥에 늘어놓았던 옷이랑 양말까지 온돌방이 뽀송뽀송하게 말려준 덕분에 옷 입을 때의 기분은 더 좋았다.

　어제부터 나와 같이 굽이굽이 걸었던 불정천은 아주 빼어난 아침 경관을 가지고 있었다. 그렇지만 내 고향 청도의 푸른 듯 맑은 강물과 달라 보였다. 어제 오후부터 나와 함께 걷는 강물은 분명 바닥이 환히 보일 만큼 맑은데도 어딘가 검은 물이 흐르는 듯 느껴지는 불정천을 보면서 이상하다고 여기고 있었는데 불정역의 역사에서 그 답을 찾을 수 있었다. 비록 20여 년 전에 폐쇄되기는 했지만, 석탄 수송역으로 세워진 불정역도 연탄이 주 연료이던 때가 최고의 전성기였단다. 석탄 채굴의 상처를 씻어내는 물이 흘러들어 불정천은 무척 맑지만 약간은 검은 빛을 띤단다.

불정천변을 걸었다. 한참 걸어가는 내 앞에 하늘을 찌를 듯 높이 선 교각들이 나타났다. 내가 걷고 있는 길은 그 교각의 사이를 지나가고, 내가 걷는 길과 좀 떨어진 산허리에는 또 다른 길이 있어 트럭 한 대가 느릿느릿 달리고 있었다. 높다란 교각 위의 도로는 산에 막히면 산을 뚫고, 산과 산 사이는 교각을 세워 연결했으니 아무런 막힘도 걸림도 없이 쭉 곧게 뻗은 중부내륙고속도로이고, 고속도로 못잖게 쌩쌩 달리는 차들을 마주 보며 내가 요즘 주로 걷는 길은 거치는 지역마다 구간 명칭을 달리해, 오늘 오전 길은 '문경대로'로 불리는 3번 국도였다. 나머지 길, 트럭 한 대가 굽이굽이 산허리를 가고 있는 길은 이름 모르는 지방도로였다.

이 셋의 도로를 한꺼번에 보면서 걷던 중 불현듯 '이런 길을 걷는 것이 어쩌면 인생, 아니 우리의 삶과 비슷한 면이 있구나.' 하는 생각이 들었다. 아무리 걷고 싶어도 접근조차 할 수 없는 고속도로처럼 우리 같은 소시민들이 근접할 수 없는 특권층 사회. 많은 위험이 도사리고 있을 뿐 아니라 쌩쌩 달리는 차를 마주 보고 걸어야 하기에 잠시도 긴장을 늦출 수 없고, 마음 놓고 쉴 곳조차 마땅찮은 국도를 닮은 삶. 굽이굽이 산 따라 물 따라 마을마다 다 들렀다 가느라 빙빙 돌아갈 수밖에 없고, 그래서 더 느릴 수밖에 없지만 온갖 꽃구경 사람 구경 다 하면서 쉬고 싶을 때 아무

데서나 마음 편히 쉴 수 있는 시골길 닮은 지방도 인생.

과거를 돌아보면 나도 국도를 달리는 삶을 동경하며 살아온 것 같다. 학창 시절은 물론 직장생활에서도 남에게 뒤져서는 안 된다, 남보다 앞서야 된다는 강박감에 묶여 살아야 했다. 은행 생활 내내 가족과 가정은 뒷전이었다. 오직 지점 실적과 직장 상사 그리고 고객 비위 맞추는 데만 관심을 가지고 살았음을 퇴직 후에야 깨달았다. 한 갑자를 다 보내고 걸어서 고향에 가는 지금에서야, 국도로 걷는다는 것이 얼마나 위험한지, 얼마나 긴장해야 하는지, 얼마나 지루하고 무미건조한지를 뼈저리게 느끼고 있다. 또 고속도로를 닮은 국도보다 시골길을 걷는 것이 훨씬 운치가 있고 걷기에 편할 뿐 아니라, 마음마저 편안하다는 걸 느꼈다. 굽이굽이 돌아 비록 도착이 늦을지라도 시골길이 내가 진정 걷고 싶은 길임을 알았다. 조급한 마음에 온갖 위험이 다 깔린 지름길을 걸어서 목적지에 일찍 도착해 푹 쉬는 것보다는, 조금은 늦어질지라도 천지사방 살피면서 꽃구경 사람 구경 다 하면서 쉬엄쉬엄 시골길을 걷듯이 살아야겠다 싶었다. 이제부터라도 그리 살리라 마음먹었다.

한참을 걸었더니 입이 심심했다. 배낭에 매단 주머니에 넣어준 인삼사탕을 입에 넣었다. 금방 입 안에 번지는 달콤한 맛을 느끼며 집사람에 대한 미안함도 함께 느끼고 있었다. 도보여행을 떠나던 날 새벽, 배낭을 메고 일어서는 나에게 조그마한 복주머니 하나를 내밀었다. 이게 뭐냐고 물었더니 인삼사탕을 넣은 주머니라며 말했다.

"심심할 때 입 안에 녹이면서 걸으면 괜찮을 거예요."

나는 옛말에 먼 길을 떠날 때는 속눈썹조차 떼놓고 간다는데 왜 쓸데없는 걸 주느냐고 짜증을 냈었다. 그러면서 사탕 주머니를 던져버릴까, 하다가 배낭에 그냥 쑤셔 넣었다가 이틀 전부터 배낭 멜빵끈에 매달고 다니면서 입이 심심할 때마다 입에 넣어 녹이면서 걸었다. 사탕의 달콤함은 심심함을 달래줄 뿐 아니라 피로감도 꽤 많이 덜어주는 것 같으면서 집사람의 사랑까지 느끼게 하고 있으니 어느새 사탕 주머니는 사랑 주머니가 되어 있었다.

오늘의 목적지인 성신교회 부근에 도착했다. 오늘 당초 도보 예정 거리는 35.6km였다. 그런데 55,175보를 걸었으니 40km는 족히 걸었나 보다. 함창 부근에서 앱을 들여다보며 지름길을 찾느라 우왕좌왕하면서 헛고생한 거리가 5km나 될 줄이야. 길가의 감나무와 배나무에서 딴 홍시 2개와 배 1개로 아침을 때우고, 김밥 2줄과 캔 커피로 점심을 때웠더니 배가 고팠다. 하나밖에 보이지 않는 모텔에 들어가 주변의 식당을 물었더니 인근에는 없단다. 식당과 가까이 있는 다른 모텔의 위치를 묻자, 모텔 주인인 듯한 아주머니는 자기들이랑 저녁식사를 같이하면 된다며 밥이 다 되면 연락할 테니 방에 올라가라고 했다. 고맙꾸로…

⊙ 오늘의 경로(40km) : 불정맨션 → 함창시장 → 공갈못휴게소 → 성신교회 → 예스모텔 (걸음 수 55,175보)

⊙ 오늘의 경비(33,300원) : 김밥·캔 커피 3,300원, 모텔 30,000원

이레째 날 (2014. 10. 7. 화요일)

일교차가 커서 그런지 안개가 자욱했다. 일찍 잠자리에 들었던 덕분에 컨디션이 좋은 새벽이었다. 희미하게 비춰오는 자동차의 헤드라이트 불빛에 답하기 위해 나도 모자 위 헤드랜턴으로 불빛을 내뿜으며 길을 걸었다. 그런데 피로가 쌓여서 그런지, 배가 고파서 그런지 그저께까지는 시간당 5km대로 걸었던 도보 속도가 4km대로 뚝 떨어졌지만 몇 킬로 더 걷자 감나무들이 자주 보였다. 곶감으로 유명한 상주 부근에 도착했던 것이다. 배고픔을 참고 걷던 중 마침내 길가의 감나무에 달린 홍시를 발견했다. 유난히 빨갛게 빛나는 홍시가 얼마나 예쁘고 맛있어 보이던지… 먼저 사진을 찍은 다음 따서 아침 대용으로 입에 넣었다. '청도반시'로 유명한 내 고향 청도의 감이야 해마다 몇 상자씩이나 먹지만 곶감으로 유명한 상주 감은 곶감으로 먹었던 기억밖에 없으니, 홍시로 먹기는 처음인 것 같았다. 빨갛게 잘 익은 상주의 자연 홍시는 내 고향 청도의 감 못잖게 맛이 있었다. 그러나 씨가 많아서 먹기엔 꽤 귀찮았다. 청도감은 씨가 전혀 없어 먹기에 얼마나 편한데… 씨 없는 수박이 먹기 좋고, 씨 없는 포도가 먹기 편한 것처럼.

그런데 올가을엔 모든 과일이 풍년이라 내 고향에도 감이 너무 달린 탓에 감값이 뚝 떨어졌단다. 내 고향 청도의 농가 대다수는 청도반시도 일 년 농사라 걱정이 많겠다. 감이 너무 많이 열리면 그 많은 감을 따느라 고생은 고생대로 하고, 가격은 가격대로 형편없고… 비타민C가 어떤 과일보다 많고, 맛도 좋은 우리 청도반

시를 도시인들이 많이 사 먹는다면 얼마나 좋을까? 누이 좋고 매부 좋은 일인데…

홍시를 먹으며 걷다 보니 홍시를 잘 먹는 원준이와 아직 홍시를 한 번도 먹어보지 못한 은규 생각이 절로 났다. 다섯 살배기 원준이야 매일 한 번씩 전화를 걸어 사랑스러운 목소리로 내 피로를 말끔히 씻어주지만, 첫돌 지난 지 한 달도 채 되지 않는 은규는 매일매일 안아주던 할아버지가 일주일째 코빼기도 보이지 않으니 이상하다 생각하지 않을까 싶었다. 집사람이 나와 통화를 하다 핸드폰을 은규의 귀에 갖다 대면 은규는 눈을 또렷또렷하게 뜨고 한참 동안 내 목소리를 듣다가는 핸드폰에 대고 뽀뽀한다던데… 이놈들은 이 할아버지가 얼마나 보고 싶을까? 할아버지는 요놈들이 하늘만큼 땅만큼 보고 싶은데… 할아버지만 보면 활짝 웃으며 쏜살같이 기어와 안아달라고 두 손을 내미는 은규가 며칠째 감기 기운이 있단다. 벌모레 10월 10일이면 고향에서 만날 텐데 그때까지는 다 낫기를 기원하며 걸었다.

'원준이와 은규를 만나면 제일 잘 익은 홍시를 따다 먹여야지.'
즐거운 생각에 내 발걸음은 다시 새털처럼 가벼워지고 있었다.

한결 가뿐해진 내 발길은 엷은 안개가 피어오르는 낙안대교를 건너서 육쪽마늘로 유명한 의성 땅으로 들어섰다. 조금 더 걸어가자, 길옆에 면 소재지인 도개면까지의 남은 거리가 7km라는 이정표가 보였다. 어느새 내 입 안에는 군침이 가득 모였다. 육쪽마늘을 듬뿍 넣은 점심이 나를 기다리고 있을 거라는 기대감이 부풀어

올랐다.

　마침내 도개면에 도착했다. 도착해서 보니 도개면은 상주시가 아니라 구미시 도개면이었다. 먼저 약국에 들러 다리에 붙일 파스를 사면서 음식이 좋은 식당을 물었더니 중년의 약사는 조금 올라가면 도개초등학교가 있다며 그 앞에 있는 도개식당으로 가라고 했다. 약사의 안내대로 걸었더니 도개식당 간판이 보였다. 도개식당에서 소머리국밥을 특으로 주문한 다음 김밥을 좀 싸달라고 했다. 그랬더니 김밥에 넣을 재료가 없다면서 안 된다고 하길래 도보여행의 사정을 설명해드리고 있는 재료만을 넣어도 좋으니 3줄만 싸달라고 부탁하자 이번에는 흔쾌히 승낙했다.

　김이 무럭무럭 솟고 머리고기를 듬뿍 넣은 국밥이 나왔다. 이틀 만에 맛난 음식을 대하자, 어제저녁을 굶었던 일이 떠올랐다. 어제의 모텔은 저녁 먹을 곳이 마땅치 않았다. 그래서 한참을 더 걸어가야 하지만 다른 모텔로 갈까 말까 망설이느라 입실료를 내지 않자, 모텔 카운터의 아주머니가 자기들과 같이 저녁을 먹으면 된다는 말에 숙박비를 계산하자 방 키를 내주었다. 그러고 한 시간쯤 지났을까? 식사 준비가 다 되었다는 연락을 받고 내려갔더니 기분 좋게 취기가 오른 듯한 아주머니가 모텔 내실에 몇 가지 반찬에다 김이 모락모락 오르는 밥을 차려놓고 같이 먹자고 했다. 한 숟가락을 먹고 두 번째 숟가락을 입에 넣으려 하는 순간 모텔 문에 달린 방울이 흔들리는 소리가 들리면서 누군가가 들어오는 소리가 나자, 아주머니는 신랑이 온 것 같다며 얼른 나갔다.

조금 있으니 "누구랑 술 마셨어?"라는 남자의 큰소리에 이어 "친구랑 마셨다, 왜? 손님이 있으니 좀 조용히 해"라는 여자의 큰 소리가 들렸다. 그러나 계속해서 남자가 큰 목소리로 추궁하자 여자는 "그러니까 이혼하자는데 왜 안 해?"라며 더 앙칼진 소리를 지르고… 밥숟가락을 들다 말고 이러지도 저러지도 못하고 있던 나는 '잘못하다가는 날벼락이 내게 떨어지겠다'라는 생각이 들어 얼른 일어섰다. 그러고는 "저녁 잘 먹었습니다"라고 인사를 한 다음 부리나케 방에 들어가서는 출입문을 꽉 걸어 잠근 다음 냉장고에 비치된 생수로 배를 채우곤 일찍 잠자리에 들었다.

고기를 듬뿍 넣은 국밥을 설거지가 필요 없을 정도로 말끔히 먹어 치운 후 김밥까지 배낭에 넣었더니 마음이 든든해져 발걸음은 더 가벼웠다. 황금빛 들판의 평화로움이 마치 동양화 같은 풍경을 즐기며 낙동강변 자전거길을 걸었다. 한참을 걸어 구미보 쉼터에 닿았다. 몇 해 전 자전거로 4대강을 일주한 내 친구 홍관이가 앉아 쉬었을 것 같은 벤치에 앉아 쉬고 있을 때 자전거를 탄 한 외국인이 다가와서 나를 사진 찍고 싶다고 했다. 좋다고 했더니 사진을 찍고는 내게 이렇게 걷는 특별한 이유가 있느냐고 물었다. 정년퇴직과 회갑을 자축하느라 걷는다고 했더니 엄지손가락을 치켜세우며 외쳤다.

"Good!"

걷고 또 걸어 오늘의 목표지 소현사가 가까운 괴곡 교차로에 도착했다. 핸드폰의 인터넷으로 소현사 부근에 잠잘 곳이 있는

지 검색했지만, 모텔도, 펜션도 없었다. 가장 가까운 모텔이 3km 쯤 떨어진 구미 시내에 있었다. 할 수 없이 3km를 더 걸어야 했다. 그런데 이 3km는 내일 새벽에 다시 돌아 나와야 하는 헛고생의 길이라 생각되어 더 힘들고, 더 멀게만 느껴졌다. 하지만 한 시간 뒤의 호텔 못잖은 화려하고 깨끗한 도심의 모텔과 젊은이들이 북적대는 먹자골목의 음식 냄새가 헛고생을 모두 보상할 것 같은 기분을 들게 했다. 이렇게 해서 고향 가는 길 이레째의 날은 약 41.3km를 58,225걸음으로 걸었다.

⦿ 오늘의 경로(41.3km) : 예스모텔 → 낙안대교 → 도개면 → 고곡 교차로 → 구미시 옥계동 → 리치모텔 (걸음 수 58,225보)

⦿ 오늘의 경비(53,500원) : 점심 8,000원, 김밥 4,500원, 저녁 6,000원, 모텔 35,000원

여드레째 날 (2014. 10. 8. 수요일)

모처럼 깨끗하고 제대로 갖춘 모텔방에서 묵었던 지난밤, PC까지 있어 오랜만에 블로그에 글을 올리느라 좀 늦게 잠자리에 들었는데도 고향 맛이 듬뿍 담긴 맑은 국물의 내 고향 청도식 추어탕으로 맛난 저녁을 먹어서인지 모르지만 가뿐한 아침이었다. 전날 소머리국밥 식당에서 말아준 김밥으로 아침을 해결하고 6시에 길을 나섰다.

오늘은 음력 9월 15일, 내가 결혼한 이듬해인 1980년에 돌아가신 할머니의 기일이었다. 고향에 내려가 농사를 짓고 계시던 형님도 제사를 모시기 위해 부천 자택으로 올라가시고, 집사람도 부천으로 가서 제사 음식을 마련하느라 애를 많이 쓸 텐데 나만 내가 하고 싶었던 이 도보여행을 하느라 할머니 제사에 참석하지 못한다고 생각하니 죄스럽기 그지없었다. 스무 명도 넘는 親孫 外孫들 중에서 할머니의 사랑을 가장 많이 받은 손자가 바로 난데… 그렇지만 하늘나라에 계신 할머니께서는 이해하시리라 확신했다. 40년 동안의 은행 생활을 무탈하게 잘 마치고 정년퇴직한 손자를 기특하게 생각하시리라, 그리고 이를 自視하면서 고향까지 걸어가는 손자를 응원하시리라 自慰하면서 길을 걸었다.

구미시의 산호대로를 따라 구미공단을 지나갔다. 우리나라의 오늘이 있기까지 경제발전에 크게 이바지한 구미공단. 그런데 요즘은 큰 기업들이 떠나는 등 활력을 많이 잃었다는 뉴스가 있더니 오늘 걸으면서 봐도 실제로 공단 군데군데의 건물에 매매 또는 임대인을 찾는 현수막들이 걸려 있었다. 이른 새벽인데도 공단의 한 공장 굴뚝에서 하얀 연기가 솟아오르고 있었다. 가느다랗게 피어 오르는 연기를 보면서 저 굴뚝들의 연기는 제발 오랫동안 멈추지 않기를 기원하면서 길을 재촉했다.

25번 국도, 낙동대로에 올라 걸었다. 여러 날 대로를 걸으면서 보고 느끼고 있었지만, 국도 대로변에는 차를 타고 가다 버리는 쓰레기들이 너무 많았다. 휴지, 담배꽁초와 갖가지 음료수 캔은 말할 것도 없고, 비닐봉지에 음식물을 넣어 버린 것도 부지기수였다. 심지어 철제 의자와 솜이불, 침대의 나무틀과 매트리스까지 가드레일 너머에 버려져 있었다. 차를 타고 와서 버리고 갔을 정도라면 그다지 비싸지 않은 처리 비용이 없지는 않을 텐데⋯ 경제대국이 된다고 다 선진국이 되는 건 아니라던데⋯ 우리 국민의식이 이 정도라면 우리나라의 선진국 진입은 더 요원할 것 같았다.

마침내 칠곡 땅을 밟았다. 국도변 길가에 있는 식당의 간판에 적힌 '손칼국수'란 글씨가 내 시장기를 일깨웠다. 텃밭에서 키웠을 것 같은 애호박과 얼갈이를 송송 썰어 넣고 끓인 칼국수가 나왔다. 바로 내가 원하고 기대했던 바로 그 맛이었다. 칠곡 땅을 걷다 보니 얼마 전 한 고향 후배가 카페에 올린 다부동 전적 기념관이 떠올랐다. 마침 길옆에 미군이 한국군과 함께 북한군을 물리친 전투를 기념하기 위해 세운 다부동 전승 기념비가 있었고, 안내판을 보니 기념관도 내가 걷는 국도에서 그다지 많이 떨어지지 않았다. 사진으로만 보았던 다부동 전적 기념탑과 기념관으로 가는 길을 걸었다. 기념관으로 오르는 입구의 시골 슈퍼 마당에서는 한 할아버지께서 대추를 털고, 할머니께서는 대추를 줍고 있었는데 무척 정겨운 모습이었다. 노란 담장 넘어 빨갛게 잘 익은 석류가 주렁주렁 달린 풍경은 또 얼마나 평화스럽던지… 잘 가꾸어진 전적 기념탑과 주변을 둘러본 후 충혼탑 앞에 서서 바람 앞의 등불 같았던 조국을 위해 목숨을 바친 군인들의 넋을 기리며 잠시 묵념하고 있었다.

갑자기 핸드폰이 울렸다. 경기도 광주에 사는 사돈의 전화였다. 몸 상한 데는 없는지 걱정하시면서 식사는 제대로 하는지, 지금은 어디쯤 가고 있는지 물었다. 건강하게 걷고 있다고, 즐겁게 잘 걷고 있다고, 지금은 칠곡 다부동 전적 기념관에 들렀다고 대답했다. 그랬더니 사돈께서 말씀하시길 기념관 바로 아래에 있는 '다부슈퍼'가 자신의 막내 고모 댁이라며 내려가면서 꼭 들렀다 가란다. 그러겠노라고 답한 후 쉼터에서 잠시 앉았다가 계단을 내려오는데 할머니 한 분이 급한 걸음으로 계단을 올라오시다가 나를 보고는 말을 걸었다.
"서울서 걸어오시는 양반인교?"
사돈의 막내 고모였다. 사돈께서 나와의 전화를 끊자마자 고모에게 전화를 드렸던 모양이다. 기념관으로 오르면서 지나쳤던 슈퍼가 바로 사돈의 고모 댁이고, 대추를 털던 할아버지가 바로 사돈의 고모부였다. 슈퍼 마당에 있는 정자에 앉아 가족들과 인사를 나누는 동안 고모님의 며느리가 과일 등 먹거리를 잔뜩 준비해왔다. 전북 고창에서 경북 칠곡 다부동으로 시집와서 50년 이상을 살고 계시다는 고모님은 대단한 새마을 운동가란다. 무려 다섯 분의 대통령으로부터 훈장 또는 표창을 받았을 만큼 다부동의 여걸이시란다. 사돈의 고모부께서 말씀하시기를, 다부동 전적 기념관도 사돈의 고모님이 대통령 표창을 받으러 청와대에 갔다가 대통령께 직접 기념관의 필요성을 이야기하고 건립을 건의해 부지가 조성되고, 기념관과 기념탑이 건립되었다고 했다. 그러고 보니 바로 사돈의 막내 고모님께서 다부동 전적 기념관 건립의 일등 공신이었다.

고모님의 가족들 모두는 조카의 사돈인 내게 귀한 걸음을 했다며 며느리에게 점심 준비를 재촉했다. 한두 시간 전에 칼국수를 먹었다는 말씀과 너무 많은 시간을 지체하는 것 같아 점심을 마다하고 일어서는데 고모님은 도보여행 중에 부족한 게 없는지 물으며 하나라도 더 챙겨주시려 애를 썼다. 과일과 음료수, 과자 등을 한 보따리 내왔지만, 배낭이 무거워진다는 핑계로 캔 커피 한 개만을 받아 들고 하직 인사를 했다. 그런데도 고모님은 한참을 따라오시면서 기어코 초콜릿 몇 개를 내 배낭 속에 쑤셔 넣고서야 발길을 돌렸다. 처음 뵙는 분들로부터 이처럼 환대를 받다니… 역시 나는 행운아이고, 행복한 사람임을 느낀 하루였다.

마침내 오늘의 종착역인 우리은행 칠곡지점이 보였다. 칠곡지점 앞에서 인증사진을 찍고는 나는 가까이 있는 호텔급 모텔로 들어갔다.

⊙ 오늘의 경로(38.9km) : 리치모텔 → 구미산업단지 → 가산면 → 다부동 전적 기념관 → 우리은행 칠곡지점 → 잉카모텔 (걸음 수 50,733보)

⊙ 오늘의 경비(55,000원) : 점심 5,000원, 저녁 10,000원, 모텔 40,000원

아흐레째 날 (2014. 10. 9. 목요일)

 오늘은 대구를 통과한 날이다. 대구는 어린 시절, 아니 성년이 되어서까지도 내가 가장 동경했던 도시다. 나는 대구에 사는 여자들이 세상에서 가장 예쁜 줄 알면서 어린 시절을 보냈다. 대구의

여자들은 모두가 능금을 많이 먹어서 너무너무 예쁘고, 화장실도 가지 않는 줄 알았으니…

대구에 살아보는 것이 꿈이었던 시절, 내 고향 청도에서 대구는 100리, 부산은 200리쯤인 까닭에 대부분의 고향 친구는 대구에 있는 학교로 진학했다. 나도 대구에 있는 중학교로 진학하고 싶었다. 그러나 생활비 때문에 부모님은 나를 큰고모 집이 있는 부산으로 보냈다.

은행에 입행해 연수를 마친 후 근무 희망지를 적어 낼 때 대구로 희망했으나 서울에 있는 본점 영업부로 발령을 받았고, 군 복무를 마친 후 복직신청을 하면서도 희망 근무지를 또 대구로 적어 냈었는데도 서울 중심지인 서소문 지점으로 발령이 났었고, 그 후에도 해마다 한 번씩 하는 인사 고충 상담 때마다 대구지역 전출을 희망했으나 번번이 뜻을 이룰 수 없었으니 오죽했으랴.

내가 원할수록 대문의 빗장은 더 굳게 닫히는 듯해 좌절감을 느낄 때, 1980년대 초 내가 한일은행 역전지점에 근무하던 때였다. 그 지점에서 내가 서무계장으로서 모셨던 지점장께서 은행장 비서실장으로 영전하셨다. 얼마 후 비서실로 찾아가서는 대구지점으로 좀 보내주십사 부탁(?)했더니 한 달 만에 대구지점으로 발령이 났는데 그때는 평생의 꿈이 이루어진 기분이었다.

그런데 대구의 배타성은 상상 이상이었다. 은행에서의 텃새도 대단했다. 직원들 간에는 심지어 이런 이야기까지 있었다. 대구 또는 대구 인근 지역에서 태어나 대구에서 공부를 마친 후 은행에 들어와 대구에서만 근무한 직원은 성골(聖骨), 대구 출신이라도 서울 또는 부산 등 외지에서 근무하다 대구로 돌아오면 진골(眞骨)이라 하면서 거래처 소개를 꺼리곤 했다. 대구 인근인 청도에서 태어나고 자랐으나 부산에서 공부했을 뿐 아니라 서울에서 근무했던 나는 아무리 열심히 해도 좋은 평가를 받을 수 없는 평민이었던 셈이다. 대구지점 근무가 시작된 지 채 한 해도 지나기 전에 나의 대구 동경이 얼마나 헛된 동경이었는지, 얼마나 허황된 환상이었는지를 깨닫게 되었으니… 2년 반 정도 근무 후 대구지점을 떠나던 날 나는 굳게 다짐했다. 다시는, 두 번 다시는 대구에서 근무하지 않겠다고.

그런데 이 무슨 얄궂은 인연일까? 1999년에 지점장으로 승진하면서 지점장으로서의 첫 근무지가 대구 서문시장 지점이었으니… 지점장 승진 발령을 받으면 엄청 기뻐한다던데 나는 지점장 승진이 기쁘기만 하지는 않았다. 80년대 대구지점 근무 기억 때문이었다. 예전에 내가 그토록 대구를 동경하게 된 이유를 생각해본다. 내가 대여섯 살 무렵 고향에서 농사를 짓던 부모님께서 돈벌이를 위해 대구로 이사를 가셨는데 이때 중학교에 입학하는 형과 어린 두 여동생들은 데려고 가셨지만 국민학교 1~2학년이었던 누나와 국민학교 입학 전이었던 나는 고향 집에서 할머니와 함께 살도록 남겨두었기 때문이 아닐까 싶었다. 대여섯 살의 어린 마음에 엄마랑 아버지와 떨어져 사는 걸 얼마나 두려워했을까? 엄마랑 아버지가 있는 대구로 얼마나 가고 싶어 하면서 자랐을까?

피천득의 수필 「인연」에 있는 구절, '첫사랑은 만나지 말고 가슴속에만 담아두는 게 좋다'는 게 떠올랐다. '대구에 살아보지 말고 동경하는 도시로만 남겨둘걸…' 하는 후회를 하면서 걸었다. 옛 추억과 상념에 잠겨 대구를 걸었다.

팔달교를 건너기 전에 작은 김밥집이 눈에 들어왔다. 김밥 한 줄에 500원이었다. 흔히 먹는 일반 김밥과는 달랐다. 일식집에서 나오는 김마끼와 비슷한 맛이었다. 그런데 김밥집 벽면에 붙은 커다란 김밥 자랑에 '경북 청도군 화양읍에 김규선 할머니의 60년 손맛을 이어갑니다'란 글이 있었다. 내 고향 청도의 손맛이 담겨서일까? 김밥은 더 맛있게 느껴졌다.

팔달교를 건너고 팔달공원을 지나 조금 더 걷자, 중앙통에 있는 우리은행 대구지점의 건물이 보였다. 1983년, 나의 대구지역 첫 근무지였던 대구지점이다. 비록 그때의 건물은 헐리고 새로 지어진 건물이지만 반가웠다. 지점 앞에 도착했더니 나랑 한마을에서 태어나서 같이 자란 불알친구 승엽이가 기다리고 있었다. 나와 함께 고향까지 걸어가겠다며 만반의 준비를 다 갖춘 모습이었다. 승엽이는 오랜만에 대구를 찾은 나를 데리고 요즘 대구의 자랑거리가 된 진골목이랑 약전골목을 구경시켜 주느라 애를 많이 썼다. 방천시장에도 데려가고, 주말이면 많은 젊은이가 찾는 곳이라면서 신천변에 있는 김광석 거리에도 데리고 다니면서 안내했다.

옛이야기를 나누며 담티고개를 넘어 시지에 도착했을 때였다. 저만치 앞쪽에서 한 여자분이 손을 흔들었다. 내 고향 집의 담 넘어 바로 앞집이 친정인 국민학교 동기동창인 정규였다. 승엽이의 전화를 받고는 기다리고 있었단다. 나의 '걸어서 고향까지' 도보여행에 놀라워하더니 나와 승엽이를 한식집으로 데리고 가서는 맛난 점심에 옛 추억이 철철 넘치도록 따른 막걸리로 하루 반나절 밖에 남지 않은 도보여행의 완주를 미리 축하하면서 응원했다.

경산시에 있는 영남대학교를 지나, 무덤에서 출토된 부장물로 볼 때 신라 또는 고려 시대의 무장(武將)으로 추정된다는 韓 장군의 묘를 돌아보고 경산시 자인에 도착했다. 고향에 오갈 때마다 지나다니는 경산시 자인면. 그때마다 집사람에게 "저기서 하룻밤 자고 갈까?" 농담하면서 가리키곤 했던 그 모텔에 여장을 풀었다. '걸어서 고향까지'의 마지막 밤을 위해… 고향 친구와 함께…

몸을 씻고 나오자, 핸드폰이 울렸다. 꼭 이 시간이면 어김없이 울리는 핸드폰, 역시 어머니였다. 내가 도보여행을 시작한 10월 1일부터 어머니는 하루도 빠짐없이 꼭 이 시간이면 전화를 걸어서는 이렇게 걱정하셨다.

"여관에 들어갔나?"
"밥 먹었나?"
"많이 힘들었제? 푹 쉬어라."
엄마의 말씀은 오늘도 전혀 다르지 않았다. 오늘은 내가 더 많은 말을 했다.

"엄마! 오늘부터 대구에 사는 엽이랑 같이 걷고 있으니 아무 걱정하지 마세요. 집사람이 그러던데 엄마가 곰국을 끓이고, 도토리묵에 메밀묵까지 만드신다고 하던데 힘들게 뭐 하러 그런 걸 다 하세요? 금방 서울로 올라가는데…"

그러자 어머니는 더 큰소리로 말했다.

"야야, 내 아들이 그 먼 길을 걸어서 온다는데 내가 뭘 못해 주겠나? 이게 뭐 그리 힘들다꼬…"

한 갑자가 흘러 환갑의 나이가 되었건만 팔순 중반의 어머니에게 나는 여전히 어린아이였다.

> ⊙ 오늘의 경로(37km) : 잉카모텔 → 팔달교 → 팔달공원 → 우리은행 대구지점 → 대구 시내 → 김광석 거리 → 시지 → 영남대학교 → 韓 장군묘 → 자인모텔 (걸음 수 60,796보 ← 가장 많았던 걸음 수)
>
> ⊙ 오늘의 경비(86,000원) : 김밥 1,000원, 저녁 60,000원, 모텔 25,000원

열흘째, 마지막 날 (2014. 10. 10. 금요일)

걸어서 고향에 가는 도보여행의 마지막 날이 밝았다. 어젯밤에는 승엽이가 잘 아는 知人이 운영한다는 한우 식육식당에서 한 잔

했다. 입에 넣자마자 살살 녹는 듯이 맛난 韓牛를 구워 둘이서 소주를 3병이나 마셨다. 무척 오랜만에 과음했다 싶을 만큼 마신 후 모텔에 들어와서도 여기저기 고향 친구들에게 전화를 걸어 이야기를 나누느라 늦게 잠이 들었는데도 아침엔 말짱했다.

이젠 고향까지 남은 거리가 30km도 되지 않기에 8시가 다 되어 모텔을 나섰다. 남산면사무소 옆의 한 정자에 앉아 승엽이가 준비해 온 토마토와 치즈로 간단히 요기를 한 다음 길을 걸었다. 자인에서 고향까지 가는 길은, 자주 다녔던 길(비록 차를 탄 채였지만)이라 눈을 감고도 갈 수 있을 것처럼 익숙한 길이다. 더구나 몇 해 전부터 확장공사를 하고 있더니 아직 정식 개통은 하지 않았지만 대부분 왕복 4차선의 차도에 왕복 2차선의 경운기 길까지 있어 총 6차선인 데다 길 한가운데는 튼튼한 철제의 중앙분리대까지 끝없이 세워져 있어 걷기에는 무척 좋았다.

웬만한 고속도로보다 더 넓게 뻥 뚫린 도로를 보니 속이 시원하고 걷기엔 더없이 좋았다. 그러나, 주중의 이른 아침이라 그런지 모르겠지만 그 넓은 길에 다니는 차는 별로 없었다. 간간이 다니는 차들을 보고 있자니 이런 시골에 과연 6차로의 넓은 길이 필요할까 하는 생각이 들기도 했다. 도로를 저렇게 넓히자면 엄청난 세금이 쓰였을 것은 당연하고, 도로변에 있었던 문전옥답들은 또 얼마나 많이 사라졌을까?
 '그 문전옥답에서 생산되는 농작물이 대단히 많았을 텐데…'
 대로변에 잘 꾸민 전통찻집이 보이자, 승엽이가 앞장서서 들어갔다. 여러 가지 차를 팔기도 했지만, 접시와 찻잔, 화병 등 직접 구운 갖가지 그릇을 팔기도 하는 곳이었다. 얼마나 숙성이 잘 되었던지 십수 차례나 우려내 마셔도 은은한 향을 잃지 않는다는 보이차가 참 좋았던 아침이었다.

곧 김전마을이 나왔다. 길이 넓어지면서 길가의 집들은 다 헐리고 안쪽의 마을만 남아 있는 김전을 보면서 잠시 나는 상념에 잠겼다.

'길옆 저 빈터는 내 여동생의 시부모님이 살았던 방앗간이었는데…'

'저 골목으로 한참 들어가면 몇 해 전에 아버지를 따라 묘사에 참석했던, 우리 고성이씨 문중(門中) 윗대 산소가 있는데…'

그 생각이 들자 3년 전에 돌아가신 아버지가 갑자기 보고 싶었다. 내가 한일은행에 합격했을 때는 마치 고등고시라도 합격한 듯 기뻐하셨지만, 막상 입행할 때 내 신원보증에 필요한 인우 보증인 2명을 구하느라 얼마나 애를 많이 쓰셨던가. 그때 우리 시골 마을에는 보증인 조건을 충족하는 사람이 한 분도 없어 각처에 흩어져 있는 부유한 집안 어른을 다 찾아다니며 부탁하셨던 아버지. 아버지는 늘 내게 "한 우물만 파라"라고 말씀하셨는데… 아버지가 살아계시면 아무 탈 없이 40년의 은행 생활을 잘 마치고 정년퇴직한 나를 장하다며, 수고했다며, 고맙다며 꼭 안아주실 텐데…

김전마을의 입구에는 여러 개의 현수막이 걸려 있었다. 모두가 뻥 뚫린 도로에 끝없이 세워진 중앙분리대의 철거를 요청하는 것이었다.

'넓어진 도로에 쌩쌩 달릴 차를 생각하면 중앙분리대가 반드시 필요할 것 같은데 왜 반대할까?'

그런데 잠시 걷다 보니 주민들의 주장이 이해되었다. 지금까지 별 어려움 없이 도로를 넘나들며 논밭에서 농사를 지었을 텐데 느닷없이 도로는 넓혀지고, 중앙분리대가 끝없이 세워졌으니, 이제는 길 건너 논밭에 한 번 가려면 횡단보도가 있는 곳까지 수백 미터를 오가야 하기 때문인 것 같았다. 더구나 요즘의 농촌에는 젊은이들은 없고 모두가 노인들이라 그 길은 훨씬 더 멀게 느껴질 것 같았다.

고향 하늘을 머리에 이고 걸었다. 승엽이와 고향 이야기를 나누는 동안 우리 발은 동곡에 들어서고 있었다. 동곡은 청도군 금천면의 면 소재지로, 내 고향 사람들이 닷새마다 찾아가는 장이 동곡에 서는 오일장이다. 내 막내 여동생이 졸업한 중학교와 고등학교가 다 있을 만큼 청도 山東 지역에서는 가장 큰 동네다. 우리는 이 동곡에서 추어탕으로 점심을 해결하고 다시 길을 떠났다.

동곡에서 내 고향마을로 가는 길은 두 갈래의 길이 있다. 동곡재를 넘는 8km쯤의 길과 서마리라는 신지마을을 지나고 매전교 다리를 건너는 10km쯤의 길이다. 우리는 차를 타고 늘 넘어 다니는 동곡재엔 특별히 볼 게 없으니 좀 돌아가더라도 문화재로 지정된 고택과 서원을 둘러보기 위해 신지마을을 거치는 10km의 길을 택해 걸었다.

먼저 6.25 한국전쟁 때 전쟁을 피해 우리 고향의 강 동창천변에 몰려든 수십만의 피란민을 위로하기 위해 이곳을 찾았던 이승만 대통령이 하룻밤 머물렀던 만화정과 운강고택을 둘러보았다. 이곳을 돌아볼 때 산 쪽을 바라보며 '저 위에 저수지가 있는 곳은 나의 셋째 고모가 시집와 살았던 집이 있었는데…'란 생각과 방학 때 고모 집에 가끔 들렀던 어린 시절에는 이런 고택은 안중에도 없었고, 오직 사기공장에서 버린 불량 인형 중 좀 나은 인형을 찾느라 정신이 없었던 추억이 떠올랐다. 그리고 삼족당(三足堂) 김대유(金大有)와 소요당(逍遙堂) 박하담(朴河淡)을 배향하기 위해 세운 선암서원에 들어가 구석구석을 둘러보았다. 가까이에서 태어나고 자란 내가 내 고향의 자랑거리인 문화재를 처음 둘러본다는 사실이 부끄럽고 창피했다.

매전교 다리를 건너 처진 소나무를 지나 내 고향의 면 소재지인 동창에 들어서서는 사십 수년 전 큰 양조장이었던 둘째 고모댁이 있었던 집을 바라보면서 몰래 집어먹곤 했던 양조장의 고소한 고두밥 냄새를 떠올리자 다시 맡고 싶다는 엉뚱한 생각이 들기도 했다. 남은 거리는 십 리, 4km다. 옛날에 길 양쪽의 포플러나무 가로수가 일품이었던 수백 미터의 도로를 걸었다. 길을 넓히느라 모두 잘라버린 덕(?)에 뻥 뚫린 도로가 시원스럽긴 하지만 옛날의 길이 훨씬 좋았다 싶었다. 무심교를 지나자, 왼쪽엔 동창천 무심지가 유유히 흐르고, 오른쪽엔 높다란 무심암이 서 있다. 임진왜란 때 전쟁터에 나간 남편을 8년이나 기다렸으나 전쟁이 끝났는데도 돌아오지 않자, 절벽 바위에서 강으로 뛰어내려 무심암

(無心巖)이란 이름이 붙었다는 전설의 바위 앞 냇물이 무심지다. 어릴 때는 지나다니기를 무서워했던 무심지! 바위 군데군데 고목의 소나무가 자라고 있던 그때의 무심암 바위가 얼마나 멋있던지 지금도 눈에 선하다. 이 무심암 또한 길을 넓히면서 바위 아랫부분을 시멘트로 칠갑하고, 윗부분은 철망으로 씌워버렸으니, 소나무와 부처손이 많았던 예전 모습이 더 그리웠다.

북지 선돌 곁에 있는 고조부 산소에 들러 인사만 드리고는 다시 걸었다. 마지막 날의 길이 30km 남짓했지만, 고향의 자랑거리를 둘러보면서 고향의 가을을 만끽하고, 구석구석 고향의 내음을 맡느라 10시간이나 걸어 마지막 올막꼬(오르막 고개)에 오르자 저 아래 마을 입구에 우람한 느티나무가 서 있는 초등학교가 보였다. 황금빛으로 물든 널따란 들과 함께 커다란 마을이 나타났다. 바로 내가 태어나고 자란 마을, 慶北 淸道郡 梅田面 溫幕里, 明臺였다. 날아가듯 걸었다.

비록 두 해 전에 폐교되고 말았지만 내 어린 시절의 많은 추억을 간직하고 있는 매전초등학교 교문 앞에 당도하자 하루도 빠지지 않고 걱정 섞인 전화를 하셨던 엄마께서 두 팔을 벌리며 맞아주셨다. 그리고 서울에서 한두 시간 전에 도착했다는 집사람과 딸과 사위, 손자들 그리고 대구에서 내려온 여동생 내외가 기다리고 있었다. 잠시 뒤 마을 이장이 다가와서는 매전초등학교 총동창회서 마련했다면서 '걸어서 고향까지'의 완주를 축하한다는 플래카드와 꽃다발을 내게 안겼다. 2014년 10월 10일 16시 10분이었다.

살면서 흉한 일을 겪지 않고 잘 사는 것이 福 중에 上福이라고 하던데 열흘에 걸쳐 360여 km의 차도를 걸어 고향에 오는 동안 작은 흉한 일 하나 당하지 않았음은 물론, 조그만 접촉 사고 한 번 목격하지 않았을 뿐 아니라 빗방울 한 방울 맞지 않고 완주할 수 있었던 것은 분명 어머니를 비롯한 내 가족들과 많은 知人의 응원과 격려 덕분이다. 그리고 이 모두가 나의 福이다. 열흘에 걸친 人福, 행복을 확인한 날이었다.

◉ 오늘의 경로(30.3km) : 자인모텔 → 남산면 → 김전 → 동곡 → 신지 → 남양교 → 동창 → 고향 (걸음 수 43,700보)

◉ 오늘의 경비(0원)

(1) 시작이 반이다(2017. 9. 30. 토요일)

어제 속초에 도착해서는 속초해변을 휙 한 번 둘러본 후 투숙했던 모텔. 겉보기엔 그럴싸한 모텔이었는데 여름 성수기가 지났음에도 하룻밤 5만 원이었지만 모텔 내부에서는 곰팡이 냄새가 났다. 욕조 없는 건 참을 만했는데 방엔 PC도 없었다. 환불은 안 된다기에 방을 바꿔달라고 했다. 그러나 두 번까지 옮긴 방은 인터넷이 안 되고, 세 번째 방은 USB 꽂는 곳이 망가져 있었으니…

오전 5시 30분 알람 소리에 잠을 깨 집사람이 챙겨준 삶은 계란 2개와 두유로 간단히 요기하고는 출발 준비를 서둘렀다. 기온이 뚝 떨어진 것 같아 긴 바지를 입었다. 또 쉽게 식별되도록 노란

색 윗도리는 물론 헤드랜턴까지 착용했다.

　6시 출발. 발걸음이 가볍다. 오늘은 원포해수욕장까지 38.9km만 걸으면 된다. 3년 전 고향 가면서 3번 국도를 걸을 때는 자전거도로가 따로 없어 주로 갓길로 걸었었는데 7번 국도변에는 자전거도로가 나란히 또는 별도로 아주 잘 마련되어 있었다. '국토종주 동해안 자전거길'이란 표시판도 군데군데 서 있어 길 찾기가 좋았다. 일출과 시원하게 펼쳐진 동해안을 바라보며 걷는 재미도 여간 쏠쏠하지 않았다.

　속초항을 좀 지난 해변에서는 해녀들이 새벽 바다에 들어갈 준비를 하고 있었다. 날씨는 참 좋았다. 구름이 별로 없는 가을 하늘은 바다와 하나였다. 하늘과 바다 가운데 조금 진한 띠로 경계를 표시했을 뿐… 그런데 바람이 꽤 세찼다. 모자를 꼭 동여매지 않으면 바다로 날아가 버릴 것 같았다. 가끔은 몸이 휘청할 정도였다. 육십 대 중반의 나이에 542km를 걷겠다는 내 의지를 시험하려는 듯, 아니 아예 남쪽으로 못 내려오게끔 가슴팍을 밀어내는 듯 거세게 불어댔다.

　한참 걸었을 때 국도변 왼쪽에 오래전 집사람과 함께 참배했던 낙산사 일주문이 보였다. 2005년 대화재 때 엄청나게 큰 피해를 입었다던데 어떻게 변했을까? 일주문을 지나 멋진 낙락장송 사잇길로 오른 낙산사는 원통보전 등이 2005년 산불에 전소되었었다가 이듬해 새로 복원되었단다. 산뜻한 모습이 옛 모습만큼 정겹지는 않았지만, 생각보다 괜찮아 보였다. 다행이다 싶었다. 인근 산림도 큰 피해를 이겨내고 이만큼 회복된 건 기적이었다.

원통보전 부처님께 무사 완주를 발원하며 삼배를 올린 다음 해수관음상 계신 곳으로 향했다. 가는 길목에 원통문(圓通門)을 지나자 '꿈이 이루어지는 길'이란 표시판이 서 있었다. 그 주변에는 이곳을 찾은 중생들이 소박한 소원을 빌며 쌓았을, 몇 개의 작은 돌로 자그맣게 쌓아놓은 돌탑(?)들이 수도 없이 많았다. 나도 그냥 지나치기 싫었다. 큰 바위 위에 대여섯 개의 작은 돌로 자그마한 탑을 쌓고는 예를 올렸다. 내 외손주 정원준, 송은규, 정세은을 비롯해 우리 가족들의 건강과 행복을 발원한 다음 기왓장에 소원을 써서 바치는 기와불사까지 했다. 집사람과 함께 기도를 올렸던 의상대와 홍련암에도 가보고 싶었다. 그러나 오늘은 갈 길이 멀어 다음 기회로 미루어야만 했으니…

7번 국도로 양양을 지나서는 다시 해변의 자전거도로를 걸었다. 지나치는 바닷가 곳곳엔 해수욕장을 폐장했다는 현수막이 걸려 있었다. 하지만 주말이라 그런지 해변마다 고급스러운 차들이 즐비하게 주차해 있고, 바다와 주변의 펜션 등에는 서핑을 즐기는 젊은이들이 부지기수였다. 이러고도 젊은이들이 금수저가 어떻네, 흙수저가 어떻네 하면서 우리나라가 지옥 조선이 된 건 모두 기성세대의 탓이라 원망할 수 있을까 싶었다.

하조대 해변에서 점심을 먹고 났더니 바람이 좀 잦아들었다.

가끔 한 번씩은 뒷바람이 되어 발걸음이 조금씩 무거워지는 내 등을 살짝 밀어주기까지 했다. 내 의지를 꺾기가 미안했던 걸까? 이러다 내가 정말 포기하고 가버릴까 봐 걱정되었던 걸까? 점점 다리는 무거워졌다. 하지만 38.9km를 걸었는데도 원포해수욕장이 나오지 않았다. 네비로 확인했더니 3km를 더 걸어야 한단다. 낙산사에 들른 다음 양양 쪽으로 둘러서 오느라 거리가 더 멀어진 것이었다.

42km 지점쯤에 원포해수욕장이 보였다. 그만 주저앉고 싶었다. 그러나 일기예보에 10월 2일엔 비가 온다고 하지 않던가. 지금 저축을 해두어야 그때가 덜 힘들어진다 싶어 물을 한 모금 마신 후 신발 끈을 한 번 더 조여 매고는 Go~

3km를 더 걸어 드디어 주문진 해변, 이젠 정말 그만 걷고 드러눕고 싶었다. 그런데 해안가에는 1박에 최소 십수만 원 하는 펜션만 있고 모텔은 전혀 없었다. 길을 가는 주민에게 여쭈었더니 친절하게 알려주었는데 3km를 더 걸어야 한단다.

오후 6시에 도착한 주문진항, 이곳에는 모텔들이 꽤 있었다. 오늘은 아침 6시부터 저녁 6시까지 근 12시간 동안 48km를 걸었더니 정말 더는 걷기 싫었다. 이곳 모텔은 속초보다 더 비쌌다. 하룻밤 투숙비가 8만 원이란다. 근데 오늘은 돈이 문제가 아닌 것 같았다. PC는 있지만 사진 한 장 올리는 데 1박 2일은 걸릴 것 같았다. 방에서 최근 집사람과 함께 배우고 있는 필라테스로 스트레칭을 한 다음 골프공으로 발바닥 마사지를 하면서 정동진(正東津)까지 걷는 내일의 도보에 대한 기대를 키웠다. 오늘만큼 걸어야 할 텐데 걱정도 하면서…

(2) 정동진(2017. 10. 1. 일요일)

생각보다 몸이 가뿐했다. 따뜻한 물에 몸을 담그고 스트레칭을 해서일까? 전날 밤의 피로 중 80~90%는 사라진 것 같았다. 새벽에 따뜻한 물로 샤워하던 중 '먼 길을 걷다 보면 눈썹 하나도 무거울 때 있다'라는 옛말이 생각나서 며칠 동안 깎지 않아 제법 덥수룩해진 수염을 말끔히 밀고는 준비를 단단히 한 다음 모텔을 나섰다.

주문진항을 벗어날 무렵 동녘 하늘이 불타는 듯 빨갛게 물들고 있었다. 멋진 하늘과 바다를 배경으로 바닷가에 앉아 먹는 한 줄의 김밥과 따끈한 두유는 얼마나 맛이 좋던지 내겐 진수성찬이 부럽지 않은 아침식사였다. 강릉으로 가는 해안도로는 참 장관이었다. 바다를 바로 옆에 두었을 뿐 아니라 아름드리 소나무가 멋을 더했다. 특히 강릉해변의 보행로는 전국 최고일 것 같았다. 모래사장을 따라 십수 리는 충분할 듯한 울창한 아름드리 소나무 숲은 어찌 그리 멋있던지 마치 한 폭의 그림이었다. 또 솔향 좋은 그 소나무들 사이로 난 흙길 보행로는 내가 지금까지 걸어본 도로 중 최고였다.

강릉 시민들이 부러웠다. 하루하루 살아가는 생업이 아무리 고달파도 일주일에 한두 번만 강릉해변을 찾는다면 쌓였던 스트레스는 시원한 바닷바람에 날아가 버릴 것 같았고, 해변의 소나무가 내뿜는 솔향과 맑은 공기를 가슴에 듬뿍 담는다면 병원에 갈 일이 없을 것 같았다. 소나무 사이에 현수막 하나가 눈에 띄었다. 숲이 우리에게 주는 혜택을 알리는 내용으로 정말 딱 맞는 말이었다.

발걸음이 점점 무거워졌다. 어제는 못 느꼈던 배낭의 무게가 더 넣은 것은 하나도 없는데 무겁게 느껴졌다. 엉치뼈가 아프고 보행 속도가 뚝 떨어졌다. 아무래도 어제만큼은 걷지 못할 것 같았다. 그러나 강릉해변을 벗어나 안인해변으로 가는 길은 바닷가에서 한참 떨어진 산길인데도 분위기가 좋아 힘이 덜 들었다. 오랜만에 노랗게 잘 익어가는 탱자나무도 보고, 예전에 할아버지 할머니들이 담뱃대로 많이 이용하셨던 가느다란 신우대를 가지런히 심어 울타리로 가꾼 아주 멋진 농가를 볼 수 있는 전형적인 우리나라 시골길을 걸었다.

어제저녁부터 약간 불편하던 오른쪽 엄지발가락이 더 불편했다. 양말을 벗고 살펴보았더니 이런~ 작은 물집이 하나 생겼다. 물집이라니… 3년 전엔 열흘을 걸어도 아무렇지 않더니 겨우 어제 하루 걸었는데 물집이 생기다니… 첫날부터 48km를 걸었으니 너무 무리한 탓일까? 아니면 3년의 세월만큼 내가 늙어 세포의 노화 때문일까? 아카시아 가시로 물집을 터뜨렸다. 쓰라리어 당장은 걷기가 더 불편했다. 하지만 한참을 약간 절룩이며 걷자 쓰라림은 조금씩 줄어들었다. 그 무렵 안인해변에 도착했다.

안인해변에서 정동진으로 가는 길은 너무 지루했다. 7km 조금 넘는 길로 바다를 옆에 두고 걷는 길인데도, 산길을 오르내리고 고개를 몇 개나 넘어야 하는 길이라 지루하고 힘이 들었다. 더구나 중간쯤부터는 자전거도로는 없고 차들이 쌩쌩 달리는 차도만 있었는데 이 구간에는 갓길조차 없었으니 온 신경을 세우고 걸어야만 했다. 게다가 흐리기만 할 뿐 하루 종일 괜찮던 하늘이 간간이 비를 뿌리기 시작했으니…

마침내 정동진. 나는 정동진에 처음 왔다. 그런데 전혀 낯설지가 않다. 아니 오히려 익숙한 느낌이었다. 한 번은 꼭 오고 싶었던 곳이다. 외손주인 원준과 세은이의 아빠, 그러니 내 작은사위 이름이 바로 '정동진'이기 때문이리라. 정동진 해변에는 사람들이 무척 많았다. 황금연휴이지만 명절을 앞두고 있는데도 이렇게 많은 사람들이 몰린 모습이 무척 놀라웠다. 인천공항이 출국 인파로 북새통이라더니 국내 관광지를 찾는 사람도 많은 것 같았다.

참 좋은 세상이다 싶었다. 우리나라보다 살기 좋은 나라는 별로 없겠다는 생각이 들었다. 나처럼 혼자서 먼 길을 돌아다녀도 겁날 게 없을 만큼 치안이 좋은 데다, 어렵다고 하는 사람들도 적지 않지만 틈만 나면 해외로 해외로 여행을 나가거나 아니면 국내 명승지를 찾아 여행을 하고 있으니 어찌 살기 힘든 나라라고, 떠나고 싶은 나라라고 할 수 있을까 싶었다.

사위 집에 온 셈 치고 일찍부터 푹 쉬고 싶었다. 오늘은 어제보다 30분 정도 짧은 11시간 18분을 걸었는데 도보거리는 근 10km나 적은 38.26km밖에 못 걸었으니 덜 피곤할 줄 알았다. 그렇지만 비가 내린 탓에 많이 힘들었다. 모텔을 찾았지만 만실이다. 빈방이 없단다. 세 곳에서 헛걸음하고 네 번째 찾은 모텔. 마침 빈방 딱 하나가 남아 있었으니… 행운이 이어진 해피한 하루였다.

(3) 인생을 생각하다(2017. 10. 2. 월요일)

몸이 가뿐했다. 발가락의 물집은 다 나은 듯하고, 컨디션도 어제보다 훨씬 좋았다. 잠자리에 들기 전에 마신 한 캔의 맥주 덕일까? 딸네 집에 온 기분으로 푹 자서 그럴까? 아니면 세 손주와 영상통화를 하면서 그놈들이 보내준 응원 덕분일까? 아마도 이 세 가지 모두가 내 氣를 북돋운 모양이다. 오늘은 전국적으로 비가 내린다는 일기예보가 있었다. 날씨가 염려되어 눈을 뜨자마자 밖으로 나갔더니 예보되었던 대로 가을비가 내리고 있었다. 그렇지만 장맛비나 태풍 때처럼 요란스럽지 않고 부끄럼 많은 새색시의 몸짓처럼 곱게 곱게 내리고 있었다. 이 정도의 비라면 걷기에 큰 불편은 없을 듯했다.

몇 해 전에 코스트코에서 구입한 판초우의를 입고, 모자 위로 헤드랜턴을 착용하는 등 만반의 준비를 했다. 그러고는 10년 넘게 신어 많이 낡았지만 비 올 때 한 번 더 신고 버릴 요량으로 넣어 온 운동화를 신고 모텔을 나섰다.

정동진에서 산 하나를 넘는 동안 가을꽃이 아름다운 강원도의 시골 정취에 빠져 걷기도 했지만 심곡항에서부터는 다시 해변로를 걸었다. 그런데 심곡항에서 들어선 해변로의 이름은 헌화로(獻花路)라 불리고 있었는데 너울성 파고가 심한 날에는 폐쇄되어 통행이 금지될 만큼 바다에 바짝 붙어 있어 경관이 무척 좋았다. 바다를 만끽할 수 있는 명품 도로였다. 파도 소리를 듣고 바다 내음을 맡으며 걷자니 참 좋았다. 거센 파도가 바위를 때리는 소리가 철썩철썩 굉음처럼 들려왔다. 내가 이번 도보여행을 떠난다고 했을 때 몇몇 친구는 문명의 이기인 차를 두고 몇 날 며칠씩 걷는 건 미친 짓이라며 말리곤 했었는데… 온몸으로 시원한 바닷바람을 마주치고, 파도와 자갈이 함께 만드는 천상의 화음을 듣고, 또 세찬 파도가 해변으로 밀어내는 각종 해초에서 풍겨오는 상큼한 바다 냄새를 한 번이라도 경험한다면 그런 소리를 또 할까 싶을 만큼 행복한 시간이었다.

먼바다에서 큰 파도가 밀려오자, 바위가 온몸으로 막는다. 바위에 세차게 부딪친 파도는 울부짖으며 산산조각이 되어 흩어졌다. 바위를 때린 파도가 아플까? 파도를 맞은 바위가 아플까? 큰 바위가 파도에 조각나고 닳고 닳아서 되었을 바닷가 몽돌은 파도가 몰려올 때마다 온몸을 굴리면서 짜르르 짜르르 소리 내어 반응하고, 몽돌이 파도에 쪼개지고 깎여서 되었을 해변의 모래는 하얗게 밀려오는 파도를 아무 소리 없이 온몸으로 받아들이고 있었다. 어쩌면 부부란 관계도 이와 비슷할 것 같다는 생각이 들었다. 젊은 날엔 파도와 바위처럼, 종국에는 자신의 아픔이 되는 줄 모르고 사소한 일에까지 목숨 걸고 서로를 할퀴지만, 중년이 되어서는 파도와 몽돌처럼 서로 조금씩 화음을 맞추면서 갈등이 잦아들다가 황혼의 노년엔 파도와 모래가 그러하듯 모든 걸 이해하면서 서로를 있는 그대로 받아들이는 관계가 부부일 것 같았다.

걷고 또 걸어 망상해수욕장으로… 해변에 망상해수욕장역이란 아주 앙증맞은 간이역이 있었다. 1km도 안 떨어진 곳에 망상역이 있어 간이역은 여름 한 철에만 운영하는 듯 출입문이 굳게 잠겨 있었다. 몇 사람만 들어서도 꽉 찰 만큼 소꿉놀이 건물 같은 간이역이지만 끝없이 펼쳐진 동해 바다가 주는 시야의 시원함은 말로 표현하기 어려웠다. 망상해수욕장을 벗어나 걸었다. 바닷물에 뿌리를 심은 바위들. 바닷물 위로 고개 내민 바위마다 수십 마리의 갈매기들이 앉아 있었다. 갈매기들도 오늘은 임시공휴일일까? 그런데 앉은 모습이 무척 이채롭다. 하나같이 북쪽을 향해 가지런히 앉아 있었다. 이놈들의 고향이 북쪽에 있을까? 추석을 앞두고 고향에 있는 부모를 그리워하고 있는 걸까?

묵호항, 동해항을 거쳐 마침내 오늘의 목적지인 삼척항에 도착했다. 아침부터 내리기 시작한 비는 종일 오락가락하면서 내렸지만 내 도보여행에 어려움은 별로 없었다. 삼척항의 온 거리에는 대게 찌는 냄새가 진동했다. 가게마다 입구에 커다란 솥을 걸어놓고 대게를 찌고 있었다. 맛난 냄새를 풀풀 풍기는 큼직한 대게가 무척 먹음직스럽게 보였다. 군침이 돌았다.

'우리 원준, 은규, 세은이도 엄청 좋아할 텐데…'

가게에 들어가 대게의 가격과 서울로의 배달을 문의했더니 친절하게 설명을 해주었다. 국내산 대게는 겨울에 잡히기 때문에 지금 나오는 대게는 모두가 수입산이란다. 하지만 최하 등급의 가격은 kg당 5만 원이나 한단다. 지금 주문하면 낼모레가 추석이라 택배가 안 된다며 추석 후에 주문하라면서 내 손에 명함을 쥐여주었다. 오늘 도보 시간은 11시간 55분이고, 도보거리는 41.74km이다. 그런데 삼척항 부근에는 숙박할 곳이 없었다. 인근에 파라다이스란 모텔이 하나 있었으나 얼마 전에 문을 닫았단다. 편의점에 들러 숙박할 만한 곳을 여쭈자 제일 가까운 숙박처라야 시내에 있는 모텔이란다. 시내로 가느라 걸어온 길을 3km나 되돌아가야 했으니…

　손주들과의 영상통화 시간. 세 놈 모두가 맛있는 거 먹는다고 우리 집에 모였다면서 한껏 귀여운 모습을 보여주었다. 원준이는 오늘 할머니랑 잔단다. 할아버지 안 계신다고 원준이가 할머니를 챙기다니…, 장하다 싶으면서 우리 원준이가 이처럼 바르게 잘 자라도록 살펴주신 모든 분들이 고마웠다. 그런데 동해안에는 내일 또 비가 온단다. 이번 금요일에는 전국적으로 비가 내린다는 일기예보도 있다. 3년 전 고향 가는 첫 도보여행 때는 걸었던 열흘 내내 빗물 한 방울 안 맞았었는데… 왜 그럴까? 10년 동안이나 정들었던 운동화, 아니 10년 동안 온몸을 다 바쳐 내게 봉사한 운동화, 이런 운동화를 비 올 때 한 번만 더 쓰고 버리겠다는 내 마음이 들통난 걸까? 그래서 하늘의 노여움을 산 걸까? 하지만 오늘처럼 부끄럼 많은 새색시 몸짓처럼 곱게 곱게 왔으면 좋겠다. 내 집사람 걱정 덜 하게…

(4) 경찰차를 타다(2017. 10. 3. 화요일)

　집사람의 엄명(?)을 떠올리며 몸보신을 하느라 어제는 저녁으로 삼계탕을 곱빼기(?)로 먹은 후 모텔방에 들어와서는 30분간 스트레칭을 했다. 또 따뜻한 물을 가득 담은 욕조에 몸을 담그기도 했다. 거기까지는 좋았다. 그렇지만 모처럼 성능 좋은 PC를 만난 들뜬 기분에 그간 올리지 못했던 사진들을 블로그에 올린 다음 어제 당일의 블로그까지 쓰느라 자정을 훌쩍 넘기고 말았으니…

때를 놓쳐서 그런지 좀처럼 잠을 못 이룬 채 뒤척이다가 새벽 꿈속에서 엄마를 만났다. 생전 모습 그대로였다. 3년 전, 서울에서 고향까지 걸었던 '걸어서 고향까지' 도보 때는 날마다 전화하셔서는 '식사는 제대로 했는지, 아픈 데는 없는지' 걱정하시며 응원하셨던 어머니가 하늘나라에서도 아들의 이번 도보여행을 응원하시는 것 같았다. 엄마가 너무 보고 싶었다.

시작은 좋았다. 비가 온다는 예보가 있었지만 하늘이 잔뜩 흐릴 뿐 비는 내리지 않았다. 그렇지만 혹시 몰라, 비 올 때를 대비해 단도리까지 단단히 한 다음 전날 저녁에 사두었던 샌드위치와 두유, 계란을 배낭에 담고는 모텔을 나섰다. 그런데 삼척교를 건너자마자 예보대로 비가 내리기 시작했다. 조금은 시원하게 느껴지던 어제와는 달리 맨살에 떨어지는 빗방울이 꽤 차가웠다. 설상가상이라더니 내리는 양도 점점 많아졌다.

우의를 꺼내 입은 후 인터넷 길찾기 앱으로 오늘 도착 예정지를 검색했다. 자전거도로인 해파랑길로 가면 44.46km지만 자동차도로로 가면 39.03km가 아닌가. 무려 5km나 짧다. 비도 오고 날씨도 춥고 내일은 더 많이 걸어야 하는데… 그렇다면 당연 자동차도로가 좋겠다 싶어 7번 국도의 갓길로 걸었다. 차를 마주 보고 걷는 게 안전하므로 내려가는 길이 아닌 남쪽에서 북쪽으로 올라오는 차도의 갓길을 걷는 것이다.

날씨가 이상했다. 비가 오락가락했다. 많이 내리다가 좀 잦아들기도 하고, 때론 파란 하늘을 보이다 또 쏟아내는 게 곱게 곱게 내리던 어제와는 영 딴판이었다. 고삐 풀린 망아지가 날뛰듯 종잡을 수 없는 날씨였다. 비를 맞으며 한참을 걸었다. 처음으로 터널을 지나기도 했다. 터널 안은 비를 맞지 않아 좋았지만, 차들의 달리는 굉음에 귀청이 찢어질 것 같았다. 국도의 갓길을 걷는 게 무척 지겹기도 했지만, 문제는 가도 가도 휴게소 하나 보이지 않는 것이었다. 이러다 점심은 고사하고 마땅한 장소가 없어 아침으로 준비했던 두유와 샌드위치조차 먹지 못할 것 같았다. 할 수 없이 비가 내리는 국도변에 자리를 잡고 샌드위치와 두유를 먹었다. 빗물과 함께 먹었지만, 맛은 꿀맛이었다.

근 20km를 걷다 점심도 먹을 겸 궁촌교차로에서 내려와 자전거도로인 해안도로를 걸었다. 해안도로를 따라 용화해수욕장으로 걸었다. 하지만 보이는 음식점마다 불이 꺼져 있었다. 추석 연휴라 쉬는 곳도 많았다. 하지만 여름 장사를 끝내고 아예 문을 닫은 음식점들이 더 많았다. 용화해수욕장까지 가야 문을 연 식당이 있을 것 같아 발길을 재촉하던 중 용화 교차로 표시판이 보였다. 다시 인터넷으로 길찾기 검색을 했다.

용화 교차로 → 원덕읍사무소
자동차도로 15.79km
자전거도로 18.08km

자동차도로로 걸으면 2.2km 덜 걸어도 된다. 점심 한 끼 먹자고 30분 이상 더 걸을 필요 없다는 생각이 들었다. 1초라도 일찍 도착해 쉬거나 내일 걸을 거리를 1m라도 줄이는 게 좋겠다 싶어 다시 자동차도로를 걷기로 마음먹었다. 용화교차로에서 다시 7번 국도로 걷기 시작했다. 종일 추적추적 내리던 비는 마치 계절을 여름으로 착각하는지 장맛비처럼 세차게 내렸다. 걷는 시간 내내 신발은 물론 양말, 하의까지 흠뻑 젖어 철벅거리고 장갑과 스틱도 젖어 미끌거렸다. 우의 속에 감춰진 배낭도 조금은 더 무거워진 것 같았다. 그런데도 이상했다. 힘이 들지 않고 별로 불편하지도 않았다. 어차피 내가 걸어야 하는 길이요, 어차피 오후 6시까지는 걸어야 한다. 그리고 원덕읍까지는 걸어야 하는 데다 달리 해야 할 일도 없고, 할 수 있는 일도 없어서일까? 잡념이 없어지고 머리는 맑았다. 손과 발이 저절로 앞으로 쭉쭉 나아갈 뿐 내 머릿속에는 걷는다는 생각조차 들지 않은 것 같았다. 무소의 뿔처럼 뚜벅뚜벅 걸었다. 몸은 조금씩 무거워졌지만, 마음은 가벼웠다. 욕심을 버린다면, 마음을 내려놓는다면 이처럼 행복해진다는 걸 느낄 수 있었다.

용화 교차로에서 7번 국도에 올라 갓길을 1km쯤 걸었다. 500m쯤 앞에 터널 입구가 보였다. 조금만 더 가면 터널에 들어갈 수 있을 것 같았다. 그때 중앙분리대 건너의 북에서 남으로 내려가는 차도에 경찰차 한 대가 경광등을 켠 채 웽웽거리며 달려갔다. 어디서 사고가 났나 보다 여기며 계속 걷고 있는데 이번에는 남에서 북쪽으로, 앞쪽에서 경광등을 켠 경찰차가 웽웽거리며 달려와서는 내 앞에 정차해 길을 막았다. 그 차에서 경찰관 한 명이 내리더니 물었다.

"어디 가세요?"

"목표는 부산이지만 오늘은 원덕읍까지 갑니다."

"이 차 좀 타세요."

"왜요?"

"신고가 들어왔어요. 자동차 전용도로에 사람이 걸어간다고…"

"오늘이 4일째인데 그동안 7번 국도랑 해안도로를 번갈아 걸었는데요."

"舊 7번 국도는 자전거나 사람이 다녀도 되지만 새로 생긴 新 7번 국도는 자동차전용도로라 자전거나 사람이 다니면 안 되세요. 어디서 국도에 올라오셨어요? 용화 교차로에서 올라오셨죠? 거기까지 모셔드릴게요. 아니 거기까지만 가면 국도 걸었던 거리만큼 손해시니까 용화해수욕장까지 모셔드릴게요. 이 차 타세요. 식사 안 하셨으면 거기서 식사하시고 앞으로는 자전거도로만 걸어서 내려가세요."

내가 경찰차를 타자 경찰은 내 도보여행에 대해 묻더니 아예 원덕읍까지 태워주겠다고 했다. 하지만 나는 거절하고 용화해수욕장에서 내려 한 음식점에 들어갔다. 처음으로 해변에서 회에 소주까지 한 잔 하는 동안 비도 그쳤다.

걸어 걸어 원덕읍에 도착했건만 모텔이 또 말썽이었다. 제일 큰 모텔은 10월 6일부터 영업한다는 안내문이 붙어 있고, 나머지 2개의 모텔은 방은 있지만 욕조가 없단다. 그중의 한 모텔은 이게 무슨 모텔인가 싶었다. 분명 일반 가정집인데 대문 위에 '우○모텔'이란 간판만 달렸으니… 기왕 내일 걸어야 할 길을 하루 앞당기는 셈으로 좀 더 걷기로 했다.

마침내 이번 여행 중 최고의 모텔을 만났다. 지은 지 얼마 안 된 듯 시설이 좋고 모든 게 깨끗했다. 따뜻한 물이 부글부글 거품이 일어나는 욕조가 참 좋았다. 속도 빠른 PC까지 있어 금상첨화였다. 게다가 가격은 지금까지 최저인 5만 원이다. 오늘은 44.81km의 거리를 걸었는데 식사시간, 쉬는 시간 등을 포함해 11시간 12분 걸렸지만 난생처음 경찰차를 타본 날이었다.

(5) 추석, 가족 상봉(2017. 10. 4. 수요일)

추석날이다. 밤새 잘 마른 셔츠와 우의를 접어 배낭에 넣는 등 떠날 준비를 마쳤다. 탁자 위에 비스킷 두 개와 커피 한 잔을 올려놓고는 고향 淸道가 있는 서남쪽을 향해 절을 두 번 올린 후 밖으로 나갔다. 그런데 비가 내리고 있었다. 일기예보에서 어제까지만 비가 온다기에 오늘은 괜찮을 줄 알았는데 또 비라니… 하루 앞날의 예보조차 제대로 못 맞추는 기상청을 원망하면서 배낭을 다시 열어 우의를 꺼내 입고는 모텔을 나섰다.

시설 좋은 모텔에서 푹 잘 자서 그런지 날씨와는 달리 기분이 상쾌했다. 10여 분을 걸어 해안도로에 다다르자, 해안가에 있는 정자 뒤쪽의 먼바다 수평선 너머로 빨간빛이 빤짝거린다 싶더니 찬란한 태양이 솟기 시작했다. 쑥쑥 솟았다. 동해안에서 일출을 여러 차례나 보았지만 붉은 해님은 늘 수평선에 깔린 구름 위로 솟아올랐는데 구름의 방해 없이 수평선에서 바로 하늘로 솟는 찬란한 일출은 오늘이 처음이었다. 어떤 글이나 말로 형언할 수 없을 것 같았다. 온전한 모습을 보이자마자 해님은 금방 구름 속으로 숨어버렸지만 나는 문득 세상 아이들의 태어나는 모습이 바로 일출의 모습이겠다는 생각이 들었다.

멋진 일출의 광경을 보고 자전거도로를 따라 걷다가 길옆에 있는 한 공원에 들어서면서 서쪽 하늘을 보는 순간 할 말을 잃었다. 오, 마이 갓! 몇 년 만인가? 공원에 세워져 있는 '한국 표준형 원전 준공기념'이란 탑 위로 무지개가 떴다. 정말 멋진 추석 아침이었다. 새벽에 비가 내린 것은 내게 이처럼 멋진 선물을 주기 위해서였나 보다. 이런 줄도 모르고 기상청을 원망했으니… 일출과 무지개 사진을 카톡으로 보내자, 가족과 친구들은 멋진 사진이라며, 행운의 징조라며 좋아했다.

비는 오락가락하고… 하늘나라에 계신 어머니와 아버지를 떠올리며 길을 걸었다. 3년 전에, 은행 정년퇴직과 회갑을 자축(自祝)하는 뜻으로 열흘 동안 걸었던 첫 도보여행 때가 생각났다. 정년퇴임 다음날인 2014년 10월 1일 서울에서 출발해 고향인 淸道郡 梅田面 溫幕里까지 걸었던 열흘 동안, 하루도 빠지지 않고 매일 오후 6시만 되면 내 핸드폰이 울렸는데, 폰을 귀에 갖다 대면 어머니는 늘 이렇게 말씀하시곤 하셨지.

"어디까지 왔노? 저녁은 맛있는 걸로 무우래이. 내일은 무리하지 말고…"

이번 도보여행에서는 집사람이 2015년 3월에 돌아가신 어머니를 대신하고 있다. 새벽에 전화해서는 피로가 좀 풀렸는지 묻고, 무사 귀가를 기도하지만, 오후 6시에는 어머니와 똑같은 말을 한다.

"어디까지 가셨어요? 힘드셨죠? 잘 드세요. 여기 걱정은 마시고…"

아~ 어머니가 보고 싶었다. 그저께 꿈에 현몽하셨는데… 2011년 크리스마스 날 하늘나라에 가신 아버지도 보고 싶었다. 아버지를 먼저 보내시면서 "3년만 아이들 옆에 더 있다 따라갈게요." 하시곤 그 약속을 지키시는 듯 삼 년 두 달 뒤에 정말 하늘나라로 가신 어머니는 그곳에서 아버지를 만나 잘 계시리라 확신하지만, 한 번씩 보고플 땐 눈가가 축축해지고 가슴이 먹먹해진다. 추석이라 그런지 오늘이 바로 그런 날이었다.

길가에 떨어진 밤송이를 벌려 꺼낸 밤을 까먹으면서 산길을 넘자, 아담한 마을이 보였다. 여남은 집이 될까 말까 한 작은 마을이었는데 집집마다 지붕 위로 솟은 굴뚝에서 모락모락 하얀 연기가 피어올랐다. 아마도 추석 차례상에 올릴 밥을 짓는 모양이었다. 지난봄에 씨를 뿌려 이번 가을에 추수한 햅쌀로…

'추석에 대한 추억은 나도 엄청 많은데…'

조상 잘 모시는 이곳 마을 사람들에게 많은 행복이 깃들길 기원하면서 길을 걸었다.

한참을 걷자, 오른발의 바깥 복숭아뼈 조금 앞부분이 더 시큰거리기 시작했다. 어제오늘의 일이 아니지만 기분이 나빴다. 첫날엔 아무렇지도 않았던 곳이다. 그런데 둘째 날부터 시큰거려 파스를 뿌리고 붙이고 있지만 잠시 괜찮을 뿐 한참 걸으면 또다시 시큰거리니 걷기에 여간 불편하지가 않다. 왜 그럴까? 이상하다 싶어 걷는 발 모양을 바꾸면서 걸었다. 11자의 발을 八자로 양발 앞부분을 좁혀서 걸어보고, 역 八자 모양이 되게 양발 앞부분을 벌려서 걸어보지만 불편함은 사라지지 않고 그대로였다. 오른발의 안쪽을 세워 걸어보아도 그대로였다. 마지막으로 바깥쪽을 세우고 걷자 시큰거림이 덜했다.

아, 바로 이거구나 싶었다. 거의 모든 포장도로는 빗물이 쉽게 흘러내릴 수 있도록 가운데를 조금 높게 만드는 반면 양 사이드는 낮게 만든다. 그리고 나는 차도의 갓길을 걸을 땐 주로 오른쪽 보행이 아닌 왼쪽 보행을 하면서 달려오는 차를 마주 보며 걷는다. 그러니 내 오른발은 자연히 엄지발가락이 있는 안쪽이 낮고, 새끼발가락이 있는 바깥쪽이 높아 약간은 꺾이게 되는 셈이었다. 그래서 하루 백 리씩 걷는 동안 오른발에 무리가 가고, 이런 무리가 쌓였던 것이 아닐까 싶었다. 당장 길을 건너 차를 등지고 오른쪽 보행을 했다. 발이 한결 편했다. 이렇게 사소한 차이에 탈이 나다니… 몇 만분의 일을 따지며 작동하는 오묘함은 초정밀 기계에나 있는 줄 알았는데 사람의 몸도 이처럼 오묘할 줄이야…

아침을 먹지 못했는데 걸어도 걸어도 문을 연 식당을 찾을 수 없었다. 하긴 추석날인데 이런 시골에서 어떤 사람이 식당을 찾는다고 아침부터 문을 열까 싶었다. 아침 먹기를 포기한 채 죽변항을 향하면서 죽변마을로 접어들었다. 그런데 '이모네'란 간판에 불이 켜진 식당에서 한 남자가 이빨을 쑤시면서 나오고 있지 않는가. 눈이 번쩍 떠졌다. 식당에 들어서면서 오늘도 장사하느냐고 물었더니 문을 열었단다. 여러 메뉴가 있었지만, 국물이 그리워 소머리국밥을 시켰다. 소머리국밥이 무척 맛있었다. 경기도 곤지암에서 몇 번인가 먹었던 유명 소머리국밥집의 국밥보다 더 맛있었다.

국물 한 방울도 아까워하며 먹고 있는데 앞 테이블의 손님들이 식사하면서 주인에게 인사를 했다. 자기들은 원주에서 동해안으로 바다 구경을 온 5형제 부부인데 아침 먹을 곳이 없어 걱정했었다며, 이렇게 추석날 문을 열어 고맙다고, 음식을 맛있게 해주어서 고맙다고 말을 하자 식당 주인은 자신들은 서울에서 살다가 2년 전에 내려와서는 식당을 차렸단다. 아내는 주방일을 하고, 자신은 서빙으로 아내를 돕고 있단다. 식사를 마친 후 계산을 하면서 내가 말했다.

"저는 서울 양재동에 살면서 며칠 전부터 도보여행하고 있는데 소머리국밥이 참 맛있네요."

그러자 주인 남자는 이렇게 대답했다.

"어, 저도 여기 내려오기 전에 서초구청 부근에서 살았어요. 참, 그때 내 집사람은 양재동 꽃시장 건너편 뼈다귀해장국집 주방에서 일했었는데…"

"AT센터 건너편에 있는 양재해장국 말이죠? 우리 식구들이 자주 가는 집인데…"

"네, 맞아요, 맞아. 양재해장국."

그러고는 주방을 향해 소리쳤다.

"여보, 이 손님 양재동에서 오셨대. 양재해장국에 많이 갔대."

잠시 후 한 아주머니가 따뜻한 커피 한 잔을 들고 주방을 나와서는 내 앞에 내려놓았다. 한때 양재해장국에 길들여졌던 입맛이라 오늘 소머리국밥이 그렇게 맛있었나? 내 입맛에 참 잘 맞았던 양재해장국이었는데 언제부턴가 맛이 좀 시원찮아졌다 싶었는데 이 아주머니가 떠났기 때문이었나, 라는 생각이 들기도 했다.

오늘은 종일 해파랑길 해안도로만 걸었다. 드넓고 푸른 바다뿐 아니라 옥계서원 유허비, 망양정, 천연기념물 제158호로 500년 넘은 후정리 등 선조들의 발자취도 보면서 걸었는데 날씨는 죽 끓듯이 변덕스러웠다. 비가 오다 그치고 또 오다 그치고를 몇 번이나 반복했다. 햇볕이 쨍쨍 나서 우의를 집어넣은 후 얼굴에 선크림을 바르고 좀 걷다 보면 또 비가 내리고… 우의를 꺼냈다 넣었다 한 게 몇 번이었는지 셀 수 없을 정도로 변덕스러웠다.

마침내 망양휴게소를 지나 오늘의 목적지가 4km여밖에 남지 않았을 무렵 핸드폰이 울렸다. 집사람이었다.

"지금 은규네랑 당신한테 가고 있어요. 점심 먹고 바로 출발했는데 차가 엄청 막히네요. 어디로 갈까요?"

깜짝 놀랐지만, 그 이상으로 기뻤다. 그러나 나는 이렇게 말하고 있었다.

"말라꼬 내려오노, 방해되게… 기성 망양해수욕장에 있는 삼성모텔로 와요. 방 2개 잡아놓을게."

"네, 먼저 들어가셔서 블로그 쓰시거나 쉬고 계세요. 우린 차가 막혀 9시는 돼야 도착할 것 같네요."

부지런히 걸어 어제저녁에 알아두었던 삼성모텔을 찾아갔다. 외관상 보기에 별로 좋아 보이지 않는 모텔이었다. 저녁 먹을 곳도 주위에 전혀 없었다.

'나 혼자 하룻밤 자는 거야 아무려면 어떨까만 집사람이랑 은규 가족들까지 다 오는데…'

그렇지만 주변에는 모텔이 없단다. 4km쯤 떨어진 기성면 소재지에 알아보아도 모텔은 있지만 마땅한 곳은 없었다. 이곳저곳을 알아보았더니 깨끗한 모텔은 후포항까지 가야 있단다. 후포항이라면 무려 19km나 더 내려가야 하는데…, 하지만 다른 선택은 없었다.

다행히 후포항에서 시설 좋고 깨끗하기로 소문난 모텔의 전화번호를 알아낸 다음 모텔로 전화를 걸었다. 그런데 모텔 사장이 예약은 안 된다면서 방이 몇 개 안 남았다며 빨리 오란다. 19km를 걸으려면 적어도 4시간 30분은 걸리는데… 택시를 타는 수밖에 없었다. 114에 문의해서 알아낸 기성면의 콜택시 전화번호로 아무리 전화해도 받질 않는다. 삼성모텔 앞에서 발을 동동 구르고 있는데 지나가던 어떤 트럭이 내 앞으로 와서 섰다. 트럭 기사는 하룻밤 쉴 모텔을 찾는다며 내게 삼성모텔이 어떠냐고 물었다. 내 사정을 이야기했더니 그럼 같이 후포항으로 가자며 조수석에 타라고 했다.

집사람에게 달라진 상황을 이야기했더니 같이 오고 있는 은규 엄마가 나더러 후포항의 '편지'란 모텔 이름을 알려주며 그곳으로 가란다. 서울에서 미리 알아보았더니 후포항에서 제일 좋은 모텔이란다. 지금 내가 찾아가고 있는 바로 그 무인텔이었다. 나는 후포항에서 내리고 트럭 기사는 다른 모텔을 찾아 떠났다. 인터넷 길찾기를 해보자, 내가 찾아가는 무인텔 '편지'는 후포항에서 3.5km 떨어진 곳에 있었다. 그런데 후포항에도 택시가 없었다. 이곳에서도 콜택시는 전화조차 받지 않았다.

결국은 걸어야 했다. 걸어 걸어 모텔에 도착하자 8시가 다 되었다. 점심을 굶었는데 저녁까지 못 먹었으니 배는 고프고, 몸은 파김치가 되었다. 하지만 10시가 다 되어 도착한 은규의 목소리를 듣고, 집사람의 활짝 웃는 웃음을 보는 순간 모든 피로는 눈 녹듯 사라졌다. 은규 엄마와 은규 아빠가 편의점에서 사온 컵라면과 컵밥, 컵떡볶이에 두 끼 굶은 배고픔이 해결되었다. 원준이네 가족은 내일 새벽에 도착한다니 일주일만의 가족 상봉인 셈이다. 세 손주를 포함한 9명 대식구의 대게 뜯는 모습은 상상만으로도 즐거워 내 얼굴에 미소꽃이 만발했다. 게다가 오후에는 자전거로 이곳을 지나는 친구도 만나기로 했으니….

오늘 공식기록은 도보 시간은 11시간 52분, 도보거리는 37.71km다. 하지만 여기다 후포항에서 걸었던 50분과 3.5km를 보태면 12시간 42분 동안 41.21km를 걸었던 셈이다. 예고 없이 찾아온 가족들 때문에 톱니바퀴 돌아가듯 돌아가던 리듬이 깨지게 되었다. 그리고 도보여행의 일정에도 차질이 생기게 되었다. 하지만 이런 가족이 있어 나는 더 행복하다. 내일 하루는 도보여행을 중단하고 가족들과 시간을 함께 보내기 위해 일정을 어떻게 조정할지 고민해야겠다.

첫째, 10월 5일의 6일 차 일정은 고래불 인증센터까지의 도보지만 어차피 어제 이곳까지 19km를 차량으로 이동했으니 6일 차 일정을 몽땅 건너뛴 다음 10월 6일 고래불 인증센터에서 7일 차 도보를 시작하는 것이다.

둘째, 7일 차 도보를 기성 망양해변으로 돌아가 시작하되 10월 12일 끝날 예정인 이번 도보여행의 전체 일정을 하루 연장해 10월 13일로 할 건지, 아니면 7일 차 도보를 기성 망양해변으로 돌아가서 시작하되 마지막 일정을 10월 12일 기장군청까지만 할 건지 고민해야겠다.

무엇보다 내일 하루는 만사를 제쳐두고 가족들과 싱싱한 회와 맛나기로 소문난 울진 대게를 먹고, 전망 좋은 바닷가를 찾아 손주들에게 은하수 같은 사랑을 쏟아야겠다. 내 삶의 전부이자 이유이기도 한 가족들과 함께.

(6) 공짜 Day(2017. 10. 5. 목요일)

이제 겨우 10분 지났는데… 눈물이라도 한바탕 쏟아버리면 나을 것 같은데… 예고도 없이 들이닥친 집사람과 은규네가 9시간의 운전 끝에 도착한 건 어젯밤 10시 무렵이었지만 오늘 아침 7시쯤에야 도착했던 원준이네까지 나 혼자만 남겨두고는 집사람, 은규네와 함께 서울로 올라가 버렸으니 12시간 만의 이별이었다. 12시간? 아침 6시에 시작해서 저녁 6시에 끝내는 이번 도보여행에서의 걷는 12시간은 엄청 길게 느껴지는데 가족들과 함께 보냈던 오늘의 12시간은 왜 이렇게 찰나처럼 짧게만 느껴지는 걸까? 똑같은 12시간인데…

가슴이 텅 빈 것처럼 허전하다. 온몸에 힘이 다 빠져버린 것 같다. 내 품에서 떨어진 지 채 30분도 안 되는 은규와 세은이가 벌써 보고파진다. 내가 가족 떨어져 괜한 짓을 하고 있나 하는 생각이 들기도 한다. 어떤 명절보다 행복했던 어젯밤부터 잠시 전까지의 장면들이 주마등처럼 스친다. 집사람과 은규를 닷새 만에 만나던 때의 설렘. 원준이와 세은이를 기다리던 새벽의 행복. 한 사람도 빠지지 않고 모인 우리 가족들이 후포항의 한 식당에 둘러앉아 킹크랩을 맛나게 뜯는 모습, 통통한 게살을 입에 넣어줄 때마다 날름날름 잘 받아먹으면서 맛있다며 엄지손가락을 내세우던 손주들의 모습이 눈앞에 얼른거린다. 철 지난 바다의 백사장에서 손주들과 신나게 뛰어다닌 게 불과 한두 시간 전인데…

당초 오늘의 도보 일정은 어제 걷기를 마쳤던 기성 망양해수욕장에서 고래불 인증센터까지 35.61km의 길을 걷는 것이었다. 물론 당연히 여기에 10월 3일 초과했던 거리 5.2km(덕신해변 → 기성 망양해수욕장)쯤 더 걷겠지만… 그런데 갑작스러운 가족 상봉 덕에 도보를 쉰 채 가족들과 함께한 오늘. 일정 조정을 고민하다가 후포항에서 기성 망향까지의 20여 km를 되돌아가 다시 걷느니, 또 10월 12일 끝나는 전체 일정을 10월 13일에 끝나도록 하루를 연장하느니 아예 오늘의 일정을 통째로 건너뛰기로 마음먹고는 종일 차로 이동했다. 가족들은 나를 내일, 7일 차 도보의 출발지가 될 고래불 해변의 모텔까지 태워주고, 집사람은 점심과 킹크랩, 저녁식사에 이어 방값까지 계산해버리니 내게 오늘은 모든 것이 공짜(?)였다.

서울로 돌아가는 차 안에서 잠들 아이들만 모텔에서 대충 씻기고는 떠난 내 가족들, 남은 300km를 마저 걷겠다는 나를 혼자 두고 떠날 수밖에 없는 가족들의 발걸음이 조금은 무거워 보였다. 나는 문득 부모님 생전을 떠올렸다. 내가 고향에 다녀올 때마다 신작로에 서서 승용차의 뒤꽁무니가 보이지 않을 때까지 손을 흔들고 계시던 아버지와 어머니였는데 오늘 내가 가족들이 탄 차가 내 눈에서 보이지 않을 때까지 손을 흔들면서야 그때의 어머니와 아버지 심정을 제대로 알 수 있었던 것 같았다.

너무 짧았던 하루. 살짝살짝 젖어 드는 눈. 애써 눈을 크게 치켜떠야 했던 날. 이제는 텅 빈 가슴을 각오와 다짐으로 채우련다. 뜻한 바를 중도에 포기하지 않고 끝까지 최선을 다해 이루고자 하는 내 모습. 반드시 해야 할 일이라면, 정녕 하고 싶은 일이라면 어떠한 역경이 닥쳐도 의지와 노력을 꺾지 않는 강인한 체력과 정신력을 지닌 내 모습을 사랑하는 사위와 외손주들에게 보여 그들도 心身이 강건한 사람이 되는데 본보기가 되겠다는 각오와 다짐으로 텅 빈 내 가슴을 채우기로 했다. 온 힘이 빠져버린 내 몸에는 용기와 행복을 담으련다. 원동력인 가족들이 응원으로 만들어 놓고 간 용기와 손주들이 내 가슴속 구석구석 뿌려놓고 간 사랑의 행복을…

내일 새벽에 다시 걸으리라. 힘들 때마다 가족들의 오늘 모습과 사랑을 꺼내보고, 행복을 되새기며 힘차게 힘차게 발걸음을 내디뎌야겠다. 10월 12일엔 아내에게 전화해서 이렇게 말하리라.

"부산역에서 SRT 탔어."

(7) 새 출발(2017. 10. 6. 금요일)

잠에서 깨자마자 창문을 열고 하늘을 봤다. 흐리긴 해도 비는 내리지 않았다. 우의를 접어 배낭에 넣고는 가족들이 남겨놓은 약과와 우유를 먹고 있는데 핸드폰이 울렸다. 어제 만났지만 따끈한 커피 한 잔밖에 못 나눈 채 헤어지면서 "오늘 구간이 자전거 그랜드슬램 완주 코스야"라 말하곤 자전거에 올라 영덕 해맞이 공원을 향해 힘차게 페달 밟아 떠난 그 친구였다. 비가 오면 자전거 타기 위험해서 곧 서울로 올라갈 작정이라며 어제 소주 한 잔 같이 못해 아쉽다면서 말했다.

"무리하지 말고 체력 안배 잘해. 완주 후 서울에서 한 잔 하자."
나는 그랜드슬램 완주를 축하하고…

모텔을 나서자, 컨디션이 좋았다. 손주들의 氣와 가족들의 응원을 받아서일까? 오늘은 천 리라도 걸을 수 있을 것 같았다. 그런데 고래불 광장에 도착해 인증사진을 찍고 있는데 또 비가 내리기 시작했다. 이슬비처럼 시작한 빗방울이 조금씩 조금씩 굵어졌다. 뽀송뽀송한 운동화가 젖을세라 고인 물을 요리조리 피해 다니며 걸었다. 한참 피해 다녔지만, 굵어진 빗방울엔 젖을 수밖에 없었다. 비옷에 덮인 상반신은 괜찮지만, 우의가 다 덮지 못한 아랫도리는 비에 젖고, 마침내 양말은 물론 운동화 속까지 질퍼덕거렸다. 그러자 차라리 편했다. 젖는 것을 두려워할 이유가 없으니 물 고인 곳을 피할 이유도 없었다. 한 번 젖는 게 싫을 뿐이지…

흠뻑 젖은 운동화로 고인 물을 피하지 않고 걷던 중 인생에서도 이와 다르지 않은 경우들이 있는 것 같았다. 범죄에서 특히 더 그런 것 같았다. 뉴스 등을 통해서 우리는 어쩌다 한 번 죄를 지은 사람이 어렵지 않게 또 다른 죄들을 저질러 여러 번의 감옥생활을 하는 전과자를 간혹 보는데 이들 대부분이 '기왕 버린 몸인데…' 하는 심리를 가진 게 아닐까 싶었다. 그러면서 할아버지라면 지금의 나이에 달리 할 일을 찾는 것도 좋지만 맞벌이하는 아들과 딸이 편한 마음으로 직장생활을 할 수 있도록 돕고, 또 할아버지가 나서서 손주들을 돌본다면 같이 늙어가는 아내도 무척 좋아할 텐데… 하는 생각도 들었다. 할아버지 자신이 직접 손주들을 돌보고 챙긴다면 요즘처럼 험한 세상에서 자라는 손주들이 어두운 곳에 발을 담그지 않고 인성 좋은 인물로 성장하리라 생각하면서 비를 맞았다. 손주들의 바른 성장을 위한 역할을 조부모의 역할로 삼았으면 좋겠다 싶었다.

가족들과 행복하게 보냈던 어제를 떠올리며 길을 걸었다. 자정 넘어 서울에 도착했을 텐데 모두들 얼마나 피곤할까? 저녁 먹을 무렵 잠든 세은이는 배가 엄청 고팠을 텐데… 넘어져 코피 흘린 은규는 괜찮은가? 원준이는 이번 주말에도 할머니랑 자면 좋은데… 어제 떠난 가족들이 궁금하고 보고팠다.

참 고약한 날씨였다. 오늘은 비가 잠시도 그칠 줄을 몰랐다. 가을비치고는 꽤 많은 비가 하루 종일 내렸다. 바람까지 거세져 파도는 바닷물을 뒤집으며 거친 울음을 토해냈다. 우의를 벗지 않고는 배낭에 꽂힌 물병을 꺼낼 수 없었던 탓에 물도 마시지 못하고 걸었다. 한 번 쉬지도 못하고 4시간 동안 비바람을 맞다 문을 연 돼지국밥집이 보이자 살았다는 생각이 들 만큼 반가웠다. 목구멍을 타고 들어간 따끈따끈한 돼지국밥 국물이 몸은 물론 마음까지 포근하게 만들어주었다. 고래불 奉松亭, 김도현 선생의 도해단, 영덕 해맞이공원, 영덕대게로 더 알려진 강구항을 거쳐 피로를 말끔히 씻어내기 위해 물이 좋다는 부경온천으로 갔다. 그런데 방이 없단다. 할 수 없이 지친 다리를 끌며 1.5km를 더 걷고 있을 때 가족 단톡방에 사진들이 올라왔다. 어제 내 곁에 있었던 원준이가 어제의 일들을 쓴 일기와 그림 그리고 나를 위해 만든 그림 카드의 사진이었다.

"할아버지, 힘내세요. 사랑해요."

이보다 좋은 약이 또 있을까? 11시간 20분 동안 47.6km를 걷느라 쌓인 피로는 어느새 사라졌다. 손주의 그림 카드 응원이 온 천물보다 좋은 보약이었다.

(8) 타임머신의 길(2017. 10. 7. 토요일)

기분 좋은 기상이었다. 이틀 치의 블로그를 한꺼번에 쓰느라 자정을 넘기는 바람에 잠을 5시간 정도밖에 못 잤는데도 몸은 거

뜬했다. 냉장고에 들어 있는 생수와 음료수로 대충 배를 채운 후 믹스커피를 타 마시고는 운동화를 신으려는데… 아뿔싸! 운동화가 젖은 채 그대로다. 어제 종일 비를 맞으며 걸어 속이 질펀질펀할 만큼 젖었는데 블로그에 정신이 팔려 말린다는 걸 잊고 있었던 것이다. 운동화를 들어보니 제법 묵직했다. 배낭에 넣어 다니기에는 무거울 것 같고, 이젠 필요치 않을 것 같기도 했다.

한 주간의 날씨를 검색했다. 비 예보는 13일 하루뿐, 그럼 도보여행이 끝나는 10월 12일까지는 비가 오지 않는다는 것이다. 다행이다 싶었다. 이 운동화를 신고 헬스장에서 운동할 땐 집사람은 너무 낡아 남 보기 창피하다며 버리라고 했었다. 하지만 신으면 발이 워낙 편해 신발장에 숨겨두었다가 이번 도보를 준비하면서 비 오는 날 한 번 신고 버릴 작정으로 가지고 온 것이었다. 그런데 비가 4일이나 내리는 바람에 네 번씩이나 신었으니 제 몫을 넘치도록 한 셈이다. 그런데도 막상 버리기로 마음먹으니 서운한 생각이 들었다. 내가 울산 지점장으로 근무할 때 울산에서 장만했으니 십여 년이나 정든 신발인 데다, 그 시절 주중에는 태화강변을 누비고, 두 번의 풀코스 마라톤과 서너 차례의 하프 마라톤을 완주할 때 내 발을 엄청 편하게 해준 고마운 운동화이기에 미안함마저 들었다.

'그래 어차피 버려야 할 거라면 여기서 이별하자.'

운동화를 비닐봉지에 담았다. 고마움과 미안함도 비닐봉지에 넣었다. 운동화 담은 비닐봉지를 쓰레기 모아놓은 곳에 내놓고는 모텔을 나섰다. 하늘에 구름이 많았지만 비는 오지 않았다. 다행히 오늘은 비가 오지 않을 것처럼 보였다.

화진해수욕장을 지나는데 몸이 무척 가볍게 느껴졌다. 그러고 보니 오르막을 오를 땐 가끔 시큰거리던 왼쪽 무릎이 아무렇지 않고, 한 번씩 저리는 듯 불편하던 왼쪽 오금도 괜찮았다. 오후쯤이면 은근히 괴롭히던 오른쪽 엉치뼈의 통증도 며칠 전부터 괜찮다 했더니… 내 몸이 이제 장거리 도보에 제대로 적응하는 걸까? 아니면 몸이 가벼워져서일까? 집사람이 그저께 나를 보고 "얼굴이 반쪽 됐다"라며 양 볼이 쏙 들어갔다고 했으니 정말 살이 좀 빠졌는지 모르겠다. 3년 전에 걸었던 고향길 도보여행 때는 열흘을 걸어도 겨우 2kg밖에 안 빠졌었는데 이번에 추석 연휴 때문에 식사를 제대로 못한 탓에 더 빠질 수 있겠다 싶었다. 정말 몸이 좀 가벼워진 것 같았다. 불편을 주던 물집까지 사라졌으니 걷기가 한결 수월했다.

오랜만에 비 내리지 않는 새벽 바다를 즐기며 한참을 걸었다. '청하면 월포리'라 쓴 표시판이 보였다. 바닷가 들판에는 가을 햇살을 기다리는 들판이 황금색을 뽐내고 있었다. 바로 길가의 논에 맑은 물이 졸졸 흘러 들어가고 있는 모습이 내 고향의 논처럼 보였다. 물이 졸졸 흐르는 좁은 도랑은 나를 어린 시절로 돌려보냈다. 저녁 무렵에 대나무를 엮어 만든 통발을 물이 논에 들어가는 곳에 설치해두었다가 새벽에 가보면 배때기가 누런 미꾸라지가 수북했던 그 시절, 도랑의 앞뒤를 막은 후 바가지로 물을 다 퍼내곤 진흙을 뒤집으면서 진흙 속의 미꾸라지를 잡았던 추억이 새록 새록 피어올랐다.

　파란 하늘과 푸른 바다를 배경으로 보이는 황금빛 들판은 잘 그려진 수채화였다. 황금 들판 사이 곳곳에서 활짝 모습을 내민 코스모스, 들국화, 구절초꽃 등 가을꽃은 가히 한 폭의 그림이었다. 코스모스는 가을꽃 중에서는 내가 제일 좋아하는 꽃이다. 바람에 한들거리는 코스모스를 보면 약간은 외로워지면서 마음이 센티해지곤 한다. 딱히 좋아하는 이유를 말할 수는 없지만 아마 '소녀의 순정'이란 꽃말의 영향도 있지 않을까 싶다. 또 코스모스가 화려하지 않으면서 깨끗한 아름다움을 지니고 있기 때문일 수도 있겠다 싶다. 하지만 나는 군락을 이루어 핀 코스모스보다 들판 군데군데에서 몇 송이씩 피어 있는 외로운 코스모스를 더 좋아한다. 그것도 빨간색과 분홍색, 하얀색의 코스모스가 모여 한꺼번에 핀 모습을 보는 것을 제일 좋아한다. 좋아하는 코스모스로 눈을 호강시키며 걷는 해안길, 나는 참 복 많은 사람이다 싶었다.

　어느새 '월포리'라는 마을 입구에 들어서고 있었다. 이때 부고(訃告)를 알리는 마을의 확성기 소리가 들려왔다. 이장(里長)이 생방송하는 것이었다. 오늘 아침 동네 주민 한 분이 요양원에서 돌아가셨단다. 빈소가 있는 장소와 발인일을 알리면서 많은 동민들이 문상 다녀오기를 당부하고 있었다. 요양원에서 돌아가셨다니 젊은 나이는 아닌 것 같았다. 추석을 지나고 사흘 만에 돌아가셨으니, 가족들과 마지막 인사는 나누었을 것 같아 다행이다 싶었다. 하지만 요양원에서 돌아가셨다는 말이 못내 마음에 걸렸다.

현대판 고려장이라는 요양원. 요양원은 한번 들어가면 살아서는 나오지 못한다더니 정말 그런가 싶었다. 요즘 같은 핵가족 시대에 그게 마음대로 되지는 않겠지만 요양원에 가지 않고 눈을 감는 것도 큰 복이겠다 싶었다. 나도 아버지, 어머니처럼 요양원에 가지 않고 살다 가기 위해 몸과 마음을 열심히 가꾸리라 다짐하며 마을을 지났다. 모르는 분이지만 고인의 명복을 빌며 걸었다.

얼마를 더 걷던 중 한 공장의 정문에 걸린 현수막이 보였다. 정문에 걸린 추석맞이 현수막에 '(주)정화식품상사'라 쓰여있지 않은가. (주)정화식품이라면 내가 잘 아는 회사다. 33여 년 전, 내가 대리로 승진하면서 한일은행 포항지점으로 발령받았는데 그 지점의 최고 거래처 중 한 곳이 (주)정화식품상사였다. 오징어를 가공해서 시중 판매는 물론 군에 납품까지 하는 회사였다.

이 회사의 최 회장님께서는 재력이 좋았을 뿐 아니라 포항 상공회의소 회장을 역임하실 만큼 역량이 뛰어나신 분이었다. 내가 그분께 부임 인사를 하던 날 그분은 내 두 손을 잡으며 자신이 고교 14년 선배라면서 은행 일에 애로가 있으면 언제든지 말하라고 하셨다. 또 그 회사의 경리 담당 박 과장님도 내 고교 2년 선배였는데 두 분은 은행 실적은 물론 개인적으로도 살뜰히 살펴주셨다. 수시로 가공하고 남은 오징어 자투리들을 상자째 보내주면서 직원들과 나눠 먹으라 하고, 가끔은 내 담당 파트 직원 모두를 불러 회식까지 시켜주시곤 했다. 또 경리 담당 선배는 바둑을 얼마나 좋아하시던지 일과 후 시간만 나면 나를 데리고 기원을 갔으니…

지금도 나는 마트에서 가공된 오징어를 살 땐 정화식품 제품부터 찾는데…

'최 회장님은 이제 팔순이 다 되셨을 텐데 건강하실까?'

'박 선배는 아직도 이 회사에 근무하고 계실까?'

궁금증을 풀고 싶었지만, 추석 연휴로 공장문이 꼭꼭 잠겨 있었다.

꼬불꼬불한 해안선을 따라 조성된 자전거길 옆의 숲속에 조그만 옛 기와지붕이 보였다. 원각조사비였다. 원각조사는 조선 초기의 스님으로 임진왜란을 130년 먼저 예언하셨다니 대단하셨던 모양이다. 그런데 안내판에 쓰인 스님의 출가 전 성씨와 이름이 내 집사람과 똑같았다. 기분이 묘하면서도 좋았다.

월포해수욕장이 보였다. 포항지점에 근무하던 시절 집사람과 함께 두 딸을 데리고 와서는 모래성을 쌓으면서 놀았던 해변, 가슴까지 닿는 바닷물에 들어가 발뒤꿈치로 모래를 비비면 큼직한 백합 조개가 나오곤 했던 그 해변이었다. 그때는 해변 주위가 꽤 시골스러웠는데 몰라보게 달라져 있었다. 하지만 백사장은 그때보다 훨씬 좁아져 있고, 바닷물은 그때만큼 맑지 않아 보였다. 강산이 세 번 변하고도 남을 33년이나 흘렀으니 오죽하랴 싶으면서도 또 좋은 추억 하나가 사라지는 것 같아 많이 아쉬웠다.

오도와 칠포해수욕장을 지났다. 33년 전 직원들과 회식하러 자주 갔던 북부해수욕장도 지났다. 큼직하게 썰어 된장에 쿡 찍어

먹었던 북부해수욕장 횟집의 광어회가 얼마나 맛있었던지 한 번 더 먹고 싶었다. 이렇게 옛 생각에 잠겨 걷는 동안 2시가 넘었다. 점심을 먹지 못해 배고픔을 참으며 걷고 있는데 한 식당 앞에 많은 사람이 기다리고 있었다. 40~50명은 될 것 같았다. 식당 입구에서 기다리는 손님들을 보자 배가 더 고팠다. 그 식당의 간판에는 '포항물회를 처음 개발한 원조 포항물횟집'이라 적혀 있었다. 군침이 돌았지만, 물회 한 그릇 먹기 위해 두세 시간을 기다릴 순 없어 계속 걸었다.

드디어 도착했다. 육거리 도로변에 위치한 우리은행 포항지점. 내가 대리로 승진하면서 발령받아 근무했던 지점이다. 33년 만에 처음 온 것이다. 그때의 이름이었던 '한일은행 포항지점'이 '우리은행 포항지점'으로 바뀌었지만 반가웠다. 주변은 전혀 몰라보게 변해 있었다. 알아볼 수 있는 건 하나도 없는 것 같았다. 일 잘한다는 소리를 듣기 위해 열심히 일했던 초임대리 시절. 포항제철 월급날이나 보너스 지급 날이 되면 몇 날 며칠 동안 팔이 빠지도록 자기앞수표에 직인을 찍어야 했던 그 시절. 언젠가 추석날 숙직하면서 삶은 꽃게를 하루 종일 먹은 뒤 밤새워 비디오를 보았던 추억도 떠올랐다. 참 행복했던 시절이었다.

우리 가족이 살았던 꽃동네 아파트와 내 쌍둥이 두 딸이 입학했던 죽도초등학교를 둘러볼 때는 입학 후 1년 내내 출근길 양손에 두 딸의 손을 꼭 잡고 학교 후문까지 데려다주던 모습이 눈앞에 아른거렸다. 무척 그리운 시절이었다.

포항길을 걷다 보니 곳곳에 아련한 추억이 숨어 있었다. 삼십 대 초반이었던 나는 육십 대 중반이 되고, 초등학교에 입학했던 딸들은 초등학생 학부모가 된 걸 보면 세월이 많이 흐르긴 흘렀나 보다.

핸드폰을 들여다보았더니 부재중 전화가 한 통 있었다. 30분 전에 논현동 사모님께서 하신 전화였다.
'어제 통화했는데 왜 또 하셨을까?'
바로 전화를 걸었다. 지난밤 꿈자리가 사나워 전화하셨단다. 전화를 받지 않아 걱정을 많이 하고 있었는데 밝은 목소리를 들으니 안심이라며 건강 조심해라, 무리하지 마라. 당부가 많으셨다. 돈 걱정하지 말고 먹고 싶은 것, 맛있는 것도 다 사 먹으면서 걸으라는 신신당부도 하셨다. 30여 년 전 은행원과 고객으로 인연을 맺은 이래 나를 아들처럼 살뜰히 거두시는 사모님. 해마다 나와 내 집사람의 생일은 물론 우리 집의 크고 작은 경조사까지 다 챙기시고, 나와는 일주일간의 미국 골프여행, 내 집사람을 데리고는 한 달여 동안 미국 관광 및 골프여행을 시켜주신 분이다.

내 큰딸이 미국에 교환학생으로 가 있을 때는 LA에 있는 딸네에 계시면서 일부러 내 딸이 있는 버클리 대학까지 찾아가 맛난 요리와 덕담으로 격려하셨을 뿐 아니라 원준이가 태어났다는 소식을 듣자마자 첫손자의 출생을 축하한다면서 예쁜 축하 화분은 말할 것도 없고, 백화점에서 최상품의 한우와 미역을 사 들고 한달음에 오셨으니… 엄마처럼 나를 걱정하고 챙기시는 사모님을 생각하자 내 걸음은 더 가벼워졌다. 아흔을 훌쩍 넘긴 연세이신데 지금도…, 내가 전생에 무슨 복을 많이 지었길래 이런 人福이 있는 걸까?

연휴인데도 포항제철 굴뚝은 하얀 연기를 쉼 없이 내뿜고 있었다. 우리나라 국력이 포항제철 굴뚝의 연기처럼 하늘 높이 치솟길 바라면서 포항제철 정문을 지나 포항공항 쪽으로 향했다. 추억의 도시, 포항 길 도보는 나를 30년 전으로 실어 나른 타임머신이었다.

(9) 향기(2017. 10. 8. 일요일)

일어나자마자 고민이 시작되었다. 걸으면서 결정하기로 하고 모텔을 나섰다. 날씨 OK! 컨디션 OK! 한참을 걷자, 교차로가 1km 남았다는 이정표가 보였다. 저 1km 앞의 갈림길에 다다르기 전에 나는 결정해야 했다. 구룡포로 곧장 가는 지름길을 택할 것인지 아니면 호미곶에 들렀다 구룡포로 갈 건지를 결정해야 했다. 구룡포로 곧장 간다면 12일 끝날 이번 도보여행의 일정을 11일에 끝낼 수 있다. 반면에 호미곶 쪽으로 돌아서 간다면 일정의 변경 없이 12일까지 걸어야 한다.

결정을 앞두고 걷는 내 눈앞에 '호미반도 둘레길'이란 글자가 나타났다. 글자를 보면서 고개를 들자, 해안선을 따라 나무테크로 만든 다리처럼 생긴 보행로가 있었다. 그 길만 쭉 따라가면 금방 호미곶에 닿을 것 같았다. 차도 옆에는 자전거길이 있고, 자전거길 옆에 둘레길이 따로 있었는데 해안선을 따라 둘레길 걷는 게 더 재미있을 것 같았다. 해안로 둘레길에는 연오랑과 세오녀의 전설을 벽화로 그려놓고 설명까지 있어 걸으면서 읽을 만했다.

멀리 보이는 포항제철의 굴뚝에서 오르는 연기가 구름을 만드는 것처럼 보여 참 신기했다. 호미곶 둘레길은 해안선을 따라 걷는 곳이 많았지만 숫제 바다 위를 걷도록 만든 데크길도 적지 않았다. 때로는 해변의 자갈과 백사장을 걷기도 했다. 바다 위에서 상큼한 바다 냄새를 맡고, 또 가는 곳마다 어민들이 말려놓은 청각(靑角)과 멸치를 심심풀이로 씹으면서 느끼는 맛은 걷는 재미를 더했다. 그런데 발이 쑥쑥 빠지는 백사장과 자갈밭을 걸을 때는 체력 소모가 많아 힘들 때도 있었지만 싱싱한 바다 냄새가 응원이 되었다. 긴 백사장을 걷고 나자, 다음 코스는 고개를 넘는 자동찻길이었다. 차도를 한참 걷는데 어디선가 악취가 났다. 로드킬 당했는지 도로변에 고양이 사체 하나가 심하게 부패하고 있었다. 머리가 띵할 정도의 악취에 기분마저 상했다.

조금 더 걷자, 이번엔 자꾸만 졸음이 왔다. 이틀 동안 밤늦게까지 블로그를 썼더니 잠이 모자랐던 모양이다. 졸음을 쫓아내기 위해 구령을 붙이듯 세 손주들의 이름을 하나씩 목청껏 부르며 산길을 걸었다. 그러던 중 갑자기 어제 어떤 펜션 입구를 지나칠 때 따서 호주머니에 넣어둔 허브 로즈메리가 생각났다. 몇 줄기를 꺼내 콧구멍에 쑤셔 넣고 걸었다. 그런데 이게 웬일인가? 머리가 맑아지고 잠이 싹 달아났다. 기분마저 상쾌해지면서 발걸음이 한결 가벼웠다. 그 이후 수시로 나는 콧구멍에 무언가를 넣고 걸었다. 로즈메리가 없을 땐 들깻잎도 넣고, 산길에서는 제피나무의 잎이나 들국화꽃, 심지어 쑥을 비벼 넣기도 했다. 맹숭맹숭 그냥 다닐 때랑 기분이 달랐다. 악취는 머리를 아프게 했지만, 풀내음은 반대였다. 로즈메리는 향이 강해 다른 잎사귀보다 좋은 점이 많았지만 내게는 제피잎의 향이 더 좋은 것 같았다. 시골에서 자라면서 어릴 때부터 자주 접한 향인 데다 요즘도 해마다 봄에 재피 새싹잎으로 장떡을 만들어 먹고 있으니…

향기와 악취. 사람도 좋은 향이 나는 사람과 악취가 나는 사람이 있다는 말을 들었던 적이 있다. 몇 해 전에 내 고향 출향민들의 모임인 재경향우회에서 들었던 한 선배의 건배 제의가 떠올랐다.

"酒香 십 리."
"花香 백 리."
"人香 만 리."

술의 냄새는 十 리 가고, 꽃의 향기는 百 리를 가지만 사람의 향기는 萬 리까지 간단다. 人香, 사람의 냄새. 내게도 냄새가 날까? 어떤 냄새가 날까? 악취는 나지 않을까? 나도 향기가 나는 사람이 되었으면 좋겠다는 생각이 들었다. 어떤 삶을 살면 향기가 나는 사람이 될 수 있을까를 생각하면서 길을 걸었다.

호미곶을 좀 지나 걸을 때 내 앞에 나 또래의 남녀가 이야기를 나누며 걷고 있었다. 등에 메고 있는 배낭을 봐서는 잠시 걷는 것 같지는 않았다. 금방 내가 그들을 앞섰지만 한참 가다 내가 좀 쉬는 사이 그들이 앞섰다. 그러다 잠시 나란히 걷게 되었을 때 내가 그들에게 어디서부터 걸었냐고 물으면서 대화를 나눴다. 그들 부부도 서울에서 왔단다. 한 달에 한 번씩, 1박 2일 또는 2박 3일 일정으로 동해안을 걷는단다. 강원도 고성에서 출발했단다. 매달 지난달에 도보를 끝낸 곳에서 이어 걷는단다. 하루에 20km 정도만 걷는데 이번에는 월포해수욕장에서 시작해 내일 구룡포까지 사흘을 걷고는 서울로 올라간다면서 이렇게 동해안을 걷는 게 참 재미있다고 했다.

여유롭고 다정하게 걷는 부부의 모습이 무척 보기 좋았다. 부러웠다. 이다음 언젠가는 나도 집사람과 함께 그들처럼 걸어야지 하는 생각이 절로 들었다. 가능할까? 집사람이 요즘 열심히 운동하고 있으니, 하루에 10km 정도는 가능할 것 같은데… 이런저런 생각을 하며 걷던 중 구룡포항이 보였다. 나는 모텔을 찾아들면서 혼자서 중얼거리며 다짐했다.

'속초에서 고성까지의 길은 꼭 집사람과 걸어야지…'

(10) 한글날(2017. 10. 9. 월요일)

나는 이번 도보여행 중 잠잘 곳을 잡을 때는 가장 먼저 욕조와 PC가 있는지를 물었다. 선택의 여지가 없을 때야 어쩔 수 없겠지만 숙박비가 조금은 비싸다 할지라도 두 가지가 다 있기를 바라면서… 하루 종일 쌓이고 쌓인 피로를 씻어내고 다음날에도 도보를 잘하려면 온몸을 따끈따끈한 물에 푹 담그는 게 제일 좋아 욕조가 필요하다. 그리고 여행담을 그날 바로 블로그에 올리지 않으면 대부분을 잊어버리기 때문에 당일 올리기 위해 PC가 필요한 것이다. 며칠 동안 투숙하면서 욕조와 PC를 찾다 보니 PC가 있다는 이유만으로 만 원씩을 더 받는 모텔도 있고, PC는 있었지만, 작동이 시원치 않아 방을 몇 차례나 옮긴 적도 있고, 늦은 밤까지 애를 먹었던 적도 있었다. 그런데 어제저녁 구룡포항에 도착해 찾아간 모텔에는 욕조와 PC까지 있어 또 이틀 치의 블로그를 쓰느라 잠을 설쳤으니…

구룡포항의 아침, 얕은 구름을 뚫고 솟아오르는 아름다운 일출을 보면서 걷고 있었다. 바닷가 마을에 들어섰더니 집집마다 태극기가 휘날리고 있었다.

'웬 태극기?'

그러고 보니 오늘은 '한글날'이다. 해마다 한글날을 전후해 전문가들이 강조하는 한글의 독창성과 한글이 세계의 문자 중 최고라는 말이 떠올랐다. 또 나라말이 없어 뜻을 제대로 전하지 못하는 백성을 위해 훈민정음을 창제하시고, 백성들의 농업 생산성 향상을 위하여 측우기 등 많은 기구를 만들었을 뿐 아니라 4군6진을 설치해 국방을 튼튼히 하신 세종대왕의 나라 사랑과 애민 정신을 생각하다가 최근 탄도미사일 발사, 핵실험 등 연이은 도발로 금방이라도 전쟁을 일으킬 것처럼 미쳐 날뛰고 있는 김정은을 바로 눈앞에 두고도 아무 일 없다는 듯, 아무 일 일어나지 않는다는 듯 지내는 요즘의 與野 위정자들을 생각하며 길을 걸었다.

건수만 있으면 상대편을 끌어내리기 위해 안달을 하고, 나라와 국민에게 아무리 좋은 정책일지라도 상대편의 정책이라면 무조건 반대부터 부르짖는 위정자들과 표만 된다면 나라도 팔아먹을 듯이 설쳐대는 모습이 꼴불견이다. 이러다 정말 나라를 김정은에게 바치는 게 아닐까 하는 걱정까지 갖게 하는 요즘의 국회의원 등 정치가들… 미래에 대한 비전은 제시할 줄은 모르고 그저 그럴듯한 이름을 붙여 지난날의, 반대편 정권의 잘못을 파헤치기만 하는 작금의 정치 행태를 보면서, 세상이 바뀌면 무덤을 파헤쳐 시신의 목을 자르는 부관참시까지 일삼았던 조선시대의 사색당파 싸움과 무엇이 다른지 알 수 없다는 생각이 들었다. 이번 도보를 시작하고부터는 일절 TV를 보지 않아 말끔해졌던 머리가 지끈거리기 시작했다.

이십 리는 걸었을까? 갑자기 아랫배가 살살 아파 길가의 해우소에서 세상 근심 다 풀고는 다시 발걸음을 재촉했다. 한참을 걸었다. 500m는 넘었을 게다. 뭔가 허전했다. 양손이 허전하게 느껴졌다. 아차! 스틱이 없다. 화장실 앞에 세워둔 스틱은 그대로 둔 채 배낭만 메고 출발했던 것이다.

'내 3번째, 4번째 다리인데…'

되돌아 가서 찾아왔지만 좀처럼 손에서 떼지 않는 스틱을 두고 오다니, '내 나이에 벌써…' 싶었다.

양포항을 지나자, 울산까지는 57km 남았다는 표시판이 보였다. 어느덧 울산도 가시권에 들어온 셈이었다. 그런데 내 발걸음은 조금씩 조금씩 더디어져 있었다. 반면에 앉아 쉬는 횟수는 잦아지고… 감포항을 지나 전촌항이 가까워지질 무렵 전촌항 등대에 자신의 詩가 있으니 한 번 가보라던 친구의 말이 떠올랐다. 그 친구는 해양수산부에서 고위직으로 퇴직하고는 6년 동안 구룡포에 있는 국립 등대박물관의 관장으로 근무했었는데 요즘은 글을 쓰면서 내 詩 공부에도 한 번씩 도움을 주는 친구다. 그의 詩가 동판으로 만들어져 전촌항 등대에 걸려 있단다.

전촌항에 도착했다. 그런데 빨간 등대와 하얀 등대, 등대가 두 개나 있었다. 빨간 등대의 거리는 왕복으로 근 1km가 되겠고, 하얀 등대는 왕복 약 500m 거리였다. 친구의 詩는 어느 등대에 있을까? 친구에게 전화를 해보았지만 받지 않았다. 가까운 하얀 등대로 가면서 부디 그곳에 있기를 바랐건만 허사였다. 빨간 등대가 더 멀어 보여 가기를 포기하고 전촌항을 빠져나와 늦은 점심을 먹고 있는데 친구가 전화했다. 자신의 詩는 빨간 등대에 있단다. 그렇지만 왕복 2km나 될 듯한 빨간 등대를 다녀오기엔 시간도 시간이지만 자신이 없었다.

한참을 걸었다. 마침내 문무대왕릉 바로 앞의 해변에 도착했다. 백제와 고구려를 평정하고 당나라의 세력까지 몰아내어 삼국 통일을 완수한 君主 문무대왕. 護國의 상징 문무대왕은 지병으로 임종을 앞두고 있을 때 맏아들과 신하들을 부른 자리에서 자신이 죽으면 화장을 한 후 東海에 묻으라고 했단다. 그렇게 해주면 나라를 지키는 龍이 되어 왜구로부터 나라를 지키겠노라고 유언을 남겼단다. 이 얼마나 멋지고 믿음 가는 임금이신가. 나는 잠시 문무대왕 수중릉을 향해 머리를 숙인 채 한참 동안 발원했다. 일촉즉발의 위기감이 떠도는 우리 대한민국을 지켜주십사고. 우리들의 손주들이 밝은 미소와 맑은 마음을 잃지 않고 살 수 있는 나라가 되도록 잘 지켜주십사고. 문무대왕, 세종대왕, 박정희 대통령과 같은 영웅, 지금의 난세를 헤쳐 나갈 출중한 인물을 이 땅에 보내주시길 빌고 또 빌었다. 바닷가에서 휘날리는 한글날의 태극기로 인해 오늘은 진정한 애국이 무엇인지를 생각하게 한 도보였다.

하룻밤 머리 누일 곳을 찾아 나아해변으로 가야 할 시간. 문무대왕릉 해변을 떠나면서 핸드폰으로 길 찾기를 확인하는데 뭔가 좀 이상했다. 길 찾기가 알려주는 문무대왕릉에서 나아해변까지의 거리가 도보로는 17.09km이고, 자전거로는 6.99km이며, 승용차로는 6.65km였다. 걸어서 가면 10km나 멀었다. 10km라면 도보로는 빨라야 2시간 30분이 걸리는 거리다. 도대체 무슨 이유일까? 일단 자전거길로 걸었다. 가다 안 되면 산이라도 넘을 작정으로 한참을 걸었더니 전방 500m에 터널이 있다는 표시판이 보였다. 그런데 터널의 길이가 무려 2,430m나 된다. 이 긴 터널을 사람이 걸어도 되는 걸까? 갈까 말까 망설이다 부근에서 옥수수 등 먹을거리를 파는 아저씨에게 사람이 터널을 걸어도 되느냐고 물었다. 걸어도 된단다. 또 물었다. 정말로 되느냐고, 정말로 된단다.

터널 안에는 갓길 옆에 따로 뚜껑이 덮인 높다란 수로 같은 게 있어 걷기에 위험하지는 않았다. 그렇지만 2,430m는 생각보다 먼

거리였다. 가도 가도 끝이 없는 것 같았다. 차들이 달리는 소리와 쉼 없이 돌아가는 환풍시설의 소리에 귀가 멍했다. 그동안 1m의 오차도 없이 내 걸음을 기록하던 '트랭클'이란 앱이 터널에서는 맥을 못 춘다. GPS가 연결 안 되니 터널 안에서는 나의 도보 속도가 얼마인지, 내가 얼마나 걸었는지 통 알지를 못했다. 인공지능이 세계 1위의 바둑 최고수와 겨루어 인간을 이겼다지만 이들에게도 한계는 있나 보다.

드디어 도착한 나아해변. 처음 찾아간 모텔에서 나는 주인에게 물었다.

"욕조 있어요?"

"욕조는 없지만 빈방도 없어요."

양남 쪽의 원자력발전소에 최근 일이 많아져 외지에서 온 인부들이 많아 빈방이 없다며 다른 데 가보란다. 두 번째 찾아간 모텔.

"방 있어요?"

카운터의 젊은이는 빈방이 있다, 없다 대답은 않고 전화기를 들었다. 잠시 후 나타난 아주머니 왈,

"방이 딱 하나 남았네요."

욕조가 있는지, PC가 있는지는 내게 아무런 문제가 되지 못한, 될 수조차 없었던 시간이었다.

오늘 동해안은 내게 여러 아쉬움을 남겼다. 걷기에 꽤 힘들기는 했지만, 그것보다 사진 찍고 싶은 마음을 억누르고 걸어야 했기에 더 힘이 들었다. 쪽빛 바다랑 구름 한 점 없는 가을 하늘, 가

을 햇살이 황금색 짙게 바르는 들판, 여기저기서 산들바람에 은빛 수염 휘날리는 갈대와 억새, 하얀색, 분홍색, 빨간색 조화로운 코스모스들의 청초한 손짓을 못 본 체하기란 여간 어려운 게 아니었다. 내가 카톡으로 보낸 오늘의 도보 지도를 본 집사람이 전화했다.

"오늘은 12시간이나 걸으셨네요. 모텔 들어갔어요?"

"응, 근데 욕조도 없고, PC도 없네요."

"PC가 없다니 잘 됐네. 욕조 없는 건 안됐지만… 일찍 주무세요."

이게 마누라인가 보다. 서방님 건강만을 걱정하고, 남편 건강에만 좋다면 모두가 OK! 마누라 말고 이런 사람 또 있을까?

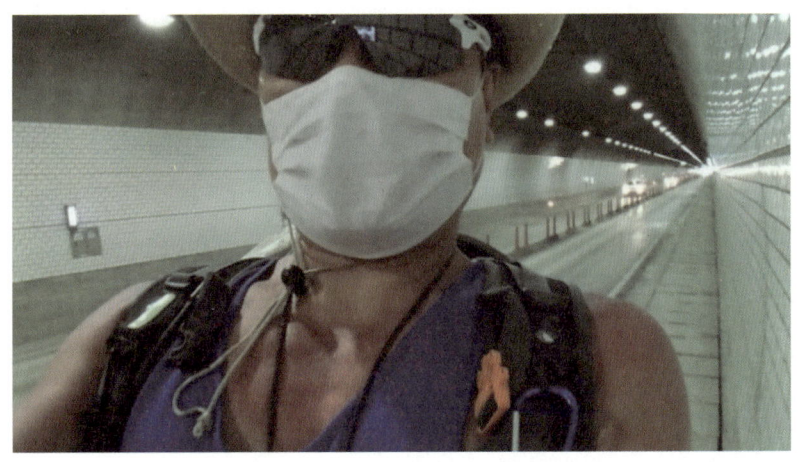

(11) 아! 울산(2017. 10. 10. 화요일)

몸이 가볍다. 날아갈 듯 가벼웠다. 평소보다 3시간이나 더 잤으니 이번 도보여행 중 잠을 가장 많이 잤던 지난밤. 욕조보다 더 좋은 피로회복제는 잠이었다. 그래서 집사람이 PC를 달가워하지 않았나 보다. 모텔을 떠나 조금 걷다 보니 여기저기 모텔이 여럿 보였다. 대부분이 내가 잤던 모텔보다 시설이 훨씬 좋아 보였다.

'저 정도의 시설이라면 욕조도 있고, PC도 있을 텐데…'

'조금만 더 걸을걸…'

어젯밤 조금만이라도 더 걷지 않고 주저앉았던 게 조금은 후회되었다. 하지만 금방 '그래, 잘 잤잖아.' 하고 마음을 고쳐먹자 편했다.

마음도 가볍다. 오늘은 35km만 걸어도 되는 데다 이제 사흘밖에 안 남았다는 생각에 마음이 더 가벼웠다. 새벽 하늘이 아름다웠다. 구름 한 점 없는 하늘의 새벽이라 더 아름다운 것 같았다. 찌그러진 곳 하나 없이 새빨간 모습으로 떠오르는 해님이 고마웠다. 동해안의 가을 새벽을 만끽하며 걸었다. 길가에 가지런히 핀 코스모스는 오늘따라 더 아름다웠다. 도로변 잔디밭에 베짱이 모형 두 개가 세워져 있었다. 한 마리는 악기를 켜고, 나머지 한 마리는 악기에 맞춰 노래를 부르는 모습이었다. 필시 가을을 노래하는 모습이리라…

어릴 때 읽었던 이솝 우화 '개미와 베짱이'가 떠올랐다. 부지런히 일하면서 추운 겨울에 대비해 양식까지 비축하는 개미와 여름철 내내 노래만 하며 노는 베짱이. 그러나 겨울이 오자 베짱이는 굶주림에 시달리다 개미에게 음식을 구걸하지만, 개미는 베짱이의 게으름을 비난하는… 그런데 요즘의 내 삶이 흡사 베짱이 같다는 생각이 들었다. 은행을 정년퇴직한 후엔 손주들을 돌보면서 하고 싶은 취미 활동이나 하는 지금의 내 삶이 베짱이 삶과 무엇이 다르랴. 오전 내내 헬스장에서 운동하고, 오후에는 동호회에 나가 색소폰을 연습하고, 시간이 나면 수필을 쓰네, 詩를 쓰네 하면서 긁적거리기 일쑤고, 금요일이면 연필 풍경화 그린답시고 집사람과 가방 챙겨 나가는 지금의 내 생활이 베짱이 같아 괜히 겸연쩍었다. 하지만 금방 40여 년 동안 개미처럼 열심히 일했으니 이젠 하고 싶은 취미 활동이나 하면서 인생을 즐길 자격은 충분하다고 생각되었다.

부지런히 걸어 울산 정자해변에 도착하자 어제 통화했던 고향 친구가 기다리고 있었다. 아침 먹을 곳을 찾아보았지만, 너무 이른 시간이라 문을 연 식당은 없었다. 편의점에서 컵라면을 사 들고 바깥 벤치에 앉았다. 고향 소식, 친구들의 근황 등을 주고받으며 친구와 함께 먹는 컵라면이 얼마나 맛나던지 진수성찬 밥상 부럽지 않았다. 리듬이 깨질까 봐 서두르는 나를 떠나보내면서 친구는 걷다 목마를 때 마시라며 양파즙과 대추즙을 한 보따리나 손에 쥐어주었다.

울산 시내로 향하는 나를 높다란 산이 가로막았다. 무룡산이다. 어림잡아 10km, 서너 시간은 걸어야 하는 산길. 산을 오르는 차도 옆의 황금벌판 사이의 쭉 뻗은 농로가 보였다. 가을을 조금이라도 더 느끼고 싶어 농로로 걸었다. 양쪽 황금벌판에서 풍겨오는 가을 냄새를 내 가슴에 차곡차곡 담았다. 한참을 걷는데 길옆의 풀밭에서 뭔가가 쑤욱~ 뱀이었다. 제법 굵은 구렁이었다. 예전 같았으면 여지없이 스틱을 휘둘러 때려잡았겠지만 그럴 수 없었다. 오랜만에 보는 뱀이라 징그럽기보다 오히려 반가웠다. 그런데 이상하다는 생각이 들었다. 들판 한가운데를 걷고 있는데도 폴짝폴짝 뛰는 메뚜기가 없었다. 그러고 보니 개구리도 없었다. 속초에서 지금까지 걸어오면서 개구리와 메뚜기를 한 번도 보지 못한 것 같았다. 3년 전 서울에서 출발해 고향 청도에 가면서 3번 국도변을 걸을 때는 여기저기서 개구리가 논으로 폴짝폴짝 뛰어드는 모습과 메뚜기들이 짝짓기하는 모습을 엄청 많이 보았는데, 우렁이들이 많았던 논도 있었는데 이번에는 뱀만 한 마리 보았을 뿐 개구리, 메뚜기와 우렁이는 한 마리도 못 본 것 같았다.

'이곳도 농약을 많이 치진 않을 텐데 왜 없을까?'

무룡산을 가로지르는 산길에 접어들었다. '세월이 좀 먹나.' 하는 심정으로 온 사방을 살피며 느릿느릿 걸었다. 패잔병처럼 양 어깨를 축 늘어뜨린 채 스틱을 질질 끌면서 시나브로 걸었다. 홍시가 빨갛게 익어가듯 내 온몸도 가을 햇살에 빨갛게 익는 것 같았다. 가을 햇살이 내 마음도 잘 익게 해주길 바라면서 걸었다.

무룡산 산길. 마라톤에 한창 재미를 느꼈던 10여 년 전, 우리 은행 울산지점 지점장으로 근무하던 시절 나는 무룡산 길을 몇 번 달린 적이 있었다. 생수 한 통이랑 만 원짜리 몇 장만 넣은 쌕을 허리에 두르고는 마라톤 팬티 바람으로 무룡산을 넘어 정자해변까지 달려가 물회 한 그릇을 먹고는 또 달려 주전해변에서 파도와 몽돌이 만들어 내는 합창을 들으며 낮잠을 즐기곤 했다. 짧은 꿀잠을 즐긴 후 남목을 거쳐 사택으로 뛰었으니, 반나절에 100리 길을 달린 셈이다. 그런데 요즘은 하루 종일 100리 걷는 것도 쉽지 않으니…

마침내 도착한 우리은행 울산지점. 2005년 중반부터 2007년 말까지 2년 6개월 동안 지점장으로 근무했던 곳이다. 1997년 발생한 IMF 환란 이전의 한일은행 시절에는 한강 이남에서는 최대 점포 중의 하나였던 울산지점이지만 내가 부임했을 때는 쇠락하고 있었다. 서울을 비롯해 대부분 도시가 그러하듯 울산도 태화강 남쪽 지역에 신도시가 들어서면서 울산의 모든 富와 모든 상권이 강남 삼산동으로 옮겨가는 바람에 구도심이었던 옥교동 시계탑 사거리의 울산지점 주변 상가는 텅텅 비어 空洞化되고 있을 때였으니… 하지만 내게 40여 년의 은행 생활 중 가장 행복했던 시기를 묻는다면 나는 울산지점이라고 말할 수 있다.

누군가가 내 집사람에게 가장 좋아하는 도시를 묻는다면 집사람은 거침없이 울산이라 답할 것이다. 옛 영광을 되찾아보자며 직원들과 의기투합했던 추억. 새로운 거래처 유치를 위해 울산의 모든 공단은 말할 것도 없고, 경주 외동지역의 공단까지 샅샅이 누볐던 열정. 구도심의 쇠락이란 큰 어려움을 이겨내고 업적평가에서 그룹 1위를 해 여러 직원이 큰 상을 받고 좋아하던 모습. 또 全 직원들이 성과급을 두둑이 받고 기뻐하던 추억. 나 또한 포상으로 집사람과 함께 해외여행을 다녀오면서 어깨 으쓱했던 추억. 서울이나 고향에 가지 않는 휴일이면 김밥 한 줄 넣은 배낭을 메고 올랐던 영남 알프스 가지산의 추억, 머리 복잡한 일이 있을 때마다 찾아가서 듣곤 했던 주전해변의 파도와 몽돌이 만드는 화음. 주말부부로 살면서 한 달에 한두 번은 꼭 내가 서울로 올라갔지만, 한 달에 한 번은 집사람이 내려와 며칠씩 사택에 같이 있으면서 해운대, 통도사를 비롯해 경주 주변의 사찰에서 울진 덕구온천까지 안 가본 곳이 없을 만큼 곳곳을 여행 다니면서 부부의 정을 도탑게 했던 행복. 한 달에 한 번 이상은 고향에 계신 아버지, 어머니를 찾아뵙고 그동안의 불효를 조금씩이나마 만회할 수 있었으니 더없이 행복했던 시절이다.

어디 이것뿐이랴. 겨울이면 집사람이 찜질방에 온 것 같다며 좋아할 만큼 펄펄 끓었던 사택 온돌방과 딸들과 맛나게 먹었던 봉계 소갈비 등등 하나하나 꼽자니 끝이 없었다.

낯익은 직원 한 명 없는 울산지점에서 커피 한 잔 마신 후 울산 시내를 관통하며 걸었다. 시내를 걷는 동안 울산 근무 시절 나에게 많은 도움을 주신 분들의 얼굴이 떠올랐다. 울산지점 근무 시절 내내 나를 챙겨주셨던 대신주유소 박 회장님과 고교 대선배로 후배 사랑이 대단하셨던 (주)세진메탈 전 회장님은 물론 내 건강식을 챙겨주셨던 사택 아주머니와 노래교실 선생님 등, 모두가 보고 싶었다.

숙박을 위해 두왕사거리를 향해 걷던 중 울산시청 부근에서 삐까뻔쩍 요란한 모텔이 눈에 띄자 마음이 변했다. 오늘 덜 걷는 5km는 내일 더 걷기로 마음먹자 내 발은 어느새 번쩍거리는 모텔 현관에 들어서고 있었다.

(12) 이브(eve)(2017. 10. 11. 목요일)

영 딴판의 아침이었다. 새벽마다 보았던 멋진 일출이 없고, 아침마다 아스라이 보이던 수평선도 없었다. 찰싹찰싹 바위를 때리는 파도 소리 대신, 끼룩끼룩 짝을 찾는 갈매기 소리 대신 쌩쌩 달리는 차들이 요란스레 내는 바퀴 굴리는 소리만을 듣고, 상큼한 바다 냄새 대신 가슴속까지 파고드는 매캐한 매연 냄새를 맡으며 걸어야 하는 아침이었다. 공단으로 들어가는 차량이 꽉 막은 차도의 갓길을 걷자니 배낭에 넣어둔 김밥 먹을 자리조차 찾을 수 없었다. 이런 게 내일모레면 내가 돌아가야 하는 일상이라 생각하니 머리가 지끈거리는 것 같았다.

무척 지루한 길이었다. 이젠 외로움이나 지루함에 웬만큼 적응된 줄 알았는데 아니었다. 하루 종일 바다를 보지 못한 채 쌩쌩 달리는 차들에만 온 신경을 집중해 걸어야 하는 갓길의 보행은 지루함 자체였다. 수시로 눈을 부릅뜨고 목청껏 큰소리를 질러보지만, 시도 때도 없이 눈꺼풀은 무거워지고, 발길은 더디어지곤 했다. 그럴 때마다 구령을 붙이듯 "정원준, 송은규, 정세은"이라며 손주

셋의 이름을 목청껏 외치며 걸었다. 또 "관세음보살, 관세음보살"을 노래 부르듯 중얼거리며 길을 걷기도 했다. 어제까지는 너무 많아 다 못 찍었던 게 아름다운 풍경이었는데 오늘은 찍을 게 없어 못 찍는 풍경이었다.

청량면 동천리를 지날 때였다. 마을에서 조금은 외진 곳에 있는 아담한 집 쪽으로 걸어가고 있는데 갑자기 "멍멍~"꽤 날카로운 강아지 짖는 소리가 들려왔다. 분명 그 아담한 집에서 강아지 짖는 소리가 들려왔지만, 예쁜 연두색 철망으로 된 담장 너머로 파란 잔디가 깔린 마당엔 강아지는 보이지 않고 송아지만큼 큼직한 두 마리의 개가 목줄에 묶인 채 가만히 앉아 있었다. 그때 또 강아지 짖는 소리가 들려왔다. 다시 보니 어른 주먹 크기밖에 안 될 것 같은 작은 강아지 한 마리가 그 집의 방 창틀 너머로 고개를 내밀고 나를 향해 짖고 있었다. 내가 좀 더 가까이 가자, 그 강아지는 쏜살처럼 마당으로 뛰쳐나와서 더욱 사납게 짖더니 마당에 묶인 큰 개 쪽으로 다가가 큰 개를 바라보며 "멍멍멍" 또 요란스럽게 짖었다.

그 꼴이 우스웠다. 내 눈에는 꼭 작은 강아지가 큰 개에게 "야! 이놈들아, 낯선 사람이 있는데 왜 짖지 않고 가만히 있니?"라고 야단치는 것처럼 보였다. 큰 개가 앞발로 한 번 뻥 차면 십 리는 날아갈 만큼 작은 놈이 큰 놈한테 큰소리를 치다니⋯ 참 우스웠다. 주인이랑 한 방에 지내니까 자기가 주인이라 생각하는 걸까? 큰 개 두 놈은 쪼끄만 강아지가 멍멍거리는 게 가소로운지 거들떠

보지 않고 앉아만 있었다.

　나는 강아지가 큰 개들에게 멍멍거리는 걸 보면서 '大臣 댁 강아지 범 무서운 줄 모른다'라는 속담을 떠올리고 있었다. 다른 사람보다 조금만 더 아껴주면, 또는 쥐꼬리만 한 권한이나 권력을 손에 쥐어주면 마치 자기가 세상에서 제일 잘 나서 그런 양, 마치 자기가 주인이라도 된 양, 마치 자기가 사장이 된 것처럼 설쳐대는 호가호위는 인간사회에나 있는 줄 알았는데 동물들에게도 이런 구석이 있구나 하는 생각이 들어 웃으며 길을 걸었다.

　핸드폰이 울렸다. 내 외손주 은규의 친할아버지이신 중곡동 사돈이셨다. 오후에 내려오신단다. 오늘 밤을 나와 함께 자고는 내일 마지막 구간을 같이 걸은 다음 함께 올라가잔다. 내려오시지 말라고 말렸지만, 굳이 오겠다니 더 이상 말릴 수가 없었다. 사실은 어제 오전에 집사람으로부터 아래와 같은 전화를 받았었다.

　"중곡동 사돈 내외분과 광주 사돈 내외분 그리고 나, 이렇게 5명 모두가 당신이 마지막 밤을 보낸다는 기장으로 내려가서는 당신과 함께 마지막 코스를 걸은 다음 다 같이 자갈치 시장으로 가서 싱싱한 회도 좀 먹고 SRT나 KTX로 다 함께 올라오는 걸로 결정했어요."

　나는 극구 말렸다. '내 도보여행이 뭐 그리 대단한 일이라고…, 광주 사돈은 11일이 장인 기일이라던데…, 광주 사부인께서 어깨 수술 받은 지 며칠이나 되었다고…, 당신이 부산에 내려오면 은규와 세은이는 누가 돌보냐고…, 12일엔 전국적으로 비가 온다고…,

그러니 제발 오시지 않게 하라'고 했었다. 결국 어젯밤에 집사람이 내게 다시 전화해서는 "안 내려가기로 했어요"라고 했었는데… 중곡동 사돈께서 혼자 오신다니 내가 도착지에 먼저 도착해 모텔을 잡아야지 싶어 마음이 급해졌다.

'어제 5km를 덜 걷지 않았다면 벌써 도착했을 텐데…'

어제 덜 걸었던 5km가 부담되고, 어제 당겨서 써버렸던 그 시간이 못내 아쉬웠다.

"오늘 할 일을 내일로 미루지 말라."

이번 도보여행의 마지막 밤, 한동안 잊고 있었던 명언을 되새기는 밤이었다.

(13) 마지막 날의 동행(同行)(2017. 10. 12. 목요일)

도보여행의 마지막 날이 밝았다. 자전거도로를 따라간다면 29km만 걸어도 되는 날이다. 알람 소리에 일어나기는 했지만 잠이 덜 깬 것처럼 약간은 몽롱했다. 이런저런 이야기를 나누다 사돈께서 잠드신 뒤에야 전날의 블로그를 쓰기 시작했으니 내가 잠자리에 든 시간은 또 12시를 훌쩍 넘었던 것이다. 좀 추울 거라는 날씨 예보에 맞춰 사돈과 함께 준비를 마치고 모텔을 나와 곧장 걸었다. 한참을 걸었는데 갑자기 중곡동 사돈이 핸드폰을 들여다보며 물었다.

"사돈, 이 길이 맞아요? 아닌 것 같은데…"

나도 '바다 쪽이 아니고 왜 산 쪽으로 가지? 이상하다'라고 여기며 걷던 터라 걸음을 멈추고 핸드폰을 꺼내면서 말했다.

"좀 이상하죠. 그런데 어제 식당 아주머니는 이 길을 따라 곧장 가면 부산이라고 했었는데…"

어제저녁의 일을 떠올렸다. 9시가 넘어서야 내가 투숙한 모텔로 찾아오신 중곡동 사돈을 모시고 저녁식사도 할 겸 삼겹살 안주에 소주를 한 잔 할 요량으로 모텔 바로 앞의 음식점으로 갔더니 몇 사람이 고기를 구워 먹고 있었지만, 식당 주인은 시간이 늦어 영업이 끝났다고 말하길래, 나는 '오늘 저녁은 또 굶나.' 여기며 돌아서려 할 때 사돈이 주인에게 간단히 먹을 식사만이라도 좀 안 되겠냐고 부탁하자 식당 주인은 된장찌개는 된다고 했다. 그런데 그 된장찌개가 얼마나 맛나던지…, 말끔히 비워진 반찬 그릇에 리필하러 온 주인에게 물었다.

"사장님, 공깃밥 하나 더 주세요. 이 길 쭉 따라가면 부산 나오는 거죠?"

"네, 곧장 가시면 부산이에요."

핸드폰의 길 찾기로 확인했더니 우리가 걷고 있었던 길을 따라가면 부산인 것은 맞았다. 그런데 동래 방면이었다. 그렇지만 우리는 송정을 거쳐 해운대해수욕장 쪽으로 가야 하기에 그 길로 가면 안 되는 것이었다. 꼬불꼬불한 골목길을 돌고 돌아 마침내 송정으로 가는 기장대로에 찾아 올랐다. 모텔을 나선 지 1시간이나 되었다.

'아차!'

나는 이번 도보여행을 준비하면서 스마트폰에 '트랭글'이란 앱

(App)을 깔았다. 보행 시간과 보행거리는 물론이고, 地圖와 도보 시간 등이 자세히 기록되어 편리하고 유용하기 그지없었다. 그래서 도보여행 내내 오전 6시 도보 시작과 동시에 트랭글을 켜서 도보가 끝나는 시간에 끈 다음 그날의 모든 기록을 체크하면서 관리했었는데 글쎄 오늘은 그만 앱 켜는 것을 잊고 있었던 것이다. 내가 얼마나 걸었는지 궁금해하자, 사돈께서 자신의 앱(나와 다른 앱)을 들여다보며 4km쯤 걸었다고 했다.

마지막 날이라 그런지 한결 가벼워진 내 발걸음. 백두대간과 낙동정맥을 종주할 만큼 등산을 좋아하시는 사돈의 발걸음. 발걸음 가벼운 우리 둘은 나란히 걸으며 내게는 외손자이지만 사돈에게는 친손자인 은규의 사랑스러운 모습과 최근 북한의 핵실험으로 인한 전쟁 발발 걱정, 정치인 무용론 등등 세상사를 나누며 길을 여유롭게 걸었다. 3년 전 고향으로 가는 도보여행 때는 마지막 밤을 고향 친구와 보낸 후 둘이서 함께 마지막 구간을 걸으면서 세상사를 나눴다. 그런데 이번 도보여행에서는 사돈과 마지막 구간을 걸으면서 세상사를 나눴다. 무척 신기하면서도 행복했다.

전국적으로 비가 온다는 예보가 있었다. 흐린 날씨에 바람은 세찼지만 다행히 비는 내리지 않았다. 어제 하루 종일 맡지 못했던 상큼한 냄새가 난다 싶더니 소리도 들리기 시작했다. 바위 때리는 파도 소리 찰싹찰싹~ 먹이 찾아 하늘 높이 오른 갈매기 끼룩끼룩… 드디어 파란 바다가 보였다. 기암괴석이 절경을 이룬 송정 바닷가의 바위를 주춧돌로 삼아 세워진 사찰이 보였다. 바로 해동 용궁사다. 울산 지점장 시절 집사람과 한 번 다녀간 적이 있지만, 그 때 보았던 아름다운 조망과 경치가 기억나 사돈을 모시고 온 것이다. 佛心 좋은 집사람과 중곡동 사부인을 대신해 나와 사돈은 손주와 가족들의 건강과 행복을 염원하는 합장 기도부터 했다. 푸른 바다와 멋진 용궁사를 배경으로 몇 장의 기념만 찍고는 바닷가 한 식당에서 맛난 미역국으로 아침 요기를 마치고 또 걸었다.

끝없이 펼쳐진 바다. 곳곳의 절경으로 눈이 호강하는 사이 달맞이 고개를 넘어 해운대해수욕장에 접어들었다. 오후부터 시작되는 부산 국제영화제 막바지 준비가 한창인 해운대 백사장을 걸었다. 그런데 백사장 첫머리에 공사가 한창인 건물이 보였다. 벌써 50여 층은 세워진 것 같고, 그 위로도 계속 올라가는 것 같았다. 그 엄청난 건물이 완공되어 입주까지 완료되면 해운대의 바다와 백사장은 완전 그들의 앞마당이 될 것 같았다. 아무리 그래도 그렇지, 어떻게 우리나라 최고 해수욕장이자 외국에도 많이 알려진 비치(Beach) 코앞에 저런 건물의 허가가 났을까 싶었다. 그 현장을 지나치면서 쳐다본 공사 안내 개요도엔 '해운대 엘시티 더샵'이라고 적혀 있었다. 엘시티라면 그 회사의 회장이 유력 정치인들에게 뇌물을 주었다는 혐의로 구속수감이 되어 온 나라를 시끄럽게 했던 곳이 아닌가. 역시…

해운대를 지나 광안리 회 센터로 갔다. 울산지점 근무 시절 몇 번 갔던 곳이다. 하지만 10년도 채 되지 않았는데도 처음 들린 듯 낯설었다. 마음 후해 보이는 할머니의 가게에서 전어회를 먹었다.

뼈째 얇게 썰어서는 얇게 썬 양파채와 섞고 볶은 참깨를 뿌린 전어회. 아기 손바닥만 한 들깻잎에 먼저 전어회를 수북이 올린 후 그 가게의 비법으로 만든 막장을 듬뿍 넣은 다음 생마늘을 올려서 먹는 맛이 얼마나 고소하던지…, 가을 전어 굽는 냄새에 집 나간 며느리 돌아온다는 말이 헛말이 아니구나 싶었다.

전어회를 좋아하는 집사람이 떠올랐다. 생전에 가을이면 뼈째 얇게 썬 전어를 무생채에 무쳐 잡수시는 걸 무척 좋아하셨던 아버지와 어머니도 보고팠다. 맛난 전어회가 술 생각을 데리고 왔다. 남은 거리가 채 10km도 안 되기에 소주도 한 병 시켰다. 전어회도 꿀맛 소주도 꿀맛. 자식들을 주고받은 사돈지간인데 무엇인들 맛나지 않으랴. 둘이서 한 병밖에 비우지 않았지만 오랜만에 마신 소주는 내 걸음을 더 가볍게 만들었다. 12일 동안 천 리도 더 걸었으니 이젠 지칠 만도 한데 지치기는커녕 발걸음이 더 빨라졌다.

대연동에 들어설 무렵부터 보슬비가 내리기 시작했지만 피할 정도는 아니었다. 오히려 시원하게 느껴졌다. 그런데 사돈의 발걸음이 조금 무거워 보였다. 아주 약간 저는 듯 보이기도 했지만 요즘 산행을 좀 덜 해서 저러시나 생각하며 대수롭지 않게 생각했다. 비바람이 점차 거세졌다. 부산역을 6km쯤 남겼을 때는 안 되겠다 싶어 판초우의를 꺼내 입었다.

부산역에서 기다릴 친구 생각에 내 발걸음은 점점 빨라지는데 사돈은 한 발을 더 절룩거리며 걷고 있었다. 불편한 데 있으신지

여쭸지만 괜찮으시단다. 나와 함께 걷기 위해 새로 산 운동화가 좀 불편할 뿐이란다. 오래 신어 발이 편한 운동화가 있지만 사부인께서 일부러 가벼운 운동화를 새로 사셨단다. 그런데 새 운동화라는 게 문제였다. 아직 길이 나지 않아 발을 편하게 하기는커녕 발가락을 불편케 만들어 걷기 힘들게 하는 모양이었다. 새것과 편한 것. 새것이라고 다 좋은 게 아니라는 것을 모르는 건 아닌데 나도 새것만 보이면 갖고 싶으니…

마침내 부산역이 보였다. 나는 뛰듯 걸었다. 기장에서 자전거 길을 따라 제대로 걸으면 29km밖에 안 되는 거리를 우왕좌왕하느라 좀 둘러 다닌 탓에 십 리나 더 걸어서야 도착한 셈이다. 부산역 건물을 배경으로 인증 사진을 찍고는 역사 안으로 들어가 옷을 갈아입고 있을 때 폰이 울렸다. 친구였다.

"석도야, 어디까지 왔어?"

광장 한쪽에서 기다리고 있었지만 내가 급하게 움직인 탓에 보지 못했던 모양이다.

 잠시 후 꽃다발을 든 친구가 역사 안으로 들어왔다.

한 시간을 기다려 서울행 SRT에 올랐다. 열차가 부산역을 출발하자마자 전어회를 안주로 마신 몇 잔의 소주와 도보여행의 피로감이 나란히 앉은 사돈과 나를 꿈나라로 데리고 갔다.

아파트 대문을 열고 들어선 우리 집 현관에는 빈자리가 없을 만큼 신발이 많았다. 내가 들어서자마자 세은이와 은규, 원준이는 서로 자기부터 먼저 안아달라며 두 팔을 활짝 벌려 달려와 내 양팔에 매달리고, 아이들의 뒤편에서는 집사람과 딸, 사위들이 서서 손뼉을 치며 나를 반겼다. 내 음력 생일은 아직 한 달이나 남았는데 식탁은 생일상처럼 잘 차려지고… 13일간의 의미로 케이크에 13개의 양초를 꽂아 불을 붙이자, 손주들은 노래를 불렀다.

"완주 축하합니다. 완주 축하합니다. 사랑하는 우리 할아버지 완주를 축하합니다…"

가족과 함께하는 더없이 행복한 날이다. 이런 행복이 오래오래 가길 기도한 날이다.

(1) 동행(2018. 10. 6. 土)

눈을 뜨자마자 창문을 열었다. 어제부터 내리는 비는 한층 거세져 장맛비처럼 퍼붓고 있었다. 그렇지만 여기서 물러서기 싫었다. 집사람과 함께 호출한 택시를 타고 고속버스터미널로 가서는 오전 6시 30분에 출발하는 속초행 고속버스에 몸을 실었다. 하지만 쉼 없이 차창을 때리는 빗방울을 바라보면서 괜한 짓하는 건 아닌가 하는 생각을 머리에서 지우지 못하고 있었다. 그러는 사이 고속버스는 10시쯤이 되자 속초에 도착하고, 버스에서 내린 우리 부부는 다시 택시를 타고 속초 시외버스터미널로 향했다. 그런데 시외버스터미널 매표원이 고성 대진항으로 가려면 시외버스가 아니라 시내버스를 타야 된다고 했다. 그러고는 버스정류장의 위치와 대진행 버스의 노선번호까지 알려주는 친절을 베풀었다.

 행인이 뜸한 길거리의 한 음식점에서 늦은 식사로 아침의 시장기를 달랜 후 승차한 대진행 버스는 1인당 약 5,000원의 요금과 1시간 조금 넘는 시간을 삼키고 나서야 우리를 대진항 입구에 내려주었지만, 그곳의 비바람은 더 거세져 있었으니…
.
 태풍으로 적막강산이 된 강원도 고성 대진항. 인기척이 전혀 없는 대진항 한 모퉁이에서 우리 부부는 비옷으로 완전 무장을 한 다음 발걸음을 내디뎠다. 2박 3일 동안 강원도 고성의 대진항에서 속초해변까지 약 50.2km의 해파랑길을 걷는 첫발이었다. 우리 부부가 함께 걷는 해파랑길 첫걸음에는 다음과 같은 우여곡절이 있다. 해파랑길은 강원도 고성에서 부산까지의 동해안 트레일 길이며 '해파랑'에서 '해'는 태양 또는 바다(海)를 연상시키고, '파'는 파란 바다 또는 파도를, '랑'은 '누구누구랑' 또는 '무엇이랑'처럼 함께할 때의 의미를 가지니 '해파랑길'은 '동해에서 떠오르는 해와 푸른 바다를 길동무 삼아 함께 걷는 길'이라는 의미를 담고 있는 길이다. 내가 이 길 중 속초에서 부산까지의 520km를 걸었었는데, 작년 9월 30일부터 10월 12일까지 13일 동안, 중곡동 사돈과 함께 걸었던 마지막 코스를 제외하곤 혼자였다.

 나머지 속초해변에서 고성까지의 구간은 집사람과 함께 걷고 싶다는 욕심을 숨기고 있었다. 그러던 중 작년 10월 말경에 있었던 두 딸의 시댁 어른들과 함께한 나의 520km 도보여행 완주 축하 모임에서 내가 속내를 이야기했더니 두 사돈은 우리 부부만 걸을 게 아니라 세 부부가 다 함께 걷자고 하면서 잡았던 날이 올 10월 6일부터 10월 8일까지의 2박 3일이었다. 그리고 지난 9월 중순에 있었던 사돈들과의 모임에서도 보름쯤 후면 함께 떠날 도보여행에 대한 이야기를 나누곤 했었다. 그런데 큰 변수가 생겼다.

작은딸의 시어머니이신 경기도 광주 사부인께서 추석 무렵부터 무릎 통증이 심해 병원에 갔더니 장거리 보행은 큰 위험이 있다며 한두 달간의 통원 치료를 권했단다. 광주 사돈께서는 같이하지 못해 미안하다며 우리 부부와 중곡동 사돈 부부, 이렇게 넷이 다녀오라고 하셨다. 하지만 늘 함께했던 세 쌍이라 무기한 연기하기로 했다.

나는 사돈들께 양해를 구한 다음 사전답사라 여기고 왕복 고속버스표까지 예약했다. 그런데 출발을 며칠 앞두고 또 변수가 생겼다. 마른하늘에 벼락이라더니 멀쩡한 가을하늘에 태풍이란다. 우리나라를 피해 갈 것 같다던 태풍 '쿵레이'가 날이 갈수록 한반도 쪽으로 다가오고, 위력 또한 역대급이란다. 딸들을 비롯한 가족들이 위험하다며 가지 말라 성화고, 함께 가기로 한 집사람조차 예약한 버스표를 취소하라고 했다. 기왕 마음먹었던 도보여행인데… 지금이 남은 날 중 가장 젊은 날인데…

시간마다 속초지역의 일기예보를 검색하며 망설이다 첫날인 6일엔 종일 비가 내리지만 둘째 날인 7일과 마지막 날인 8일엔 비가 내리지 않는다는 예보를 보고는 계획대로 걷고자 대진항까지 왔으니, 이제는 물러날 수도 없었다. 대진항 → 초도항 → 화진포 → 이승만 대통령 별장 → 화진포성(김일성 별장) → 거진항까지 걸었다. 집사람은 생각보다 잘 걸었다. 줄기찬 빗속의 도보에 한 마디의 짜증도 내지 않고 즐겁게 걸었다.

보행거리 : 11.6km
소요시간 : 3시간 12분

거진항에서 먹었던 싱싱한 생선회가 얼마나 맛나던지… 모텔 온돌방의 따끈한 욕조에서 한 시간 동안 홀딱 젖은 몸을 녹일 때는 기분이 얼마나 좋던지…

화진포의 설화

먼 옛날 화진포 마을에 이화진이라는 부자가 살고 있었다. 그러나 이 사람은 주변 사람들에게 인색하고 성격이 고약해 마을에 구두쇠로 소문이 자자했다. 그러던 어느 날, 건봉사 스님이 이화진의 집을 찾아와 시주를 얻으려 하자 시주 대신 소똥을 퍼주었다. 그러자 스님은 염불을 외며 소똥을 바랑에 받아 넣고는 답례로 '복 많이 받으십시오'라고 말하며 돌아서 나갔다. 이 광경을 보고 있던 며느리는 얼른 쌀을 퍼서 스님께 드리며 빌었다.
"우리 아버님이 큰 죄를 지었습니다. 용서해주세요."
그러자 스님은 들은 체도 않고 화진포 고개의 고총산까지 올라갔다. 며느리가 쫓아오는 것을 보고 딱 멈춰 서며 며느리에게 물었다.

"왜 자꾸 나를 쫓아 오시오?"

며느리는 사정하며 용서를 빌었다.

그러자 스님은 시주를 받으며 말했다.

"그대는 나를 따라오면서 무슨 소리가 나더라도 절대 돌아보지 마시오."

며느리가 얼마 동안 스님 뒤를 따라 걷는데 갑자기 뒤에서 "쾅"하고 하늘이 무너질 듯한 큰소리가 나자, 며느리는 자신도 모르게 뒤를 돌아다봤다. 그러자 하늘에는 폭우가 마구 쏟아지고, 이화진이 살던 집이며, 논밭이 순식간에 모두 호수로 변했다. 스님은 이미 모습을 감춘 뒤였고, 며느리는 애통해하다가 그만 돌이 되어버렸다.

그 일 이후 고을에 큰 홍수가 나고, 농사는 흉년이 들기 시작했다. 이 마을 사람들은 착한 심성을 가진 며느리의 죽음을 안타까이 여겨 고총 서낭신으로 모셨는데 그 후로 농사도 잘 되고, 전염병도 사라졌다고 한다. 화진포라는 이름도 이화진의 이름에서 유래했다고 한다.

(2) 사랑(2018. 10. 7. 日)

새벽 5시. 알람 소리에 눈을 뜨자마자 모텔 밖으로 나가 하늘을 올려보았다. 비 그친 하늘은 깜깜해서 구름이 있는지, 없는지 알 수 없었지만, 간간이 별들이 보였다. 아싸! 급히 방에 들어와서는 말리느라 밤새 온 방에 늘어놓았던 옷가지를 챙기고, 만반의 준비를 한 다음 집사람과 모텔을 나섰다.

새벽 5시 30분. 서둘러 해변길로 접어들어 남쪽으로 남쪽으로… 6시를 지날 무렵부터 동녘 하늘은 불그스레 물들기 시작했다. 하늘 곳곳에 떠 있는 구름을 보면서 제대로 된 일출 보기에 대한 기대를 접고 해무 위로 솟을 태양이라도 보리라 생각하며 걸었다. 그런데 이게 웬일… 바람이 동해바다의 海霧를 몽땅 걷어낸 모양이다. 해무 걷어내느라 '쿵레이'란 태풍이 밤새 세찬 바람을 불어댔나 보다. 저 멀리 수평선 끝이 빨갛게 불에 타는 듯 보이더니 영롱한 구슬이 반짝이며 모습을 드러내기 시작했다. 근데 일출 광경을 찍어도 흐리게만 찍히는 내 폰의 카메라가 이상했다. 어제 오후 내내 빗속에서 사진을 촬영해 그런지 렌즈 안쪽에 성에가 잔뜩… 이내 온몸을 드러낸 태양이 얼마나 맑고 밝고 찬란하던지… 이처럼 깨끗한 日出을 오롯이 보기란 정말 쉽지 않은 일인데 집사람과 내가 한순간도 놓치지 않고 처음부터 다 보았으니, 이것은 태풍을 헤치며 걸었던 어제의 도보에 대한 보상이 아니면 집사람과의 멋진 도보를 위한 선물이겠다 싶었다.

日出의 氣를 받아서일까? 집사람의 발걸음은 가벼웠다. 내딛는 걸음이 마치 천 리 길도 걸을 것 같은 기세로 길을 걷는다. 어제만큼은 아니지만 여전히 우렁차게 울어대는 파도 소리를 들으면서 한가롭게 콩밭 속에서 술래잡기에 여념 없는 강아지들의 재롱을 즐기며, 추수를 기다리는 황금빛 들판과 청초한 가을꽃의 아름다움에 취해 가을 향을 맡는 시골길은 내 발걸음마저 깃털만큼 가볍게 했다. 거진항을 출발해 익어가는 가을을 만끽하면서 반암해변을 지나고 북천과 남천을 건너 도착한 가진항, 가진항의 맛집인 '이모네 횟집'에서 해변을 바라보며 먹은 해삼 물회는 또 얼마나 맛있던지… 생각만 해도 입 안에 침이 고이는 잊을 수 없는 맛이었다.

맛난 물회로 배를 불린 후 기묘한 바위가 천하일품인 공현진해변에서 집사람과 나는 번갈아가며 멋진 포즈로 사진을 찍어보지만, 액정에 담기는 건 환갑 냄새마저 지워지고 있는 늙은이 모습뿐. 하지만 늙어가는 내 모습이 아쉽지만은 않았다. 바람에 흔들리는 코스모스가 아름다운 해변가의 카페에서 평생 동반자인 아내와 마주 앉아 마시는 커피의 향은 일품이었다. 드넓은 바다를 바라보는 지금의 여유로움을 즐기면서 지난날들의 추억을 이야기하고, 하루하루가 다른 외손주의 장래를 상상하는 지금의 삶이 더없이 행복하다 싶었다.

공현진 바닷가를 지나 송지호(松池湖) 호수를 만났다. 맑은 물과 주위의 울창한 해송림이 무척 잘 어울리는 데다 바다와 연결되어 있어 도미, 전어 같은 바닷물고기는 물론 잉어 같은 민물고기가 함께 서식하며 백조의 도래지인 호수다. 빽빽한 아름다운 노송 사이로 뚫린 둘레길은 걷기에 안성맞춤이었다. 마침내 삼포해변에 도착해 찾아간 오늘의 숙소는 이름에 걸맞게 아름드리 금강송이 일품인 파인빌 모텔이었다. 거진항 → 반암해변 → 가진항 →

공현진 해변길 → 송지호 → 삼포해변 → 파인빌 모텔. 오늘의 도보거리는 22.35km이고, 걸었던 시간은 휴식을 포함해 9시간 56분이다.

집사람은 태어나서 오늘처럼 많이 걸어본 적은 없다며 엄청 피곤하고 힘들다 하면서도 성취감에 젖어 있었다. 모텔 옆의 식당에서 삼겹살에 반주를 곁들여 맛난 저녁을 먹은 후 갖가지 스트레칭으로 뭉친 근육을 풀고 있는 집사람을 보면서 나는 행복한 꿈나라로…

(3) 행복(2018. 10. 8. 月)

전날처럼 5시에 눈을 뜬 집사람은 좀 더 침대에 누워 있고 싶어 했다. 하지만 오늘은 이번 도보여행 마지막 날이다. 속초해변까지 20여 km를 걸어 예약해 둔 오후 4시 30분에 출발하는 서울행 고속버스를 타야 한다. 게다가 일출을 보기 전에 아침식사까지 해야 했다. 집사람을 설득해 오전 5시 40분쯤 모텔을 나서서는 저녁을 먹었던 음식점으로 갔다. 황태해장국을 주문하자 첫 손님이라며 반긴 아주머니는 계란프라이를 덤으로 내놓았다.

아침식사를 건너뛰었던 어제와는 달리 시원한 황태해장국으로 배 속을 든든히 채운 후 일출의 멋진 광경을 한 번 더 보고 싶어 삼포해변으로 발걸음을 서둘렀다. 그런데 앞서 걷는 집사람의 발걸음이 무척 무거워 보였다. 삼포해변에 도착하자마자 집사람은 벤치에 앉더니 발목과 발등을 주무르기 시작했다. 2014년 10월엔 열흘 동안 하루 백 리씩 400km를 걸었고, 또 작년 10월엔 13일 동안 하루 40km씩 천삼백 리를 걸었던 나에겐 하루 오십 리(20km) 정도의 도보쯤이야 가벼운 운동이라 할 수 있다. 그렇지만 그제는 비를 맞으며 11km를 걷고, 어제는 난생처음으로 22.35km란 먼 길을 종일토록 걸었던 집사람에게는 좀 무리가 되었던 모양이다. 거의 매일 헬스장에서 운동하고, 가끔씩 양재천변을 10km쯤 걷긴 하지만 연이은 장거리 도보로 발에 탈이 났다.

양말을 벗게 한 후 내가 스포츠 겔을 발라주고, 동전 파스를 붙여준 다음 한참을 주물러주자 한결 나아졌다며 다시 걷기 시작했지만 전날과 달리 발걸음은 여전히 무거워 보였다. 그때였다. 수평선이 불꽃이 핀 듯 빨갛게 물들었다 싶더니 이내 새빨간 구슬이 고개를 내밀기 시작했다. 전날과 다름없는 멋진 일출의 광경이었다. 해님이 다 솟아오를 때까지 나는 해님을 향해 빌고 빌었다. 내 손자의 건강과 우리 가족을 행복을… 집사람의 기도소리도 들려왔다. 그런데 집사람의 기도는 나와 달랐다. '일체 모든 중생의 건강과 행복, 우리나라의 평화와 통일'을 빌고 있었다.

가다 쉬고, 가다 쉬면서… 쉴 때마다 집사람의 발을 주물러주면서 걸었지만, 여전히 힘겨워하는 집사람이 안쓰러웠다. 문암리 신석기 유적지와 고암해변을 지나 청간정이란 정자에 올라서는 한 폭의 그림과 같은 동해바다를 눈에 담고, 가슴에 담고, 사진에 담을 때는 바닷물이 동해를 가득 채운 것처럼 행복감이 내 가슴과 집사람 가슴을 빈틈 없이 채웠다. 하지만 3km쯤을 더 걸어 캥싱턴 해변에 도착하자 집사람은 발이 아파 더 이상 걷기는 힘들겠다며 나머지는 버스를 타고 가잔다. 아직은 고성군이지만 속초가 코 앞인데…

하지만 집사람에게 이번 도보여행의 동행을 당부하면서 뭐라고 했었던가. 오십 리를 걷든, 십 리밖에 걷지 못하고 포기하든 "당신의 뜻에 따르겠다." 하지 않았던가. 하루를 걷든, 한 시간만 걷든 "당신이 힘들어하면 완주 욕심은 버리겠다." 하지 않았던가. 그런데도 속초가 아닌 고성군에서 차를 타기엔 아쉬움이 너무 컸다. 슬쩍 인터넷으로 검색하였더니 목적지인 속초해변까지는 약 8km, 가장 가까운 속초의 漁港인 장사항까지는 2.7km다. 한 시간만 더 걸으면 속초라고 집사람을 달래면서 다시 걸었다. 씹는 동안 피로와 통증을 잊을 수 있을까 싶어 밤나무 아래서 알밤을 주워주면서… 마침내 속초시임을 알리는 아치가 보이고 조금 더 걷자, 이번엔 장사항 이정표가 나타났다.

드디어 속초시 장사항 도착. 시간은 오전 11시 50분. 도보거리는 14.9km다. 장사항 도로변에 즐비한 횟집을 보면서 가진항에서 먹었던 물회를 떠올리며 어느 집의 물회가 이모네처럼 맛날까 고민하던 중, 한 횟집의 간판과 건물 곳곳에 큼직한 글씨로 국내에서 최초로 얼음 접시를 개발했다느니, TV에 8번이나 방영된 장사항 맛집이라느니, 그리고 해초 물회가 별미라는 등의 문구가 눈에 띄어 들어갔다. 그런데 물회에 들어간 내용물과 물회의 맛은 요란한 광고와 영 딴판이었다. 식사를 마치고는 인근 건어물 가게에 들러 몇 가지의 건어물을 산 후 택시를 불렀다.

택시로 5km여를 달려 도착한 속초해변. 이곳이 바로 이번 도보여행의 최종 목적지였다. 그리고 또 내가 작년에 했던 520km 도보여행의 출발 지점이었으니 그냥 지나치기 싫어 집사람과 함께 기념사진을 찍고는 고속버스터미널로 가서 4시 30분 출발의 승차권을 2시 출발 승차권으로 바꿔 버스에 올랐다. 오후 2시 정시에 출발한 서울행 고속버스. 집사람은 집에 도착하면 옷만 갈아입고는 곧장 찜질방에 가야겠다며 좋아하지만 나도 좋았다. 마지막 5km의 도보를 포기한 아쉬움이 없지 않았지만 2시간 30분이나 빨리 출발함으로써 나를 기다리는 원준, 세은 그리고 은규를 그만큼 빨리 볼 수 있다는 기쁨이 아쉬움보다 더 컸으니 나는 어쩔 수 없는 손자 바보구나 생각하며 지난날들의 도보여행과 이번 도보여행을 회상했다.

　나는 혼자 걷기를 좋아했다. 도보여행은 하루에 40km 이상을 걷는 장거리여야 한다는 아집에 집사람과의 동행은 한 번도 생각해본 적이 없었다. 그리고 떼를 지어 걷거나 또는 한두 명의 다른 이들과 함께 걸으면 보조를 맞추거나 이야기를 나누는 등 배려하고, 동행자에 신경을 써야 하는데 나는 그런 게 싫었다. 혼자 걸으면서 쉬고 싶으면 쉬고, 걷고 싶으면 걸으면서, 빨리 걷고 싶으면 빨리 걷고, 천천히 걷고 싶으면 천천히 걸으면서 혼자서 온갖 생각을 다 하는 자유로움과 여유로움을 만끽하는 게 좋아 준비과정은 말할 것도 없고, 실제의 도보여행까지 늘 혼자서 하곤 했다.

　2014년 10월에 고향까지 걸었던 열흘간의 천 리 길 도보여행 때는 9일 동안 혼자 걷다가 마지막 하루의 대구에서 고향까지 구간을 한 고향 친구와 둘이서 걸었던 적이 있고, 작년 10월에 걸었던 속초 → 부산 간 520km의 도보여행 시에도 12일 동안 혼자 걸었다가 마지막 날 하루, 부산 기장에서 부산역까지의 구간을 중곡동 사돈과 둘이서 걸었다. 그때 이런저런 정담을 나누고 술잔을 나누는 재미가 꽤 쏠쏠하기도 했지만 뒤처질세라 아니면 너무 앞설세라 또는 부담이 될세라 조심하고 신경 쓸 게 한두 가지가 아니었다. 그래서인지 때로는 자유롭던 영혼이 조금은 구속되는 듯 느껴지기도 했었다.

작년 도보여행 중 구룡포 해안을 걸을 때였다. 어깨를 나란히 한 채 여유롭게 걷고 있는 초로의 남녀를 만났다. 서울에 살면서 한 달에 한 번씩 1박 2일 또는 2박 3일 정도의 일정으로 해파랑길을 걷는 부부였다. 그들의 다정한 여유로움이 얼마나 보기 좋고 부럽던지 나는 자신도 모르게 마음을 다지고 있었다. 아마도 그때의 다짐이 이번 도보여행을 강행하도록 했지 않나 싶다.

이번 도보여행은 대성공이다. 마지막 5km의 구간을 택시로 이동함으로써 비록 완주는 하지 못했지만 54km 중 49km는 걸었으니, 달성률이 90.7%다. 점수로 치면 100점 만점에 90점 이상은 받은 셈이다. 더구나 도보여행이라면 두려움부터 내보이던 집사람이 이번 도보여행 덕에 자신감을 되찾았으니 얼마나 다행인가. 다음에는 문경새재길을 걷자, 강릉 주변의 해파랑길을 걷자고 할 만큼 도보여행에 자신감을 나타내고 재미를 붙였으니, 이보다 더 큰 보너스가 어디 있으랴. 나 또한 집사람과 보조를 맞추어 걸으면서 맛난 음식을 먹고, 분위기 좋은 찻집에서 차를 마시면서 더 없는 여유로움과 행복을 만끽했으니 이번 여행은 100점 만점에 100점.

이제부터는 남은 인생의 길도 이번 도보처럼 집사람의 걸음과 삶에 보조를 맞추어 여유롭고 다정하고 행복한 마음으로 걸으리라 다짐하면서 고속버스 의자를 뒤로 눕히곤 또 다른 행복을 찾아 꿈나라로…

1일 차 (2023. 6. 21. 수요일)

　옛날 옛적 甲寅年, 1974년 2월 어느 날 부산직할시 서대신동 구덕 종합운동장 바로 옆에 위치한 경남상업고등학교를 졸업한 젊은이 중 적잖은 젊은이들이 서울 등 수도권에 뿌리내려 살면서 오십 년이 되도록 모임을 하고 있는데 이를 '재경 26 동기회'라 한다. 그리고 이 '26 동기회' 회원 중에는 산을 좋아하는 친구들이 많아 십수 년 전 '26 산악회'란 소모임을 결성한 후 매월 한두 차례 이상은 꼭 함께 산을 오르내리면서 우정을 쌓고 행복을 나누고 있었는데 오늘은 모임의 회원 중 11인이 몽골로 5박 6일 일정의 트레킹을 떠나기로 했으니 얼마나 경사스러운 날인가.

우리 '26 산악회'의 산행은 수도권에 있는 산을 주로 오른다. 멀어야 기껏 강원도에 위치한 산이었다. 하지만 2015년 4월엔 한라산을 올랐고, 2017년 7월에는 백두산에 올랐고, 2018년 11월엔 3,143m의 해발고도로 인도차이나 반도에서는 가장 높다는 베트남의 판시판을 올랐으니 사전적 의미 중 하나인 바다를 건너는 것이 海外라면 서해를 건너는 우리 이륙산악회의 이번 트레킹은 비행기 타고 가는 네 번째 海外(?) 산행인 셈이다. 새벽 일찍 집을 나서느라 밤잠을 설쳤을 텐데도 약속 시간보다 훨씬 이르게 인천공항에 도착한 11인 용사(?)의 얼굴엔 피로의 기색은 간 곳 없이 사라지고 조금은 들뜬 듯 마냥 밝고 맑기만 했다. 어찌 그러하지 아니하겠는가? 판시판 트레킹을 마치고 귀국하면서 '2020년 몽골 트레킹'에 새끼손가락을 걸었건만 2019년 시작된 '코로나'라는 몹쓸 병이 온 세상을 덮치는 바람에 3년 동안이나 마음 졸이며 학수고대했으니…

우리를 태운 아시아나 항공 OZ 567기는 오전 9시 25분 인천 국제공항을 출발했다. 이른 새벽에 집을 나서느라 아침식사를 못한 우리가 기내식으로 허기를 달래는 등 여유를 부리는 동안 비행기는 3시간 35분을 날았다. 비행기 창밖으로 끝없는 초원이 보인다 싶더니 울란바토르 칭기즈칸 국제공항이다. 인산인해를 이룬 몽골 공항 입국장에서 들려오는 소리는 우리 한국말밖에 없는 듯했다. 마중 나온 미모의 현지 가이드의 안내를 받아 공항 안 식당에서 몽골 전통 국수인 듯 보이는 면 요리로 속을 채운 다음 25인승 버스로 Go! Go!

끝없이 펼쳐진 초원, 가로수 몇 그루를 제외하곤 나무라곤 보이지 않는 초원이지만 곳곳에서 여유롭게 풀을 뜯고 있는 말 떼와 양 떼, 그리고 소 떼의 모습은 시원하다 못해 눈이 시리다. 산은 나무가 있어야 제맛이고, 산은 나무가 있어야 아름다운 줄 알았다. 그런데 그게 아니었다. 하얀 버선의 곡선미가 우리나라의 한 아름다움이듯 열여덟 시골 처녀의 솟은 젖무덤처럼 봉긋봉긋 솟은 얕은 산은 몽골 아름다움의 시작이었다. 사막으로 가던 중 잠시 버스에서 내릴 기회가 생기자 드넓은 몽골 초원의 맑고 신선한 공기를 가슴에 담으면서 세계평화를 발원하는 돌탑(?) 탑돌이 하는 친구들도 있었다.

공항에서 1시간 40분을 달려 도착한 고비사막 아르부르드의 게르. 이 게르에서 하룻밤을 보내면서 낙타를 탄 후 모래 썰매 체험의 프로그램이 있었다. 하지만 우리는 털갈이 시기라 털갈이가 한창인 낙타의 지저분한 모습에서 수년 전 낙타 접촉으로 발병되어 많은 나라를 두려움에 떨게 한 '메르스'란 중동 호흡기 증후군을 떠올리며 낙타 체험은 패스하고 모래 썰매 체험을 위해 모래언덕으로 갔다.

모래가 참 곱다. 밀가루만큼이나 입자가 작다. 사막이 되는 건 강수량이 너무 적기 때문이다. 그래서 사막엔 비가 거의 내리지 않는다. 그런데 이게 웬일??? 모래 썰매를 마칠 무렵 한두 방울씩 비가 내리고 하늘엔 먹구름이 까맣다. 한국에서 수년간 공부를 한 덕에 우리말이 능숙한 현지인 가이드가 걱정 섞인 말을 했다.
"저녁에 캠프파이어를 하고 별구경도 해야 하는데…"
그러자 한 친구가 말했다.
"호란, 걱정하지 마. 우리 26 산악회 친구들은 3代 덕을 쌓아 괜찮아. 한라산에 올랐을 땐 백록담의 맑은 모습을 봤을 뿐 아니라 백두산에 갔을 때도 눈이 시리도록 맑고 깨끗한 천지의 모습을 북파와 서파에서 두 번이나 봤고 3,140m의 베트남 판시판산도 맑은 모습 제대로 보고 왔다네… 우리가 등산하는 날엔 오던 비도 멈춘다네."

몽골의 여름은 낮이 훨씬 길다고 한다. 오전 6시 안 되어 솟았던 해님이 저녁 9시가 넘어서야 모습을 감추기 시작하자 우리들의 밤은 시작되었다. 젊은이들 못잖은 광란(?)의 캠프파이어가 끝나자 드러난 몽골의 밤하늘, 쏟아질 듯 많았던 어린 시절 고향하늘 은하수의 모습을 기대했었는데 은하수가 나타나지 않아 아쉬웠다. 그러나 오랜만에 보는 북두칠성의 또렷한 모습과 점을 찍은 듯 수많은 별들의 모습은 적잖은 위안이었다.

2일 차 (2023. 6. 22. 목요일)

몽골사막의 아침은 맑은 계곡물처럼 밝아왔다. 아침식사 후 테레지 국립공원으로 향했다. 차창 밖으로 펼쳐지는 가도 가도 끝이 없는 초원의 지평선을 보던 중 논 한 마지기, 밭 한 뙈기 보이지 않는 모습에 불현듯 나는 어릴 적 시절이 떠올랐다. 자식들에게 한 숟가락이라도 더 먹이기 위해, 자식들에게 한 글자라도 더 배우게 하기 위해 비탈진 산기슭의 나무뿌리까지 뽑아내면서 손바닥만 한 밭을 만들어 일구시던 내 아버지의 모습이 오버랩되면서 '그 시절 우리들의 아버지와 어머니가 이곳에 계셨다면 이 텅 빈 초원도 오곡백과 넘실거리는 옥토가 되어 있을 텐데…' 하는 생각이 들었다.

전망대에서 바라본 몽골의 초원은 대단했다. 몽골의 넓이는 우리 대한민국 영토의 약 16배로 세계 19위의 국토 면적이라니 넓긴 넓다. 게다가 인구는 우리 대한민국의 1/10도 안 되는 340여만 명인 데다 무수한 지하자원이 묻혀 있다니 척박해 보이기만 하던 초원이 어느새 부러워지기 시작했다.

칭기즈칸 전망대를 둘러본 뒤 도착한 테레지 국립공원 게르, 이곳에서 사흘 밤을 묵는단다. 공기 맑은 초원과 기암괴석의 산으로 둘러싸여 있어 사흘 동안 가슴도 눈도 호강할 것 같다. 게다가 게르 모두가 깨끗할 뿐 아니라 화장실과 샤워 공간이 설비되어 있어 내 마음에 쏙 들었다. 화장실이 따로 없고 샤워 공간은커녕 공동 세면장이 있었지만 똑똑 떨어지는 듯 나오는 물로는 양치질조차 사치처럼 느껴졌던, 첫날밤을 보낸 사막의 게르가 시골 동네 여인숙이었다면 오늘부터 사흘 묵을 게르는 모텔급이다.

테레지 국립공원의 명소 라마사원을 오르내리는 동안엔 이름 모를 야생화의 아름다움에 빠지고 거북바위, 책 읽는 바위 등 금강산과 어깨를 나란히 한다는 기기묘묘한 바위들의 모습을 보면서 조물주께서 숨겨둔 예술 감각을 여기에서 발산하셨구나 하는 생각이 들었다.

3일 차 (2023. 6. 23. 금요일)

국립공원의 아침이 밝았다. 조금은 적막하기도 했던 사막에서 보던 아침과는 분명 달랐다. 갖가지 모양의 기암괴석과 푸른 초원이 무척 잘 어울리는 풍경이었다. 그 푸른 초원을 어슬렁거리면서 풀을 뜯어 먹고 있는 말들과 소 떼, 양 떼는 차라리 한 폭의 그림이었다. 이 평화로운 풍경을 눈에 담고, 가슴에 담고 싶은 친구들은 서둘러 게르를 나와 산책을 하다 가까이 있는 바위에 올랐다. 고등학교 시절부터 사진반에 들어갈 만큼 사진을 좋아해 지금은 프로 작가의 경지에 이른 김홍관 친구는 이번 걷기 여행에 가져온 드론을 띄워 사진 촬영에 바빴다. 아침식사 후부터 시작되는 오늘 일정은 몽골 트레킹의 하이라이트인 체체궁봉 등반이다. 산봉우리의 이름에 '궁'자가 들어 있길래 옛 몽골 시절의 왕궁 같은

게 이 산 아래 있었나 보다 했더니 그게 아니란다. '체체궁'의 뜻
은 산 정상이란다.

 아침식사 후, 미니버스로 1시간 40분을 달려 북드항 산 입구로
이동했다. 오늘 트레킹은 우리 팀 11명과 우리 국내의 한 여행사
가 수원, 대구, 부산 등에서 모집한 19명의 연합팀과 함께하는데
인솔자로는 우리 팀의 현지인 여성 가이드 1명, 그리고 연합팀엔
현지인 여성 가이드 1명과 우리나라 동포 남성 가이드 1명이 따
라붙는단다. 우리 팀의 가이드는 단 한 번도 산을 오른 적이 없는
신출내기인 반면에 연합팀의 남성 동포 가이드는 7~8년 전쯤 몽
골로 이주해 태권도 도장을 운영하는 지역 유지(?)로 시간이 날 땐
곧잘 산행 가이드를 맡는 신체 건장한 산행 전문가란다. 그러니 여
행객 30명에 3명의 가이드가 붙어 함께 오르는 산행인 셈이다.

 오늘 산행의 최고 고도 2,265m로 거리는 약 15km, 예상 소요
시간은 6시간에서 7시간 정도이다. 정상에서 식사할 예정이라며
나눠주는 점심 도시락을 하나씩 받자마자 곧바로 "출발!" 소리가
들려오고… 몇 킬로미터나 걸었을까? 심장이 약하다며 뚝 처져
따라오던 연합팀 멤버 두 명이 되돌아간단다. 연합팀의 현지인 여
성 가이드가 그들을 인솔해 출발지로 되돌아간다니 이제 남은 인
원은 우리 팀 11명, 연합팀 17여 명 그리고 우리 팀의 현지인 여
성 가이드 한 명, 우리나라 동포 남성 가이드 한 명.

 무슨 바위가 그렇게도 많은지… 산속 곳곳엔 수백 킬로그램은

됨직한 바위들이 사방에 깔려 있었다. 마침내 점심시간, 산속에서 먹는 도시락은 너무 맛있는 게 단점이다. 몇 숟가락 뜨지 않은 것 같은데 도시락이 설거지한 것처럼 깨끗해졌다. 그런데 밟는 바위마다 거뭇거뭇한 게 달라붙어 있었다. 몇 번을 대수롭지 않게 여기며 걷다가 한 번은 자세히 살펴보았다. 아니, 이럴 수가…, 석이버섯이었다. 헬스장에서 러닝머신을 탈 때마다 즐겨보는 TV프로가 '나는 자연인이다'라서 더러 본 버섯이었다. 깊은 산에 사는 자연인들이 꼭 찾아 나서는 게 버섯이고, 그중에서도 꽤 귀한 취급을 받는 버섯이 석이버섯인데…, TV 속 자연인들의 설명에 따르면 우리나라 국내에서는 해발 800m 이상 깊은 산의 험한 절벽이 아니고는 석이버섯을 볼 수 없다고 하던데… 석이버섯은 일 년에 1mm 정도밖에 자라지 않기에 웬만한 것은 수십 년 이상 자란 것이라고 하던데… 그런 버섯이 이렇게 바위마다 널려 있다니… 뒤따라오는 연합팀의 한 여성에게 바위에 붙은 것을 따서 보여주며 물었다.

"이거 석이버섯 아니에요?"

"네, 석이버섯 맞아요."

한참을 걸었다. 뒤에서 약간은 소란한 듯한 소리가 들려왔다. 연합팀의 한 부부 중 여성분이 바윗길에서 넘어졌단다. 우리 친구들이 달려가 준비해 온 파스를 붙여주고 근육이완제도 건넸단다. 환자가 발생하자 가이드는 하산 코스를 바꾸었다. 여전히 바위가 많은 길이었다. 하산 걸음 닿는 곳마다 야생화가 피어 있고, 몸에 좋다는 말굽버섯도 보였다. 게다가 귀한 약초도 있었다. 생긴 모양이 다닥다닥 어긋난 잎이 기와를 포갠 것처럼 보일 뿐 아니라 기와 위에서 자라는 모습이 소나무를 닮은 돌나물과의 여러해살이 식물로 각종 암에 대한 항암 효과와 면역력 개선, 해독 작용 등에 엄청 좋다는 와송(瓦松)이었다. 몇 십 년 전에는 시골의 재실(齋室) 같은 오래된 기와지붕에서 쉽게 볼 수 있었지만, 암에 특효약이라는 소문이 돌면서 우리나라 국내엔 야생이 거의 없을 만큼 귀한 약초다. 몇 해 전 AT센터에서 열린 어떤 귀촌 행사에 갔더니 말린 양식 와송조차 100g당 2만 원이 넘을 만큼 귀하디귀한 자연산 와송이 몽골의 산속 곳곳에서는 잡초처럼 자라고 있었다. 무척 신기하면서도 한편으론 불공평하다는 생각이 들기도 했다.

'春來不似春'이라더니… 봄을 지나 여름으로 달려가고 있는 지금까지 몽골의 산은 깊은 구덩이마다 큼직한 얼음덩어리를 숨겨두고 있는 걸 보면서 이 산은 하산길 헤매는 우리처럼 계절 감각을 잃었구나 생각했다. 이곳이 아직은 봄이 아니듯 우리의 길은 끝이 없었다. 아니 제대로 된 길이 없었다. 앞서 걷던 연합팀의 남성 가이드는 배터리가 다 되어 보조배터리를 빌려야겠다며 뒤로 처지고 우리가 선두. 그런데 정말 길이 없다. 풀잎 한 개라도 누워 있으면 이곳으로 누군가가 걸었나 보다 여기며 걸어야 했다.

없는 길, 험한 길을 오래 걷다 보니 연합팀뿐 아니라 우리 친구 중에도 발에 쥐가 내린 친구, 발목을 삐끗한 친구가 생겼다. 잠시 쉬면서 종아리를 안마하고, 사혈 침으로 피를 빼며 걸었다. 파스를 붙이고 걸어야 했다. 가장 앞장서서 계곡을 내려가던 친구가 시야에서 사라졌다.

"승효야! 정승효!"

목청껏 친구의 이름을 부르며 걷는데 눈앞에 철조망이 나타났다. 내가 자주 오르는 청계산과 구룡산 등에서 쉬이 볼 수 있는, 사유지의 경계를 알리는 철조망처럼 보였다. 앞을 가로막는 길게 늘어선 철조망을 넘지 않고는 하산을 할 수 없을 것 같았다. 오른쪽 왼쪽을 바라보지만, 철조망의 끝은 보이지 않았다. 산 위로 향한 오른쪽으로 조금 오르자, 철조망의 한 구간이 비스듬히 쓰러져 있었다.

'옳거니! 잘 됐다.'

이제 정말 다 내려왔구나 싶어 안도하며 홍관 친구와 함께 철조망을 넘어 비탈을 걸었다. 잠시 후 아래쪽에서 인기척이 나면서 승효의 모습이 보였다. 그런데 이건 무슨… 승효 뒤에는 3명의 군인이 있었다. 심지어 한 명은 개머리판이 칼빈을 닮은 소총까지 메고 있었다. 우리가 군부대에 들어선 줄 알았다. 비록 군인이지만 사람을 만났으니 다행이다 싶었다. 군인은 우리더러 더 이상 내려오지 말라는 손짓, 사진을 찍지 말라는 손짓을 했다. 우리 말은커녕 영어조차 못하는 군인과 말이 통하지 않자, 홍관 친구가 몽골 현지 비상 연락처(현지 여행사)에 전화를 걸어 바꿔주고, 현지 여행사의 담당자와 한참 통화를 한 군인은 폰전화를 홍관 친구에게 바꿔주었다. 우리가 들어선 곳은 군부대가 아니라 몽골 대통령의 관저가 있는 경호구역이란다. 군인들은 관저 경비병이란다. 절대로 관저 구역을 통과해 하산할 수 없단다.

군인들이 하산하는 길을 안내해 주겠다고 했다며 그들을 따라가란다. 그런데 그들이 말하는 하산 코스는 보기만 해도 아득한 옆의 산을 넘는 것인 듯했다. 시계의 짧은 침은 벌써 7시를 넘어섰는데… 낮이 가장 긴 계절이라지만 9시에는 해가 넘어가던데… 평소 많이 걷는 데다 선두 격인 나야 목만 많이 마를 뿐 괜찮지만 한참 뒤처져 따라오는 연합팀의 여성들은 너무 힘들 텐데… 군인 어깨에 둘러메진 소총을 볼 때마다 십수 년 전 금강산 관광 도중 북한 경비병이 쏜 총에 맞아 숨진 박 某 여인 사건이 떠오르면서 섬뜩했다.

예상대로 다른 길은 없었다. 더 높아 보이는 산을 다시 올라야만 했다. 뒤처져 따라오는 사람들을 기다렸다가 함께 올랐다. 그런데 한 무리는 더 이상은 못 걷겠다는 듯 완전히 주저앉아 버렸다. 산 정상 부근에서 넘어졌다는 연합팀의 여성분이 거의 탈진 상태에 이르자 그의 남편과 가이드가 함께 있었는데 나중에는 여자분이 실신하는 바람에 그녀의 남편과 가이드도 차로 떠났다는 소식이 들려왔다. 하지만 하늘은 우리를 응원하는 것처럼 보였다. 힘겹게 올라가는 가파른 산비탈의 돌멩이 사이사이에서 예쁘게 핀 들꽃들이 척박한 환경을 이겨내는 자신들을 보면서 힘을 내라며 흔들흔들 온몸을 나부끼고 있었다.

다시 정상에 올랐으나 하산하는 길을 아는 사람은 한 명도 없었다. 우리 팀의 여성 가이드는 산행 자체가 처음이고, 연합팀의 두 가이드 중 한 명은 일찌감치 낙오자를 데리고 하산했으며, 남은 한 명의 남성 가이드마저 산행 안내를 포기한 채 군인들과 함께 탈진자를 돌보고 있다가 탈진자의 남편과 함께 사라졌으니… 산 위보다 산 아래쪽에서 더 난리가 난 모양이다. 쉼 없이 여행사와 전화를 주고받던 우리 가이드에 따르면 우리들의 상황이 몽골 대통령실을 통해 우리나라 대사관으로 전해졌단다. 상황을 파악한 우리나라 대사관에서 몽골 정부에 구조대 출동을 요청했단다. 우리도 모르게 우리는 조난자가 된 셈이다. 곧 구조대가 도착할 거라며 능선을 따라 계속 걸으라는 가이드의 말을 따라 무작정 걸었다. 시간은 흘러 어느덧 8시가 넘었지만, 갈 길은 먼 것 같았다.

'한 시간만 있으면 해가 지는데…'

'그 전에 내려가야 하는데…'

마음이 급해 무조건 걸었다. 앞만 보고 걸었다. 얼마나 걸었을까? 우리 쪽으로 걸어오고 있는 구조대원들의 모습이 보였다. 세 명의 119구조대원과 한 명의 경찰관이었다. 구조대원의 뒤를 따라 다시 한참을 걸었다. 길을 안내하던 구조대원들이 갑자기 전혀 길 없는, 경사도가 족히 60도는 될 듯한 비탈로 내려가면서 따라오라 손짓했다. 저승길이 따로 없었다. 넘어지거나 한 발자국만 헛디뎌도 절로 굴러 굴러 산 아래까지 뒹구는 저승길처럼 보였다. 우리 팀이야 모두가 오늘내일 70줄에 들어서는 나이가 되었지만, 평소 매달 한두 번 이상은 산을 오르내리면서 체력을 기른 덕분에 큰 걱정은 되지 않았지만, 여성들이 대부분인 연합팀과 오늘 산행이 난생 첫 산행인 우리 가이드가 걱정되었다. 하지만 깜깜해지기 전에 내려가기 위해서는 다른 방도는 없을 것 같기도 했다.

목이 말랐다. 마지막 생수통을 비운 지 몇 시간은 되었으니 타는 듯했다. 다른 친구들도 목이 타는지 저마다 모두 물을 찾았다. 한 걸음 한 걸음… 마침내 저 아래 차도가 보였다. 몇 백 미터만 더 내려가면 되겠다 싶었다. 이때 아래쪽에서 한 젊은이가 헐레벌떡 뛰어 올라왔다. 내게 생수 한 병을 내밀면서 엄지손가락과 검지손가락을 1~2cm쯤 벌려 보이며 "조금조금"이라고 말했다. 우리 팀이 타고 다니는 25인승 버스의 기사였다. "조금조금"은 생수를 조금씩 마시라는 말이었다. 땀에 흠뻑 젖은 모습으로 내게 생수를 건네주곤 또다시 산을 뛰어오르는 그의 모습은 감동이었다.

해가 떨어지자 금방 어둑어둑해졌다. 가로등이 켜진 뒤에야 하산한 친구들은 만세까지 불렀다. 맨 마지막으로 하산한 연합팀의 몇 명과 우리 팀 가이드가 도착했을 땐 23시 10분이었다. 구조대원 두 명이 번갈아가며 우리 팀 여성 가이드를 업고 내려왔단다. 무사히 하산을 마친 우리 팀은 자정을 앞둔 23시 30분에 식당으로 가서 김치찌개로 저녁식사를 했다. 12시간의 고난이 입맛을 돋운 걸까? 입에 넣는 것마다 모두가 꿀맛이다. 자정은 물론 1시가 훨씬 넘은 시간이지만 그냥 잘 수 없는 우리는 한 캔씩의 맥주로 우리 모두의 무사 생환(?)과 오늘 아니 자정이 넘었으니 체체궁봉에 올랐던 어제가 생일이었던 한옥봉 친구의 생일을 축하하면서 12시간 산행의 피로를 풀었다.

4일 차 (2023. 6. 24. 토요일)

전날의 피로를 풀기 위해 오늘 오전은 힐링 타임. 하지만 눈은 어김없이 6시도 안 되어 번쩍 떠졌다. 게르에서 나와 언덕길을 오르내리면서 몽골의 맑고 시원한 새벽 공기와 아름다움을 눈에 담고, 가슴에 담고, 폰에 담았다. 맑은 공기 덕일까? 여행이 주는 여유로움 덕일까? 간밤의 꿀잠 덕분일까? 사흘 동안 저녁마다 알코올 도수가 40%나 되는 몽골 보드카를 마시고 잠들었는데도 아침이면 언제 마셨냐는 듯 멀쩡한 친구들의 가슴에는 험준한 산길을 20km도 더 오르내려야 했던 어제의 산행이 잊을 수 없는 소중한 추억으로 숙성되고 있었다.

오늘 일정은 점심식사 후 해발 2,020m로, 비행기란 뜻을 지닌

엉거츠산 트레킹과 승마 체험이란다. 엉거츠산 입구에서 기념사진을 촬영한 다음 전날 12시간 트레킹의 피로가 덜 풀린 친구는 산에 오르는 대신 언덕에서 피로를 풀기로 했더니 나를 포함해 6명은 산행을 택하고, 5명은 언덕에서 트레킹을 하겠다며 산 아래에 남았다. 정말 아름다운 경치였다. 그림에서나 볼 수 있을 것 같은 멋진 풍경이었다. 신이 아니고는 조각하지 못할 기암괴석과 산등성에 펼쳐진 초원을 가득 메운 들꽃은 한 폭의 상상화였다. 오르내리는 산길의 입자 굵은 마사토에 발바닥이 화끈거렸지만, 발바닥 마사지에 그저 그만이었고, 융단을 깔아놓은 듯 푹신푹신 푹신한 산 능선 길은 얼마나 부드럽고 상쾌하든지 맨발로 걷기에 최고였다.

엉거츠산을 내려와서는 승마를 체험했다. 한 시간 동안 말에 올라 몽골의 초원을 걷고 냇물을 건너는 즐거움은 이루 말할 수 없었다. 말들이 얼마나 순하던지 몇 번만 더 타면 영화에서 보았던 장면처럼 맘껏 초원을 달릴 수 있을 것 같았다. 승마 체험 후 전통 게르 마을에서 마유차와 치즈 등 몽골 전통 다과를 맛보는 기회도 있었다. 너무너무 행복한 한나절이었다.

이동우 친구가 만드는 보드카 칵테일은 수면제일까? 마약일까? 저녁마다 아니 밤마다 짬뽕인지 칵테일인지 알 수 없지만 몽골 보드카에 사이다를 넣고, 과일 주스를 넣고, 맥주를 섞을 뿐인데도 얼마나 시원하고 입에 짝짝 달라붙는지… 게다가 이거 몇 잔이면 꿀잠까지 보장되기에 우리 모두가 매일 밤 찾을 만큼 이동우표 칵테일은 별미였다. 우리 재경 26산악회는 수년 전부터 재미난 전통(?)을 만들어왔다. 어떤 산을 오르내리는 동안 각별한 우정을 뿌린 친구에게 그 산의 이름을 아호(雅號)로 선물하곤 했던 것이다. 그 선례에 따라 몽골 트레킹 내내 밤마다 친구들의 입맛에 딱 맞는 칵테일을 만들어 내는 이동우 친구에게 만장일치로 '몽골'이란 아호를 하사(?)하기로 했다, 그러자 동우 친구는 기꺼이 받았다. 다만, '몽골'이 너무 직설적이라 거꾸로 쓰고 싶단다. 그래서 '몽골'은 '골몽'이 되고 '골몽'에서 '골' 자는 다시 파자되어 '몽골 → 골몽 → 고르몽'이 되었다. 오늘 밤도 '고르몽 이동우' 친구가 만든 보드카 칵테일 몇 잔으로 피로는 씻어내고 우정을 쌓은 후 우리는 가슴 가득 행복을 품은 채 꿈나라로…

5일 차 (2023. 6. 25. 일요일)

어김없이 몽골의 아침이 밝았다. 귀국일이 내일인 걸 감안하면 사실상 오늘이 마지막 날인 셈이다. 부지런한 새가 피곤하다지만 한 가지라도 더 가슴에 담을 요량으로 동네를 한 바퀴 도는 기분으로 산책하러 나갔더니 내가 꼴찌였다. 아침식사… 테레지 국립공원에서의 마지막 식사라서 그럴까? 밥맛은 어제와 조금도 다름이 없는데도 입맛이 쓰다. 식사 후 가방을 챙겨 버스를 타고 열트산으로 두세 시간 걸린다는 야생화 탐방을 떠났다. 오늘낼이 70인 할배들이 갖가지 재미난 점프로 인생샷을 만들고 있다. 이런 초원과 기암괴석을 언제 또 볼 수 있을까? 한 번 더 볼 가능성보다 영영 볼 수 없을 가능성이 훨씬 크기에 눈에 담고, 가슴에 담고, 폰에 담았다.

전통 민속공연 관람 후 저녁식사를 위해 울란바토르 시내에 있는 한식집 '부산식당'으로 갔다. 몽골 현지에서 여행사를 운영하고 계시는 사장님 한 분이 그 식당에서 우리를 기다리고 있었다. 지난 23일 체체궁봉 트레킹에서 가이드들이 역할을 제대로 하지 못해 큰 고생을 한 우리에게 주관 여행사의 대표로서 사과하러 왔단다. 그 큰 고생에 무엇이 보상되겠냐 마는 턱없이 부족하지만, 죄송한 마음을 담았다며 1kg의 차가버섯이 담긴 봉지를 인원수대로 놓고 가시고… 부산식당 여사장님은 시끄러운 우리들의 억양을 듣곤 부산 사람들이라 더 반갑다며 이 반찬 저 반찬을 듬뿍듬뿍 챙겨주셨다. 벌써 잊을 수 없는 멋진 추억으로 자리 잡았는데 귀한 차가버섯 선물까지 생겼으니 꿩도 먹고 알도 먹은 셈이다. 국립공원 게르에 묵을 때의 식당에서 차가버섯을 팔고 있어 나는 몇 번이나 들었다 놓으면서 쇼핑센터나 면세점에서는 반드시 사야겠다 마음먹었는데…

몽골에서의 마지막 밤은 호텔이다. 여인숙에서 모텔, 모텔에서 진짜 호텔로 옮긴 셈이다. 비즈니스 호텔이 얼마나 깔끔하고 포근해 보이던지 만사를 제쳐두고 눕고 싶었다. 하지만 모두가 몽골에서의 마지막 밤을 그냥 보낼 순 없단다. 이번 트레킹에서 감초였던 동우 친구의 싱겁고 재미난 이야기와 그의 칵테일은 또 짧은 몽골의 밤을 더 짧게 만들었다.

6일 차 (2023. 6. 26. 월요일)

　5박 6일의 마지막 날이다. 아침식사만 끝나면 공항으로 출발한단다. 가방을 꾸리고 있는데 손목 워치에 카톡이 들어왔다는 신호가 떴다. 은규 어미인 큰딸이 보낸 카톡이었다. 은규가 쓴 주말 일기의 사진이었다. 할아버지가 안 계시니 더 보고 싶고, 할아버지의 소중함을 느낀단다. 일주일 가까이 보지 못한 손주들이 보고 싶었다. 순간 빨리 돌아가고 싶었다. 돌아갈 곳이 있다는 것이 행복이었다. 기다리는 가족이 있다는 것이 행복이었다.

　공항으로 가던 중 몽골의 명품 캐시미어 쇼핑몰에 들렀다. 문을 열기도 전에 도착하는 바람에 10여 분 기다렸다가 들어갔으니, 우리가 첫 손님이었다. 이내 들이닥친 한 무리의 한국인 여행객들은 몽골을 다녀가면서 캐시미어 안 사가면 후회한다며 매장을 휘젓고, 우리 이륙산악회 친구들도 저마다 아내에게 줄 선물을 찾아다니느라 매장을 맴돌고 있었다. 그러한 친구들 때문일까? 나도 모르게 나는 여성용 숄(shawl)이 걸려 있는 곳에 서서 천을 만지작거리며 얼굴에 대보기까지 했다. 어제 쇼핑센터에서 사위들과 한 잔 할 요량으로 몽골 보드카 한 병을 샀으니, 오늘은 내가 없는 동안 혼자서 손주들을 케어한 집사람에게 캐시미어 선물 하나는 사고 싶었다. 그런데 아무것도 사 오지 말라고 한 집사람의 엄명(?)이 떠올랐다. 보드카에 숄까지 구입해 가면 집사람이 좋아하기보다는 "얼마 주고 샀냐?", "왜 이런 색상으로 골랐냐?"며 괜한 짓했다고 야단(?)칠 것 같았다. 살까 말까 한참 고민을 하던 중 갑자기 기막힌 묘수 하나가 머리를 스쳤다.

'옳지! 그러면 되겠다.'

몇 가지의 색상 중에서 집사람이 좋아할 색상 고르기는 역시 난제 중 난제다. 40년이 넘는 세월 동안 풀지 못하는 걸 보면 나에겐 100년이 넘도록 풀리지 않는 힐베르트의 수학 난제만큼이나 어려운 문제인 셈이다. 하지만 오늘은 달랐다. 갑자기 머리를 스친 기막힌 묘수가 난제를 한방에 해결한 셈이다. 집사람에 잘 어울릴 만한 숄을 골라 계산대로 가서는 의기양양하게 카드를 긁었다.

집에 도착해 저녁식사를 마친 후 나는 여행가방을 열어 선물들을 하나씩 꺼내면서 말했다.

"초콜릿 3통, 이것은 원준이, 은규, 세은이 거."

"이건 술이야. 이번 주말 사위들과 마실 몽골 보드카."

"짠! 이것은 당신 선물."

그러자 집사람이 물었다.

"웬일로 내 것도 다 있네… 뭐야?"

"몽골이 아니면 살 수 없다는 캐시미어 숄(shawl)이래."

"비쌀 텐데 왜 샀어요? 아무것도 사지 말랬잖아…"

"산 것 아니야. 우리 모임에서 해외여행 보내준 마눌님들 고맙다고 회비에서 하나씩 선물하는 거야."

"색상은 이것 한 가지밖에 없었어요?"

"아니, 몇 가지 더 있긴 했는데 내가 봤을 때 예쁜 당신에겐 이 색이 제일 잘 어울릴 것 같아서…"

"잘했어요. 천이 부드럽고 좋네… 와! 이륙산악회 참 좋다. 또 언제 간대요?"

절친 사돈들의
남도여행
(2017. 4. 14. 금요일
~2017. 4. 16. 일요일)

    오전 8시, 승합차 한 대가 양재IC에서 경부고속도로로 들어섰다. 나와 집사람 그리고 내 쌍둥이 큰딸의 시부모이신 중곡동 사돈 부부, 또 내 쌍둥이 작은딸의 시부모이신 경기도 광주 사돈 부부. 이렇게 6명을 실은 승합차는 남으로 남으로 달리기 시작했다. 평소 자주 만나 잘 지내는 덕분에 2013년 9월 방송된 EBS TV의 『新 사돈 풍속도, 절친 사돈 되는 법』이란 프로에 1시간 남짓 함께 출연했던 우리 3쌍은 그해 연말 다시 한자리에 모였다. 송년회를 겸한 저녁식사 자리였다. 식사하던 중 '함께 해외여행을 가기로' 뜻을 모았다. 그리고 그달부터 한 부부당 매월 10만 원씩의 회비를 납부해 적립하기 시작했다. 지난해의 연말 모임에서 2017년에 해외여행을 가기로 결정하고, 적립금이 1,200만 원 돌파되던 올 3월 초에 다시 만나 남한산성을 함께 산행하면서 해외여행을 4월 14일부터 18일까지 중국 태항산 4박 5일의 일정으로 확정했다.

시작은 순조로웠다. 계약금을 송금해 하나투어 상품으로 계약을 마치고, 6명의 여권 사본까지 보냈는데… 아뿔싸! 사달이 났다. 사드 배치 문제로 중국에서 롯데마트의 영업을 중지시키는 등 反韓 감정이 치솟으면서 중국인의 우리나라 관광이 전면 중단되고, 중국에 관광여행을 간 우리 국민도 구박이나 불편 등 큰 낭패를 당한다는 소문이 들려왔다. 한 주 동안 고민을 거듭했다. 이런 판국에 구태여 중국에서 돈을 쓸 필요는 없다는 데 의견이 일치되었다. 그래서 태항산 여행은 취소했다. 하지만 딱히 갈 만한 곳이 없었다. 동남아의 웬만한 곳은 사돈들이 한 번 이상은 다녀온 데다가, 유럽 쪽이나 북미 쪽 등 멀리 가자니 어린이집 다니는 손주들을 데리고 와서는 딸 부부가 퇴근할 때까지 돌봐주어야 하는 우리 부부로서는 5일 이상 집을 비우기 곤란했다. 트라이앵글 3개국, 대만 등 동남아 몇몇 곳을 검토하다가 국내 여행으로 방향을 바꾸었다.

뒷자리에 앉은 집사람과 두 분의 사부인은 무엇이 그리 즐거운지 잠시도 쉬지 않고 하하 호호 깔깔깔… 핸들을 잡은 중곡동 사돈의 능숙한 운전 솜씨로 천안JC에서 천안논산고속도로로 접어들었다. 정안알밤휴게소에서 잠시 휴식을 취하고는 다시 달렸다. 1차 기착지인 선운사로 달렸다. 선운사IC의 빨간 꽃이 잔뜩 달린 동백나무 가로수를 지나면서 광주 사돈 내외분은 결혼담을 비롯해 옛 추억을 줄줄이 꺼냈다. 선운사가 있는 전라북도 고창은 광주 사돈 내외분의 고향이기에 고향 이야기가 끝없이 나왔다. 두 분의 고향 모두가 선운사로부터 그다지 멀지 않은 곳이란다. 사부인은 국민학생 시절 소풍을 선운사로 가기도 했었는데 그때는 선운사가 엄청 크게 느껴졌단다. 선운사가 세상에서 제일 큰 절인 줄 알았단다.

신라 진흥왕 때 창건되었다는 명승 고찰 선운사. 천연기념물로 지정된 동백나무 숲이 아름다운 선운사에서의 기도와 정원의 할미꽃이 아름답던 풍천장어집에서 점심식사를 마친 우리는 오늘의 종착지인 보길도로 가기 위해 해남 땅끝마을로 쌩쌩 달렸다. 드디어 땅끝마을 선착장에서 보길도와는 보길대교라는 다리로 연결된 섬, 노화도로 가는 배에 몸을 실었다. 노화도에서 보길대교를 거쳐 도착한 보길도.

한국민족문화대백과사전에 따르면 보길도란 명칭은 옛날 영암의 한 부자가 선친의 묏자리를 잡기 위해 풍수지리에 능한 지관을 불렀는데, 지관이 이 섬을 두루 살핀 뒤 '십용십일구十用十一口(甫吉)'라는 글을 남기고 갔단다. 그래서 이 글의 뜻을 풀기 위해 월출산 선암사 스님에게 내용을 물었더니 "섬 안에 명당자리 11구가 있는데 10구는 이미 사용되었고, 1구도 이미 쓸 사람이 정해졌다"라고 풀어 보길도라 불렀다고 한다.

보길도에서 처음 찾은 곳은 보옥리에 있는 공룡알 해변이었다. 보옥리는 중곡동 바깥사돈의 친한 친구 고향이란다. 은규 아빠가 어리던 시절에 이곳으로 가족여행을 오기도 했단다. 30여 년 전 그 시절 사돈이 친구 집에 놀러 가면 친구의 어머니는 한양에서 아들의 소중한 친구가 왔다며 청정 바다에서 나는 온갖 해산물로 된 진수성찬은 물론이고, 산길을 걸어 나룻배를 타고 노화도에 있는 떡집에까지 가서서 떡을 만들어 오시곤 했단다. 몇 해 전 친구는 하늘나라로 갔지만 친구 동생은 아직 고향을 지키고 있다면서 사돈은 친구 동생을 만나러 동네로 들어가고, 우리는 공룡해변으로 갔다. 공룡해변이라기에 해변에 공룡알 화석들이 있는 줄 알았다. 그런데 그렇지는 않았다. 해변에 공룡알처럼 둥글게 생긴 큼직한 돌들이 많아 붙여진 이름일 뿐이란다.

공룡알 해변에서 나온 우리는 숙소인 해돋이 펜션이 있는 예송리로 이동했다. 중곡동 바깥사돈 그리고 광주 바깥사돈 이렇게 남자들은 105호, 집사람과 광주 안사돈, 중곡동 안사돈은 106호. 이곳 예송리에도 중곡동 사돈의 知人(다른 친구 동생)이 있었다. 예송리 바다에서 전복 양식업을 한다는 知人은 사돈의 연락을 받자마자 찾아와서는 우리들을 횟집으로 안내했다.

세연정 관광으로 보길도에서의 일정은 끝이 났으니 다음은 청산도다. 보길도에서 청산도로 가려면 먼저 차로 노화도의 동천항으로 가서 배를 타고 완도로 간 다음 완도에서 다시 배를 타고 청산도에 들어가야 한다. 그런데 완도에서는 4월 14일부터 해조류박람회가 열리고 있는 데다 청산도에서는 일 년 중 최고의 성수기인 슬로걷기축제가 4월 1일부터 시작되고 있었다. 완도에서 청산도로 가는 배에 사람은 예약해 두었지만, 차량은 선착순 승선이라니 미리 가야만 했다. 예약한 배는 15일 오후 2시 50분. 전국 각지에서 몰려든 관광객들로 가득 찬 완도 여객선 터미널은 완전 도떼기시장이었다. 선착순 승선을 위해 차를 대기 장소에 세워둔 다음 우리들은 수산시장으로 가서 갑오징어회 등 여러 해산물을 맛나게 먹었다.

청산도? 산, 바다, 하늘이 모두 푸르러 청산(青山)이라 이름 붙여진 작은 섬이다. 전남 완도에서 19.2km 떨어진, 다도해 최남단 섬으로 자연경관이 아름다워 예로부터 청산여수(青山麗水) 또는 신선들이 노닐 정도로 아름답다고 하여 선산(仙山)이라 부르기도 했단다. 푸른 바다, 푸른 산, 구들장 논, 돌담장, 해녀 등 느림의 풍경과 섬 고유의 전통문화가 어우러져 세계로부터 그 가치를 인정받았고, 1981년 12월 23일 다도해 해상국립공원으로 지정되었으며, 2007년 12월 1일 아시아 최초로 슬로시티로 인정되었다고 한다.

청산도에 도착하자마자 찾아간 권덕리 바닷가의 마루펜션에서 바깥사돈들과 나는 101호, 집사람과 안사돈들은 전망이 더 좋다는 201호에 들었다. 광주에서 직장을 정년퇴직한 부부가 섬에 들어와 새로 지은 펜션으로 40여 일 전에야 오픈했단다. 바로 바닷가로 바다가 훤히 내다보이는 데다 아담하고 깨끗해서 좋았다. 예약을 해두었기에 망정이지, 안 그랬으면 큰일 날 뻔했다. 완도에서 본 청산도를 찾는 관광객을 생각하니 이처럼 깨끗하고 조망이 좋은 펜션을 잡은 것이 큰 행운처럼 느껴졌다.

펜션에서 산마루를 넘고 들길을 걸어 서편제 촬영지에도 가고, 구들장 논도 봤다. 오갈 때마다 집사람과 사부인들의 자리에서는 흥얼거리는 노랫소리가 들려오고, 가는 곳마다 바깥사돈들의 걸쭉한 농담에 하하하 호호호 깔깔깔을 뿌려댔다. 때로는 친구처럼, 때로는 형제처럼 자매처럼… 정말 정말 보기 좋고, 보는 사람도 기분이 좋았다.

4월 16일, 마지막 날의 새벽이 밝았다. 창문 밖이 온통 뿌옇다. 언제 나갔는지 광주 바깥사돈은 벌써 큼직한 비닐봉지를 들고 다니며 바닷가 바위에서 톳을 따고 있었다. 질세라 나도 바닷가로 갔다. 바위에 파릇파릇 붙은 아기 손바닥만 한 해초들이 보였다. 살짝 씹어 먹었다. 짭짤한 게 제법 먹을 만했다. 파래가 아니면 다른 식용 해초려니 싶어 무작정 땄다. 그런데 그 해초를 본 사부인은 못 먹는 거란다.

여러 해초로 만든 반찬과 누룽지탕으로 아침식사를 하고 있을 때 문자가 들어왔다.

"해상에 짙은 안개로 인하여 선박 운항이 첫 배부터 대기 상태입니다. 참고 바랍니다."

안개로 배가 출항하지 못하고 있다는 메시지였다. 우리가 탈 배야 9시 40분 출항이니까 늦어도 오전에야 뜨겠지 싶었다. 펜션 주인들과 커피를 나눠 마시며 이별 인사를 했다. 그런데 펜션 주인 부부도 아침 일찍 완도로 나간다고 했다. 바깥주인의 회갑 기념으로 내일 호주로 여행 가기로 했단다. 오늘은 광주에서 자고 17일 일찍 인천공항으로 가서 출국해야 된다면서 이별의 인사를 나누었다. 우리는 청산도항으로 차를 몰았다.

청산도항에는 커다란 배 한 척이 정박해 있었지만, 대기실 안팎에는 인파들이 가득하고, 관광버스를 비롯해 승선을 기다리는 차들이 줄을 서서 기다리고 있었다. 우리 차 앞에서 기다리는 차가 얼추 120대도 넘어 보였다. 우리가 청산도 구석구석에 뿌린 하하 호호 깔깔깔이 물보라를 일으켜 해무가 생겼을까? 청산도 바다는, 그 어렵다는 사돈 관계를 허물어 버리고 절친한 친구가 된 우리를 보내기 싫어서일까? 주민들도 처음 겪는다는 청산도항의 해무는 정말 대단했다. 우리가 출항할 시간인 9시 40분이 되어도 한 치 앞을 분간할 수 없을 만큼 안개는 여전했다. 단 한 척의 배도 출항을 못했단다.

우리는 부둣가를 오가며 맛난 음식을 먹고, 막걸리도 한 잔 하면서 시간을 보냈다. 또 새벽에 한 자루나 딴 톳을 다 같이 길거리에 앉아 다듬기도 하고, 내 집사람은 사부인들과 함께 인근 산에 올라 달래를 캐기도 했다. 그늘에 돗자리를 깔고 6명 모두가 고스톱을 치기도 했다. 초조함이 전혀 없는 건 아니지만 별로 무료하지도 않았고, 크게 걱정되지도 않았다. 오후 시간이 흘러가자, 천 명도 넘는 승선 대기자들의 목소리가 커지기 시작했다.

6시가 가까워지자, 오늘은 출항을 못하니 숙소를 정해야 한다는 이야기가 떠돌았다. 관계자들이 대기자들에게 전날 밤 묵었던 숙소에서 하루 더 묵도록 권했다. 하지만 부두 주변의 숙소 비용은 치솟고… 평소의 청산도항 마지막 운항 시간인 6시 30분이 다 가오고, 출항 못할 경우에 대비해 우리도 대책을 찾고 있을 때 바다가 열렸다. 마침내 대기하던 첫 배가 오후 7시에 출항했다. 8시가 다 되어서는 완도에서 급파한 선박 2대가 도착해 우리도 출항할 수 있었다. 승선한 배의 승객실은 말할 것도 없고 매점과 갑판 위까지 손바닥만 한 빈자리도 없을 만큼 꽉꽉 채운 배였지만 웃음

꽃이 피었다. 통로에 선 채로 먹는 컵라면은 또 어찌 그리 맛있는지… 컵라면이라곤 거의 먹지 않던 집사람도 통로에 쪼그리고 앉아 먹는 컵라면이 얼마나 맛있었던지 다 먹고 내게 넘겨주는 빈 컵엔 국물 한 방울도 남아 있지 않았다.

오후 9시가 조금 지나서야 완도항에 내렸다. 오전 9시 40분 정시에 청산항을 출항했더라면 해남에서 두륜산에서 케이블카를 타고, 또 대흥사에도 들렀다가 서울에 도착했을지도 모를 시간인데 그 시간에 완도에 도착한 것이다. 처음에는 해남으로 가서 하룻밤을 더 묵고, 두륜산 케이블카 관광을 한 후 대흥사에 들렀다가 가는 것으로 의견이 일치되었다. 그러나 다음날의 일기예보가 '전국에 비'이었으니…

운전대를 잡은 사돈은 서울로 향해 페달을 밟았다. 서울로 돌아오는 차 속에 실린 행복은 청산도항의 해무보다 더 짙고 많았다. 가는 곳마다 '하하 호호 깔깔깔'을 뿌렸는데도 아직 남아 있었다. 우리 세 집은 평소에도 자주 만나서 같이 식사하고, 산행하면서 서로 어려운 줄 모르고 지내고 있었지만, 온 산하가 연두색으로 물들어가고 곳곳에 진달래, 벚꽃 등 온갖 봄꽃들이 만발했을 때, 함께 다니면서 향기로운 꽃내음을 맡고, 함께 맛난 음식을 먹고, 또 한 방에서 함께 잠을 자고, 함께 일어나서 함께 움직이는 여행이었기에 광주 사돈이 말씀하신 것처럼 서울을 떠날 때는 50% 사돈, 50% 친구였던 우리들은 돌아올 땐 사돈 20%, 친구 80%가 되어 있었다.

모두들 해외여행 가지 않기를 잘했단다. 어떤 여행, 누구와의 여행보다 알차고 즐거웠단다. 다음에 계획하고 있는 지중해 크루즈 여행은 한 번 더 생각을 해봐야겠단다. 머잖아 다가올 여름에는 서해안의 섬으로 체험 여행을 가잔다. 아니 여기저기 국내 여행을 더 자주 가잔다. 기왕이면 손주들도 모두 데리고 가잔다.

우리 집이 있는 양재동에 왔을 땐 새벽 2시가 넘었다. 우리 집에서 주무시길 권했지만, 굳이 집으로 가겠다며 짐을 챙겨 나섰다. 광주 또는 중곡동 자택에 도착하시면 3시도 훨씬 넘을 텐데…

2박 3일의 남도여행. 아니, 2박 4일이 되고 만 절친 사돈들의 남도여행은 행복 그 자체였다. 그런데 이게 끝이 아니었다. 저녁 무렵 광주 안사돈께서 큰 비닐 보따리 2개를 들고 오셨다. 보따리 한 개는 우리 것, 또 한 개는 중곡동 사돈 것이란다. 싱싱한 두릅이 가득가득 들어 있는 보따리였다. 한숨 자고 오디 농장에 갔더니 두릅이 벌써 많이 피었더라면서. 많이 피긴 했지만, 첫 순이라 아직은 보드라우니 데쳐서 먹으면 맛있고, 술안주로도 최고라면서 술병을 꺼내셨다. 작년 가을에 강원도에서 직접 채취한 송이버섯으로 담근 송이주라면서, 같이 한 잔 하자면서…

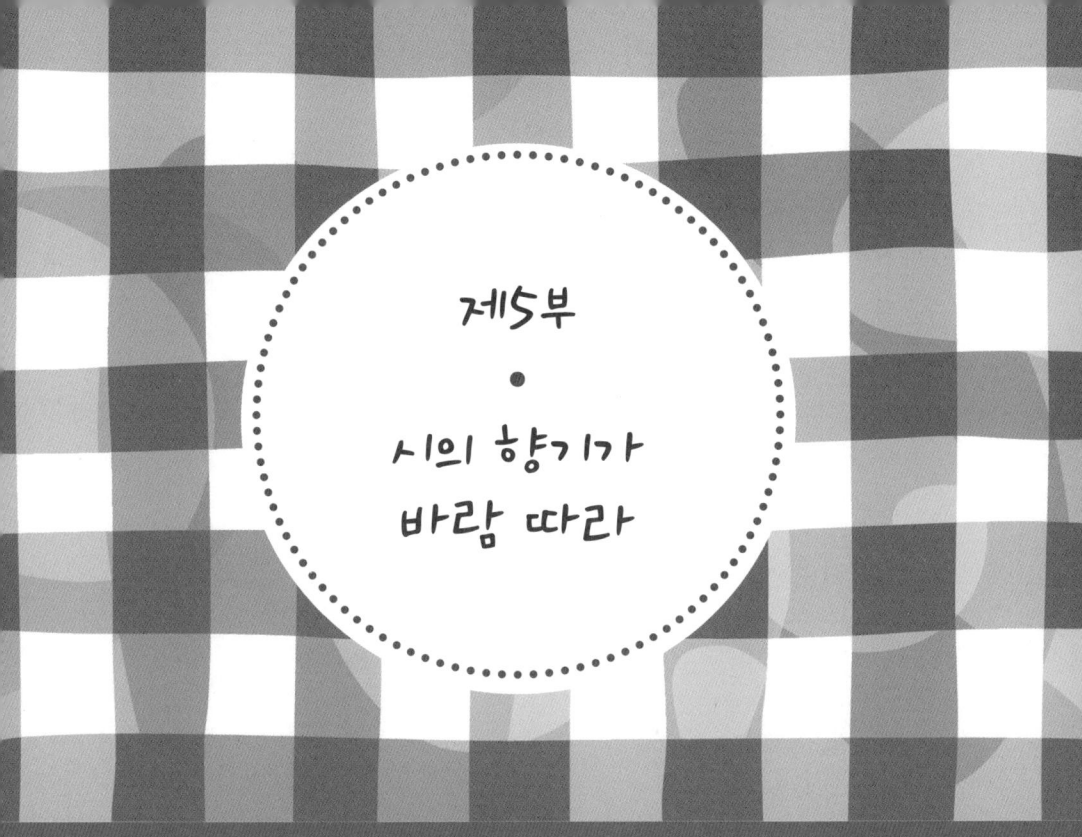

제5부

시의 향기가 바람 따라

날마다 온갖 그림 다 그리면서도 아직 그리지 않는 그림 하나
언제 그려주려나, 보고파도 볼 수 없는 엄마 얼굴은.

잡초

지금 당장
쓸모없다고 함부로
대하지 마시게

벼도
인삼도 한때는
잡초였을 걸세

지금은
짓밟히는 삶이지만

숨겨진 가치
드러나면 산삼이 남 먼저
인사 갈지 모른다오
(2024. 4. 20.)

자주달개비꽃

자주달개비*의
하루도 24시간이다

창밖 밝히는 여명에 눈 뜨고
산 내려오는 산 그림자 발자국
소리 들으며 눈을 감는다

피고 지고 폈다 지는
다람쥐 쳇바퀴 속 외로움에도
한나절밖에 안 되는 기쁨에도
얼굴 한 번 찡그리지 않는 꽃

아침마다 배시시
내게 웃으며 속삭인다
멀리서 파랑새 찾지 말라고
일상이 바로 행복이라고
(2024. 4. 13.)

---

* 달개비 꽃말 : 짧은 기쁨, 외로운 추억

꽃샘추위

생사를 건 혈투다

옥색 치마 곱게 차려입은
봄처녀 살포시 다가오자 동장군
한 손으론 장풍 날리고 또 한 손으론
창칼을 휘두르며 득달같이 달려든다

동장군 달려들 땐 봄처녀
한 발자국 물러서고 동장군
주춤하면 봄처녀 다가서니 일진일퇴

몇 합이나 겨루었을까?
동장군이 제풀에 지쳤나 보다
매섭던 장풍은 점점 위력을 잃어가고
창칼의 날카로움까지 무디어지자

가벼운 몸짓으로 수비만 하던
봄처녀 얼굴에 엷은 미소가 번진다
자신의 승리를 자신한다는 듯이 (2024. 3. 8.)

2월

2월이 바쁘다
겨우내 파란 하늘에서 훔친 햇살

그저께는 비단산* 하얀 기슭
잔설마다 한 줌 한 줌씩 얹어 간질간질
겨울잠 아직 덜 깬 풀꽃 씨앗들 눈뜨게 하고

어제는 꽁꽁 얼어붙은
비금계곡**에 한 아름 뿌리면서 버들치는
헤엄질을 좋아하지만 가재는 숨바꼭질을 더
좋아한다며 돌덩이 듬성 깔아 수영장 만들더니

눈보라 고추바람에 오들오들
맨몸으로 떨고 있는 나무들이 애처로웠나 보다

오늘은 햇살을 좀 더 데워야겠다면서 제 꼬리 뚝
떼어 내어 불을 지핀다 (2024. 2. 21)

---

*비단산 : 가평에 있는 주금산의 별칭
**비금계곡 : 주금산의 계곡으로 놀러 온 선비들이 거문고를 숨겨두었다는 전설이 있다.

이게 행복이죠

눈 뜨자마자 대문 빗장 풀어놓으면
한 시간도 더 지나 대문 열리는 소리 들리고
현관 센서 등이 눈을 떴다 도로 감을 때
잠옷 바람으로 들어서는 똥강아지

엄마 아빠가 출근하면서 챙겨주는
등굣길에 입을 옷 담긴 쇼핑백
소파 위에 휙 던져 놓고는

살짝 열어 둔 방문
득달같이 밀고 들어와
내 팔 끌어다 베곤 꿈나라 간다
(2024. 1. 14.)

새해 첫날의 일기

간밤에 나는
가슴속 한복판에다
우면산의 소망탑보다 큰
돌탑 하나 쌓았습니다

날마다
눈 뜨자마자
두 손을 모은 채
그 돌탑 세 바퀴 돌면서

내 가족과
내 친구들과
내 지인들 모두의
건강과 행복을 빌고 싶어서…

첫날 오늘은
당신을 추억하면서
당신 이름을 소곤거리면서
돌탑을 백 바퀴도 더 돌았답니다 (2024. 1. 1.)

설움을 비운다

치과의 문을 열면
임플란트가 기다리고 있고

이비인후과에 가면
보청기가 같이 살자며 따라나서고

안과에 들어서면
백내장으로부터 협박당하는 낫살

친구야!
우리 서러워 말자

하나면 강산도 변한다는 과자
우린 그 과자를 일곱 개나 먹었잖아

70년 넘도록
도로 위 달리는 자동차 봤는가?

불과 얼마 전까지만 해도

지금 나이에 가면 호상*이라 했다오

그런데도 우리는 오늘
연천 성산의 정상을 밟았잖소

남은 날도 오늘처럼
행복 가꾸다가 하늘에서 부르걸랑
껄껄 웃으면서 우리 함께 떠나세
(2023. 11. 15. 연천 성산산행)

---

*호상(好喪) : 복을 누리고 산 사람의 상사(喪事)

마지막 소원

아내보다 오래
살고 싶은 마음 전혀 없다
하루라도 먼저 가는 게 소원이다
하지만…

불상만 보이면 두 손 모은다

외로움 잘 타는 집사람
마지막날까지 외롭지 않게
그녀 옆에 나 있게 해달라고

가족 사랑 남다른 내 아내
가족 이별 두렵지 않게 마지막 순간
그녀의 두 손 내가
꼭 잡고 있게 해달라고

내 각시 마지막 가는 길
못다 갚은 내 사랑 엮어 만든
꽃상여 태워 고이고이 모시고서는 나

곧바로 뒤따라가게끔 해주십사

빌고 또 빈다

(2023. 10. 10.)

메꽃은 더 이상 울지 않는다

젊은 시절의 메꽃*은 곧잘 울었다

굴러온 돌이 박힌 돌을 빼는 세상이 싫었다
대대로 이 땅에서 살아가는 자신을 외래종인
나팔꽃으로 아는 사람이 적지 않아 속상했다

아빠들이 꽃밭에 매어 놓은 새끼줄을 따라
하늘 높이 올라가는 나팔꽃들을 볼 때마다
기댈 지푸라기 하나 없는 제 신세 서러워
눈물을 자주 흘렸지만 이젠 울지 않는다

세계인의 버킷리스트 된 알프스 초원을
수채화보다 더 아름답게 꾸미는 꽃들은
자기처럼 하늘과 비와 바람밖에 모르고
이름조차 제대로 알려지지 않은 잡초의

---

*메꽃: 전국의 들판 언덕 바닷가 등에서 쉽게 볼 수 있는 야생화. 언뜻 보면 나팔꽃처럼 생겨서 혼동하기 쉬운 꽃이지만 나팔꽃은 일년생 식물로 꽃이 남보라색인 반면 메꽃은 다년생으로 연분홍색이라는 것이 차이점이다. 나팔꽃이 우리 토종 꽃 같지만, 사실은 인도 원산의 외래식물이고, 메꽃이 진짜 우리나라 토종식물이다. 꽃말은 '충성, 수줍음, 속박'이다.

웃음이라는 이야기 듣고부터다

메꽃은 오늘도 방실방실
대대로 지켜온 땅을 더 아름답게 가꿔
손자 물려줄 생각에 꽃잎 활짝 연다
(2021. 5. 15.)

가을 하늘

끝없이 펼쳐진 쪽빛 캔버스
바람이 하얀 물감 풀어
그림을 그린다

양떼목장
새털 무늬
목화밭

날마다
온갖 그림 다 그리면서도
아직 그리지 않는
그림 하나

언제 그려주려나
보고파도 볼 수 없는
엄마 얼굴은
(2018. 9. 27.)

짧아야 봄이다

덧칠하듯 새싹 돋는 잔디밭
비눗방울 쫓아다니는 아이들 이마엔
이슬 같은 땀방울이 맺히고
오늘도 연지 곤지 찍은 봄꽃 있더만
여름이 제 꽃봉오리 열려고 한다

아이들 손가락 닿기도 전에
톡톡톡 터져 버리는 비눗방울같이
느낄 새도 없이 봄이 간다

봄이
이다지 짧은 까닭은

비눗방울 터지는 소리
'토옥'이 아니라 '톡'인 것처럼
그 이름 '보옴'이 아니라
'봄'이기 때문일 거야

그래도 나는

'토옥' 아닌 '톡'이 좋다

보옴 여름 가을 겨울보다
봄 여름 가을 겨울이
좋다

봄,
짧아서
더 좋은가 보다
(2017. 5. 11.)

귀천

청계산 파란 하늘
추모공원 내려다보던
하얀 구름 한 점

일생 바쳐 가꾸던
꽃밭이 눈에 밟혔을까?
한참이나 발걸음을 떼지 못하더니

먼저 가신 사랑 사랑 사랑…
마냥 기다리게 할 순 없었나 보다
제 몸 흩뜨리며 하늘 오른다
(2020. 12. 9.)

도래솔*

자미산 양지 기슭
속살 벌겋게 드러낸
잊혀진 무덤

무덤가 아름드리 老松들
바람 불 때마다
위잉위잉 윙 중얼거린다

갓 쓴 백발 두루마기
까까머리에게 들려줄 때
엿들어 둔 뿌리 이야기

행여, 올 추석에
찾아오는 사람 있으면
전해줘야 한다며
되뇌고 있다
윙윙 (2020. 1. 23.)

---

*도래솔 : 무덤가에 죽 둘러선 소나무

물망초

눈을 감아도
파르라니 핼쑥한
당신 모습만 보이는데
잊지 말라니요

당신에게 잊혀질까 봐
애간장 녹이는 내가
당신을 잊다니요

'forget-me-not'

오늘부터
저에게는 당신이
물망초예요
(2021. 4. 10.)

금낭화

청계산이 연등을 내달았다

어리석은 중생들이 안쓰러운가 보다

부처님 오신 날은
한 달이나 남았는데도
그들의 업장 소멸을 발원하고
팬데믹 코로나의 소멸을 기도하면서

부처님의 지혜와 자비가
온 누리를 비추도록 불을 밝힌다
(2021. 4. 19.)

아버지의 눈물

청계산 망경대
바위틈에 등 굽은 나무

그 아래엔 낙엽 솔가리
수북이 쌓여 있다

사시사철 푸르름
잃지 아니하는 소나무도

아무도 모르게 한 방울씩
흘리나 보다
(2020. 11. 22.)

봄까치꽃*

보시시
버들강아지
기지개 켜는 양재천

봄볕 낮잠 든 언덕에
남 먼저 얼굴 활짝 내민
새끼손톱만 한
봄맞이꽃

영판
선잠 깬
백일배기 아기다

자장자장
이슬 흉내 내듯

---

*봄까치꽃: 씨방 모양이 희한하게도 개의 음낭을 닮았다 해서 호적(?) 이름은 '큰개불알꽃'이며, 한자로는 '땅 위의 비단'이란 의미인 '큰 지금(地錦)'이다. 그러나 앙증맞은 꽃 모양에 비해 이름이 너무 민망한 데다 꽃말이 '기쁜 소식'일 만큼 봄이 채 오기도 전에 피는 게 봄소식을 전하는 까치 같다고 해서 야생화 동호인들은 '봄까치꽃'이라 부른다.

봄비가 도닥이자

스르르
꽃잎 접고
눈을 감는다
(2020. 3. 2.)

옥잠화*

가뭄 장마 불더위
온갖 시련 다 이겨내곤

달빛 향기 내려앉아 하얀
웨딩드레스 차려입고
옥비녀 꽂은 채

속삭이듯 사랑 맺는
8월의 신부
(2020. 8. 20.)

*옥잠화 꽃말: 침착, 조용한 사랑

달맞이꽃

얼마나 그리우면
얼마나 보고 싶으면
저토록 목 빼어 서 있을까

그러고도
누가 볼까 부끄러워
모두 잠든 뒤에야 꽃잎 열지만

사랑한다 고백했다간
행여, 영영 볼 수 없을까 봐
말없이 바라보기만 하는

꼭,
나 닮은 바보
(2019. 7. 29.)

만추의 코믹

은행에 강도가 들었다

마스크로 얼굴을 가린 채
손에는 기다란 흉기를 들었다

사람들이 자리를 피하자
그들은 흉기를 마구 휘둘렀다

금빛 지폐 소낙비처럼 쏟아지고
우두둑우두둑 노란 동전들이
온 바닥에 널브러졌지만

괴한들은 지폐는 쳐다보지도 않고
동전들만 몽땅 쓸어 담아가는데…

현장을 지나치는 사람들은
콧잔등만 꼭 움켜쥐었을 뿐
웃음소리 여전하고

은행(銀杏)이 털렸다는 뉴스는
다음날 어디에도 없었다
(2018. 11. 18.)

능소화

여름마다
높다란 담장 기어올라
나팔 닮은 주황색 귀 쫑긋 세운 채
임 발자국 소리 기다리는 꽃

오늘도
하늘 치솟은 빌딩 사이 걸터앉아
오가는 뭇 남자들 추파마다
밝은 미소 보내지만

임 아닌 손
닿기만 해도
툭!
온몸 던져버린다

첫사랑 잊지 못한 소화는
장맛비가 천년 전설 씻을 적에도
임 향한 마음엔 빗물 한 방울
적시지 않았나 보다 (2017. 9. 1.)

만우절

사월 초하루는
설악산 터줏대감
흔들바위 하산하는 날이다

인심 좋고 살 만하면
사람들과 어울려 살 요량으로
해마다 한 번씩 내려오지만

산마을 도착하자마자
고개를 절레절레

초하루 해님의 西山길이
한 뼘이나 남았는데도 서둘러
설악산 제자리로 다시
올라가는 날이다
(2021. 4. 1.)

☞ 詩作노트: 해마다 만우절만 되면 SNS에 떠도는 '흔들바위 추락'이란 문자를 보면서…

호박 이파리

심술궂은 해님이 달군 돌담
그 뜨거움 타고 하늘 오르는 호박은
사무침이다

해마다 三伏이
빼앗아간 입맛을 호박잎쌈으로
되찾으셨던 아버지
올여름엔 무엇으로
입맛을 돋구시려나…

오늘은 싱싱한
호박잎 한 움큼 따다 푹 쪄서
한 잎에는 큰아들의 그리움 넣고
또 한 잎으론 막내딸의 사랑을 싸서

하얀 뭉게구름에 실어
올려보내야겠습니다
(2024. 8. 22.)

4월

봄꽃 만발한
양재 시민의 숲

숲속 나무의자
젖꼭지를 문 채 잠든 아기
아기 등 토닥이는 여인

엄마 품이 그리워서일까?
아기가 부러운 걸까?

흩날리던 꽃잎들
앞다투어 여인 무릎 위에
살포시 제 몸 눕힌다
(2018. 4. 8.)

흔적

시인은 탐욕가다

푸꾸옥 백사장을 쏜살같이
내빼는 손톱만 한 아기 게조차
발자국 하나 남기지 않는데

가는 곳마다
발자국을 남기고
머무는 곳마다 빈 소주병 남기더니

흔적 없이
사라진 뒤에도 남을
흔적을 만들기 위해 안달이다

시집(詩集) 하나
묘비 하나로는 부족할까 봐
시비(詩碑)까지 남기고 싶어 한다

한 번

왔다 가면

그만인 것을…

(2023. 11. 7. 푸꾸옥 해변에서)

천생연분

오징어와 땅콩
치킨과 맥주

그리고
나와 원·은·세*
(2023. 7. 28.)

---

*원·은·세: 내 손주들. 원준·은규·세은

누름돌

깻잎 콩잎 차곡차곡 담은
항아리를 소금물로 채우신 어머니는
언제나 둥그런 돌멩이 하나
깨끗이 씻어 얹으셨지

들뜨지 않고
제대로 고루고루 잘 익으라고
올려놓던 엄마의 누름돌

내 안에도 돌이 있다
오른쪽 콩팥에 하나 왼 콩팥에 하나
경거망동 늘 경계하라는 듯
들어앉은 돌멩이

20년이 훨씬 지났건만
이번 검진에서도 꼼짝 않은 걸 보면
난 아직도 나잇값 못하나 보다
(2024. 5. 26.)

의림지

천 년 넘도록
그리셨으니 畵神이
분명합니다

중간중간
윤슬 뿌려 비디오 아트
즐기시면서

가을마다
빨강 물감, 노랑 물감 풀어
수채화를 그리시고

지난겨울엔
무시로 하얀 종이 펼쳐
수묵화 그리시더니

오늘처럼
바람 쉬는 날이면

수평선을 고이 접어 데칼코마니*
재미에 빠지시나 봐요
(2024. 4. 24.)

*데칼코마니 : 종이 위에 그림물감을 칠한 후 반으로 접어 대칭적인 무늬를 만드는 회회기법

서울 둘레길의 봄

안양천 벚꽃 길
벗들과 걷던 날

둑길 따라 활짝 핀
벚꽃에서는 꽃향기 솔솔솔

50년도 더 발효된 우정
가득 담은 배낭을 둘러멘 채
오손도손 꽃길 걷는 할배들에게선
사람 냄새 풀풀풀

花香에 취했을까?
人香에 취했을까?

윙윙 윙윙윙
꿀 따러 날아든 꿀벌들은
앉을 꽃잎을 못 찾아 헤매었다죠
(2024. 4. 6.)

가을 타는 남자

창밖에 무시로
파란 캔버스 펼치는 남자
하얀 뭉게구름들을 끌어모아

소꿉친구들과 오르내렸던
마당가 감나무에 달린 빨간 홍시
고향집을 찾을 때마다 맨발로
뛰어나오시던 엄마 그린다

다음 생엔 새(鳥)로 태어나 훨훨
하늘 날고 싶다며 담배연기
길게 내뿜으시던 아버지와
지금은 자신만큼 흰머리
됐을 첫사랑도 그린다

끝은 언제일까?
어디로 가는 걸까?

시도 때도 없이 불쑥

불쑥 밀려드는 인생무상에
절레절레 고개 흔들던 그 사내

헛기침 크게 한 번 하고는
훌쩍 가을에 올라앉아
말채찍을 꺼내든다
(2024. 8. 28.)

칠순 할배의 독백

배곯지 않을 만큼
양식이 있고 지팡이 없이
몇 십 리는 걸을 만큼 건강하면 됐지
더 무엇을 바라겠는가

설거지해 놓으면 잘했다며
엉덩이 도닥여 주는 마누라 있고
없는 수염까지 다 뽑을 듯이 매달리는
손주도 있고 우정 넘치는 술잔을
주고받는 친구들도 있는데
뭘 더 바라겠는가

칠십 줄에 들어선 지금
더 큰, 더 많은 행복 바라면
놀부 환생했다고 흉볼걸세
(2023. 7. 16.)

가을은 이렇게 온다

폭염과 열대야가
주인인 양 자리 잡고 있지만

밀어내다
손 델까 두려워 대낮에는
햇살 사이사이 숨어 지내고

밤이면
까만 밤공기 한 알 한 알에
얼굴 묻고 지내면서

낮에는
하늘 들어 올리다 땀날 땐
뭉게구름 걸터앉아 쉬고

밤엔 이슬 만들다 힘들면
사뿐히 나뭇잎에 내려앉아
쉬면서 온다 (2024. 8. 20.)

가을, 이렇게 간다

토실토실 살찌는
대추에 알알이 박혀 와서는

하늘에선 파랗게
여기서는 빨갛게
울긋불긋 뛰어놀더니

그대로 떠나긴 싫은가 보다
김장배추 속 깊이 숨어
노랗게 잠든다
(2024. 9. 9.)

곡비*

앙증맞은 책걸상은 옛 모습 그대로인데
굳게 닫힌 교문 앞의 까만 비석이 낯설다

교적비
매전초등학교
1924년 9월 19일 개교
졸업생 4,207명 배출
2012년 3월 1일 폐교

아이들 발자국 지워진 운동장은 잡초가 차지하고
덩그런 교실마다 먼지 뽀얀 책걸상들은 말문 닫은 채
손 잃은 몽땅 분필이 쓰다 만 칠판 낙서 읽고 있다

교적비도 묘비일까?
졸업생들의 슬픔이 하늘에 닿았을까?

100년이 다 되도록 학교 지키고 있는

---

*곡비(哭婢) : 장례 때 상주를 대신하여 곡하던 계집종

몇 아름드리 느티나무를 꼭 부둥켜안은 매미들
텅 비어 버린 운동장을 내려다보면서
맴맴 쓰르르 맴맴맴 쓰르르
울음 멈출 줄 모른다
(2018. 6. 22.)

윷놀이

싸리나무 쪼개 다듬은
막대들이 공중제비 춤을 추고
그 춤사위 멈출 때마다 말은 달린다

어떤 땐 망아지 되어 아장아장
어떤 때는 천리마에 보너스도 있지만 겨우
한 걸음밖에 못 갔다가도 결승점 직행하는 로또도 있다

앞섰다가도 잡혀 죽고
앞 말의 뒷걸음질에 밟혀 죽기도 하지만
뒤처졌다가도 지름길만 걷는 덕에 앞설 때도 있으니
용호상박 새옹지마

네 개의 윷가치와
여덟 개의 바둑알 걸음걸음에
함박꽃 피고 지는 희로애락의 윷판

놀이가 아니라 인생이다
(2024. 2. 13.)

[서평]
이석도 시인의 '은퇴 후의 삶'에 담겨진 시편들
- 삶에 대한 명징한 행복관에 관하여 -

박동규(서울대 명예교수 문학평론가)

이석도 시인이 일상과 자작시로 엮은 첫 에세이집 '**이윽고, 마주한 은퇴 후의 삶**'의 발간을 축하하며, 그의 서정과 행복관이 듬뿍 담긴 문집 속 시편들에 관한 글로 꽃다발을 대신한다.

이석도 시인은 2018년도에 『심상』 신인상을 받아 시단에 등단하였다. 그의 시 성향은 개체적 사람에서 우러나온 인간의 아름다운 품성에 대한 서정적 현상을 가지고 있다고 보여진다. 이번 그의 저서에 담긴 서문에서 다음과 같은 글의 내용을 밝히고 있다.

나는 블로그를 시작하면서 '서초에서 가장 행복한 가정을 꿈꾸는'이란 문구를 테마로 앞세웠다.

그의 산문이 이러한 테마의 범주에 속하는 것이라고 상정한다면 그의 시 역시 이러한 테마를 바탕으로 한 詩 정신을 보여주는 것이라고 할 것이다. 이런 관점에서 눈에 띄는 몇 편의 시를 보고자 한다.

(전략)

몇 합이나 겨루었을까? 동장군이 제풀에 지쳤나 보다 매섭던 장풍은 점점 위력을 잃어가고 / 창칼의 날카로움까지 무디어지자 // 가벼운 몸짓으로 수비만 하던 / 봄처녀 얼굴에 엷은 미소가 번진다 / 자신의 승리를 자신한다는 듯이

- 詩 '꽃샘추위'에서

이 시는 겨울이 가고 봄이 온다는 평범한 자연의 순환을 보여주고 있다. 이석도 시인은 누구나 다 긍정하는 순리적 계절의 전환처럼 사람의 순리적 전개에 대한 기대를 보여준다. 비록 어렵고 힘든 시련의 시간이 닥쳐오더라도 다시 밝고 행복한 또 다른 시기가 다가온다는 신념은 그의 행복관의 초석이 된 것이다. 그리고 그에게는 인간이 지닌 아름다운 삶의 꿈으로 사랑, 정 혹은 연민이나 슬픔까지도 인간다움으로 포용하려는 의지가 담겨있다. 다음 시를 보자.

아내보다 오래 / 살고 싶은 마음 전혀 없다 / 하루라도 먼저 가는 게 소원이다 / 하지만… // 불상만 보이면 두 손 모은다 // 외로움 잘 타는 집사람 / 마지막날까지 외롭지 않게 / 그녀 옆에 나 있게 해달라고 // 가족 사랑 남다른 내 아내 / 이별 두렵지 않게 마지막 순간 / 그녀의 두 손 내가 / 꼭 잡게 해 달라고 // 내 각시 마지막 가는 길 / 못 다 갚은 내 사랑 엮어 만든 / 꽃상여 태워 모시고 나서는 나 / 곧바로 뒤따르게끔 해주십사 / 빌고 또 빈다

- 詩 '마지막 소원' 전문

이 시에서 시인이 아내와의 진실한 사랑이 무엇인가를 밝혀주는 내용을 가지고 있다. 아내를 저세상에 보내고 나서 그도 뒤이어 세상을 떠나게 해달라는 간곡한 기도가 절실한 그의 '마지막 소원'이 된다. 흔히들 시에서 어떤 고백적 내용을 대상을 통해서 표현하는 것이 대체적인 법이지만 때로는 이 시에서처럼 심정에 담고 있는 마음의 소원을 기도로 표현하듯이 고백하는 형으로 보여줄 때도 있다. 이석도 시인은 고백이 곧 시라는 정신으로 쓴 것이긴 해도 이 시는 오히려 소원이라는 마음의 간절한 염원을 그대로 표출해 보고 싶었던 것이 아닌가 생각된다. 그의 아내 사랑은 그가 얼마나 굳게 한 길로 달려왔는가를 잘 알 수 있게 한다. 다음 시를 보자.

토실토실 살찌는 / 대추에 알알이 박혀 와서는 // 하늘에선 파랗게 / 여기서는 빨갛게 / 울긋불긋 뛰어놀더니 // 그대로 떠나긴 싫은가 보다 / 김장 배추 속 깊이 숨어 / 노랗게 잠든다

- 詩 '가을, 이렇게 간다' 전문

이 시는 가을을 노래한 시이다. 가을을 활용한 시적 상상의 기교가 우리를 놀라게 한다. 그가 40여 년을 봉직한 은행을 정년퇴직한 후 새로운 삶을 설계하면서 수필과 시에 몰두하고, 또 깜짝 놀랍게도 보디빌딩에 심취하기도 하고, 악기를 다루기도 한다는 내용을 읽었다. 이러한 변신은 마치 가을이 대추를 붉게 물들게 하고 하늘을 파랗게 물들이기도 하고 그러다가 배추 속 노란 잎에 숨어 버린 그의 아름다운 변신의 세계를 살고 있지 않나 생각하게 한다. 그의 시에서 보는 인간의 참다운 정에 관한 집념이 담긴 혈연의 시들이나 소소한 일상이 주는 행복의 한 자락을 정착해 내는 것은 그만의 시를 만드는 고집 때문으로 보여진다. 이석도 시인의 문집은 큰 철학을 해독해 놓은 풀이서가 아니라 이 시인만의 눈에 비친 진정 가치 있는 것들과 그만의 일상이 주는 행복의 따뜻한 빛깔을 드러내 보여주는 것이다. 문집 출간을 한 번 더 축하하며…